孙治民 ◎ 著

赵公明传

陕西新华出版
陕西旅游出版社

图书在版编目（CIP）数据

赵公明传 / 孙治民著. — 西安：陕西旅游出版社，2017.8（2024.1重印）

ISBN 978-7-5418-3397-7

Ⅰ. ①赵⋯ Ⅱ. ①孙⋯ Ⅲ. ①传记文学－中国－当代 Ⅳ. ①I25

中国版本图书馆CIP数据核字(2016)第174365号

赵公明传	孙治民 著
责任编辑：韩 双	
出版发行：陕西旅游出版社（西安市唐兴路6号 邮编：710075）	
电　　话：029-85252285	
经　　销：全国新华书店	
印　　刷：盛大（天津）印刷有限公司	
开　　本：787mm×1092mm　　1/16	
印　　张：19	
字　　数：273千字	
版　　次：2017年8月　第1版	
印　　次：2024年1月　第2次印刷	
书　　号：ISBN 978-7-5418-3397-7	
定　　价：78.00元	

前言

《赵公明传》是一本传记体文学,作者写作的初衷,一是让世人对财神赵公明有一个全面的了解,二是通过财神赵公明的人生轨迹,使人们有所感悟,有所教益。

赵公明,商代人,是一位成功的木材商。虽然他生活的年代离我们有好几千年了,但他的做人原则和经商理念,在当今社会中仍然有着积极的意义,他的思想体系已成为一种文化,我们暂且称它为"财神文化"吧!

财神文化的价值取向,简要归纳有三:

一是,它表达了人们对幸福生活的祈求。

财神是中国民间信奉的善神之一,每当新年,家家户户悬挂财神像,希冀财神保佑,以求大吉大利。吉,象征平安;利,象征财富。人生在世既平安,又有财富,自然十分完美,这种真切的期望成为人们的普遍心理。

二是,财神文化倡导人们在交易中恪守诚实公平的商业理念。

几千年来,我国传统财富文化的核心和内涵,是公平诚信,也就是说"君子爱财,取之有道",民间之所以对财神崇拜,产生相应的财神和财富文化,一个很重要的原因就是人们对交易中公平秩序的向往。财富文化本质就是一种公平的文化,一种崇尚规范经商、合法取财之道。赵公明代表着以诚信为本的经商理念,以聪颖劳动而造财有术,以经营得当而理财有道,以仗义疏财而用财有义。

三是,财神文化主张乐善好施、助人为乐的信条。

仁爱之心,人皆有之,这是人类原本的习性。古代人们崇拜的财神都是广撒钱财、周济民众的高尚典型。赵公明攒下钱财以后,周济贫困,和美处事。为了保家卫国,他把所有家财拿了出来,招兵买马,率领招募的新军到阵前为国家效力,他这种高尚的品德,受到世人的赞扬。

简言之,了解财神文化,意在传承,让诚实守信、乐善好施的传统美德成为现代商业精神的精髓和典范。

目录 Contents

第一章/十阳骄横 …………………………………… 1
第二章/后羿射日 …………………………………… 7
第三章/天下安宁 …………………………………… 15
第四章/九焰终南 …………………………………… 17
第五章/后羿受罚 …………………………………… 19
第六章/九阳逃遁 …………………………………… 27
第七章/通天收徒 …………………………………… 35
第八章/元始让场 …………………………………… 41
第九章/二郎担山 …………………………………… 46
第十章/罗浮劫雷 …………………………………… 54
第十一章/投生枣滩 ………………………………… 57
第十二章/乡里娃王 ………………………………… 63
第十三章/学馆读书 ………………………………… 68
第十四章/辍学背柴 ………………………………… 73
第十五章/三妹贪玩 ………………………………… 80
第十六章/虎口余生 ………………………………… 85
第十七章/公明寻妹 ………………………………… 90
第十八章/初上西寨 ………………………………… 95
第十九章/师徒情深 ………………………………… 101
第二十章/兄妹相见 ………………………………… 106
第二十一章/合家团聚 ……………………………… 113
第二十二章/进山赶厢 ……………………………… 118
第二十三章/河谷遇险 ……………………………… 124

第二十四章/喜结良缘	130
第二十五章/南山学艺	136
第二十六章/开办木场	142
第二十七章/街头救困	146
第二十八章/少司报恩	152
第二十九章/恶少使坏	158
第三十章/出任会长	163
第三十一章/时疫乡里	169
第三十二章/百姓感恩	175
第三十三章/黑虎作怪	181
第三十四章/一诺万金	186
第三十五章/结识九公	192
第三十六章/筹粮赈灾	198
第三十七章/再上西岭	202
第三十八章/百姓拥戴	207
第三十九章/千里劳军	213
第四十章/枣林喜庆	219
第四十一章/武王起兵	225
第四十二章/伯叔拦道	233
第四十三章/闻仲被困	238
第四十四章/余庆搬兵	245
第四十五章/招募乡兵	249
第四十六章/豪杰响应	254
第四十七章/十里相送	260
第四十八章/魂断疆场	264
第四十九章/三霄报仇	272
第五十章/伯叔取义	282
第五十一章/武王噩梦	289
第五十二章/子牙封神	294
后　记	296

第一章
十阳骄横

女娲娘娘正在九天洞府闭目养神,猛然间觉得眼前一缕亮光闪过,接着又是一缕亮光闪过,女娲娘娘惊喜,忙走出洞府顺着那亮光一路寻去。

不大会儿就来到东海岸边,"这不是帝俊的妻子羲和的洞府吗?"只见洞府内红彤彤的,女娲娘娘愕然,恰好这时洞府里传出了婴儿的哭叫声,女娲娘娘猛然激灵了一下,迈步走进洞府,见10个小火球在洞中上下蹦跳着。羲和一见来人忙跪拜道:"原来是九天娘娘到了,小仙这里有礼了。"女娲娘娘忙上前搀扶起羲和道:"仙子不必多礼,快快请起。"羲和道:"敢问娘娘到来有何见教?"见问,女娲娘娘道:"我在九天洞府打坐,见眼前一缕亮光闪过,就顺着这亮光一路寻找了过来,没想到……"见女娲娘娘欲言又止,羲和低头羞涩道:"生下这10个小火球,惊扰了娘娘,小仙给娘娘赔罪了。"说着,羲和连忙施礼,女娲娘娘忙一把拉着羲和的手,笑呵呵道:"快别这样说,仙子哪里有罪,本座是来给仙子道喜来了。"羲和愕然道:"羞煞小仙了,你看我生下这10个火球一样的怪物,还有啥喜可道呢?"女娲娘娘道:"仙子此言差矣,鸿钧老祖让盘古劈开了天地,但天地间仍然是灰暗不清,鸿钧老祖让本座想法子,怎么能让天地间光明起来,为这事本座正在犯愁,仙子就生下了这10个能给天地间带来光明的儿子。"女娲娘娘一时激动,张开双臂抱住羲和道:"仙子,你算是给本座帮了大忙,你是天地的大功臣,本座真心谢谢你!"听了女娲娘娘一番话,羲和仍然不明白,女娲娘娘是在戏谑自己,还是在说真心话,表情凝滞地看着女娲娘娘,道:"娘娘,你这是……"见羲和仍然不解,女娲娘娘淡然一笑道:"仙子,本座哪敢诓言。本座观看东海岸边有一棵扶桑树,仙子领10个太阳儿子就在那扶桑树上安歇,仙子对天地间的路熟悉,就当车夫,每日带一个太阳儿子从东海岸边出发绕天界一周,再回到扶桑树上来安歇,依次为序,周而复始,不得有误!"见女娲娘娘发了话,羲和应声道:"请娘娘放心,娘娘交代的事,小仙一定照办就是了。"见羲和应允爽快,女娲娘娘笑呵呵道:"好好好,只要仙子为天行事,本座定当在鸿钧老祖那里为仙子请功。"羲和笑眯眯道:"为天庭做事,理所应当,只要娘娘满意就是了。"女娲娘娘点头道:"还是仙子明白事理。"言罢,女娲娘娘随即告别了羲和,出了洞府,到鸿钧老祖那里报喜去了。

羲和忠于职守,每日早晨就驾起九环龙马车,带着一个太阳儿子从东海岸边扶桑树上出发,绕着长天出行。出行一周后,回到东海洗个澡,然后在岸边扶桑树上安歇。10个小太阳每日轮流着随母亲羲和出行,周而复始,从不间断,一晃已是数百年。

自从有了阳光,天地间也变得明亮暖和起来,有了阳光雨露,山川有了灵气,大地上的植物也生机勃勃。女娲娘娘借此良机,以黄泥为料,造就出了一对对泥人,得了仙气的人形活泛了,他们以大地为家,过起了日出而作,日落而息,自由自在的生活。看着大地上的万物生灵,女娲娘娘脸上绽出了幸福的笑容。太阳母亲笑得那么灿烂,因为她的10个太阳儿子给天地间带来了明亮,给大地万物生灵送去了温暖和朝气。

在天地北方的一座大山上住着一个部落,相传这个部落的人是上天后土神的后人。部落里的人个个身躯高大,山下的人都称他们是巨人族。大概是因山高的原因吧,这里特别的寒冷,白天,他们感受到了阳光的温暖,心情还感到平顺,可是一到夜里,呼啸的寒风,冻得巨人族的人们难以安睡,无奈,他们只好拥抱着相互取暖。情急之中,有人提出了是否让太阳住在高山上,永远留驻,不再有冰冷寒夜。于是,巨人族的人就聚在一起讨论着,如何能留驻太阳的事。

"不知咋的,我们这里夜里一下咋就变得这么冷?"一位年长的老者开头说道。

"说得也是,别说你们上了年纪的老人,就连我们年轻人也真的有点受不了。"那位老者话刚落音,身边一位年轻人就接上了话茬。

"这又有什么法子呢,我看我们只有冻死的份了。"又一位老者叹气道。

"我有个办法,不知道行不行?"一位年轻人慢腾腾地站起身,淡然一笑道。

见有人有了主意,在场的人都急得喊叫起来:"什么好主意,快说,让大伙听听。"见大伙都在看他,那年轻人有点不自在,紧张地口吃了:"我是说……说,要是把太阳留……留……住,不就……得……得了。"此言一出,在场的人都瞪大了惊奇的眼睛,一位老者迟疑地看了看那年轻人道:"这能行吗?"

"我看行!"大伙把目光齐刷刷地投了过去。这位说行的人不是别人,他正是部落的头儿夸父。大伙儿见头儿开了腔,都屏住了呼吸,夸父见大伙儿都在看他,心里明白大伙是想听听他的意见。夸父又一次提高了嗓门,大声道:"我说行,并非诓言,我们巨人族的人腿长,且健行,再说,我们的力气大,要是跑起来一定能追撵上太阳金乌的,我们求他留住在我们这儿,不是没有可能的……"还未等夸父说完,一老者忙插上了嘴:"那太阳金乌能听咱们的话吗?"见老者愕然,夸父道:"你不试试怎么能知道呢?好了,就这么定了,这事由我来做,明天我就去追撵太阳金乌,求他留住,你们就等好消息吧!"大伙见头儿发了话,也不再言语了,各自散去,一夜无话。

第二天,打太阳金乌路过,夸父就上路了,他边跑边向太阳金乌招手,示意他停下来,但太阳金乌好像没有听见似的,驾着龙马车飞驰而过。夸父见太阳金乌没有停下来,一下急了,就撒腿撵了上去,边撵边高声喊叫着:"太阳金乌停一停,我有话跟你说……太阳金乌停一停,我有话跟你说……"

听见有人在叫自己,太阳金乌忙回头一看,见一位大汉挥动着双手在追撵自己,太阳金乌吓呆了,他哪里见过这样的阵势。阿妈今天有事,是自己驾的车,要是被这大汉捉住了,自己的小命就不保了,决不能停下来,得赶快跑。太阳金乌快马加鞭一路飞驰而去。夸父见太阳金乌不肯停留,一时勃然大怒,说:"好你个太阳金乌,我好心叫你,你还不给面子,我要是拿了你,看你还跑不跑。"夸父迈开大步,不再喊叫,勇往直前,一路追了上去。太阳金乌见大汉紧随其后追了上来,不敢怠慢,抖了抖身子,一股火辣辣的热浪冲向了夸父,夸父感到一阵灼热,太阳金乌的举动,又激怒了夸父,又一次坚定了夸父捉拿太阳金乌的信念。夸父不顾浑身的刺痛,甩开膀子,又一次加快了行进的脚步。

夸父跑起来就像飞一样快,很快就追撵上太阳金乌驾的龙马车,他伸手去抓,太阳金乌忙回身散发出强烈的火焰,一团熊熊火焰冲向了夸父,夸父一愣神的功夫,太阳金乌驾着龙马车溜走了,霎时,天又漆黑下来。夸父知道太阳金乌钻进大海里去了,但他没有灰心,等待明日再擒拿他。

夸父就地躺在草地上,追撵了一天,少说也有两三万里路程,是够累了,也该好好休息一下,铆足了力气,待明天再去追他太阳金乌。

失魂落魄的太阳小金乌,一回到东海岸边就躺在地上直打哆嗦,见状,哥哥们一齐围了上去。太阳大哥惊愕道:"十弟,你又咋了,脸色这么苍白,莫不是谁欺负了你,你跟大哥说,大哥寻他去。"一边的太阳二哥接上了话茬:"大哥说得是,小弟别怕,虽然说阿妈没在,不是还有哥们儿几个呢。"

见问,太阳小金乌惊恐道:"有一个巨人大汉在追撵我,要不是我跑得快,就被他捉拿了。""啥!一个巨人大汉在追撵你,还有这回事?"太阳大哥瞪大了眼睛。小金乌道:"那大汉跑得可快啦,就跟飞一样快。"太阳二哥迟疑道:"是吗?真有那么快?"小金乌见二哥不相信,斜瞥一眼道:"你若是不相信,明天你去,你敢去吗?"太阳二哥见小弟用话激他,撇了撇大嘴道:"谁怕了,明天我就去,看那大汉是不是你说得那么邪乎。"

第二天早上,太阳二金乌驾着龙马车从东海岸边出发了,当他刚一露脸,就看见一个巨人的身躯从草地上站起来,迈着大步一路向他跑来。一见那大汉,太阳二金乌心里立刻发怵,扬鞭催马,一路不敢停留,很快就甩开了那大汉的追撵,太阳二金乌见那追撵的大汉没影儿了,得意地嘀咕道:"追呀,咋不追了,看把你能的,还敢跟你家二爷较量,真是自不量力。"正当太阳二金乌洋洋得意时,猛一回头,只见那大汉又旋风似的追了上来,眼看就到了跟前。"我的妈呀!"太阳二金乌惊叫一声,忙一抖身,一股热浪冲向了夸父,趁夸父揉眼的功夫,太阳二金乌又逃脱了。

随着太阳二金乌逃入海中,天又一次黑了下来。夸父再躺在草丛中,等待着新一天的到来。

太阳二金乌出海后,就躺在岸边直喘粗气,大哥和弟弟们都围了上去。大哥大金乌愕然道:"二弟,莫不是又遇到那个大汉了?"太阳二金乌脸色发白,战战兢兢道:"是见到那巨人了,小弟说得没错,那巨人跑起来就跟飞一样的快,要不是我用火团烧他,就会被他擒拿去了,我算是领教到他的厉害了,往后我不敢再出去了,那值班的事就交给你们几个了。"见二弟吓破了胆,太阳大金乌瞥了二弟一眼道:"看你那怂样,一个大汉就把你吓成这样子,我就不信这个邪,明天我就去会会他,看他究竟有多大能耐。"

第三天早上,太阳大金乌从东海岸边扶桑树上,驾着龙马车出发了。他驾车一路走着,一路寻思着那大汉是何模样,把二弟和十弟吓成了那样。正当他寻思着,猛一回头,见一个巨大的身躯从草地上站了起来,这大汉莫不是二弟和十弟说的那个追撵他们的汉子吗?老远看不清他的模样,待到近前再看个清楚。"嘘",太阳大金乌放慢了速度,勒住了龙马的缰绳,只见那站起来的大汉,甩开双臂,一路冲他奔来,那大汉脚步如飞,像闪电一样快,不大一会儿就跑到了他的车前,只见那大汉张开了双臂抱了过来,他感觉到那大汉的大手是那么的坚硬有力。他吓坏了,急忙浑身一抖,迸发出了一股火焰,那大汉"哎呀"一声,忙松开了手,他忙驾着龙马车逃脱了,随之天又黑了下来。夸父见太阳金乌又逃脱了,他仍没有灰心,又一次躺在高山顶上,等候着新的一天的到来。

众位太阳弟弟见大哥大金乌也逃了回来,再也不敢独自逞能出去了,太阳大金乌怕妈妈羲和回来怪罪自己,就做出了一个大胆的决定,带兄弟们驾车一起出去巡值。于是,第四天,太阳十兄弟一起上了龙马车从东海岸边出发了。又一天开始了,东方发白了,太阳金乌驾车又出来了,夸父铆足了劲,站起了身,直冲太阳金乌一路奔去。太阳十兄弟的热量一齐散发到大地,大地烘热起来,夸父只觉浑身燥热,滚滚热浪使他浑身像着了火似的,他放慢了脚步,大口大口地直喘粗气,一时干渴难忍,见不远处有一条大河,他就跑上前去俯下身子"咕咚、咕咚"喝了起来,不一会儿河水就喝干了,他还是感觉不解渴,又跟跟跄跄走了百十里,又见到一条大河,俯下身子又"咕咚、咕咚"喝了起来,河水又没了,他还感到浑身燥热难忍。他拄着拐杖继续往前走,走着走着,头脑只觉一阵眩晕,晃了晃,便倒了下去……

第二章
后羿射日

太阳兄弟们见追撵他们的大汉倒下去了,再也没有爬起来,感到很开心,个个乐得手舞足蹈。太阳大金乌笑道:"看把你能的,撵呀!咋不撵了呢?"太阳二金乌笑眯眯道:"大哥说得是,把这不知好歹的家伙烧干,才解恨呢。"太阳小金乌笑呵呵拍手道:"好玩,好玩,真是好玩得很!"见十弟兴致大发,太阳大金乌道:"既然好玩,明天大哥再带你出来玩。"太阳小金乌迟疑地看着大金乌道:"要是有更多的人追撵我们,可咋办呀?"太阳大金乌把大嘴一咧,瞪眼道:"怕什么,只要有我们十兄弟在,再多的人也不怕。"太阳三金乌摇头晃脑道:"大哥说得是,明天我们十兄弟一起出来,要是谁敢跟我们兄弟瞪眼,我们就烧死他。"

此后的一段日子里,太阳金乌十兄弟越发任性起来,把母亲羲和的话全扔到了耳后,每日他们兄弟结伙驾着龙马车出行,见有人跟他们瞪眼,他们就用火团烧他,每当看见被烧的人倒下去了,就乐得手舞足蹈起来。

太阳兄弟结伙出行,大地上的人和动物可算遭殃了,火辣辣的阳光晒得小河断了流,田地里的庄稼苗干枯了,地皮裂开了口子,鸟儿钻进了树巢,喘着粗气,山林里的狼虫虎豹、野猪野牛经受不起热浪的灼烧,闷得发慌,纷纷下山窜进农家茅舍,村里的农人无力抵抗野兽们的侵袭,走出家门,四处逃生。太阳兄弟看见这一幕幕惨景，还乐得拍手叫好。

一日，巡天的功曹路过，见太阳兄弟正在作践人间，气愤不过，便上前一把拦住了太阳兄弟的龙马车，愤然道："你们兄弟竟如此祸害人间，就不怕天帝降罪吗？"见有人拦道，太阳大金乌斜瞥一眼道："你是谁？胆敢拦我们兄弟的道，真是活得不耐烦了。"见太阳金乌横蛮，功曹也不示弱，上前一步，大声道："我是巡天的功曹，我是官小职微，但你们祸害人间，我就要管。"还未等大金乌开口，车上的二金乌摇头晃脑，阴阳怪气道："我还当你是多么大的官，原来是一名小小的巡天功曹，还敢拦我们兄弟的道。"车上的三金乌瞪眼道："瞎了你的狗眼，你可知道，我们兄弟是谁吗？我们可是东方天帝的儿子，你还敢在太岁头上动土，是不想活了吗？"功曹气愤，大声道："东方天帝咋，东方天帝的儿子就能胡作非为吗？"太阳三金乌扬起手中龙马鞭"啪"的一声，直冲功曹抽去，功曹猝不及防，被龙马鞭抽出十丈开外，见功曹仰着脸倒下去了，车上的太阳兄弟们一齐狂笑着，催马扬长而去。

见太阳兄弟走了，随行的天兵忙上前呼救，还好功曹只是跌了个大跟头，没有伤及筋骨。功曹被随从扶起后，抬了抬腿，腿脚还算灵巧，便吩咐随从继续巡天，待随从走后，功曹便驾起云头，去九天女娲娘娘宫诉说去了。

女娲娘娘听了功曹的诉说，一时震怒，便起身带着功曹去找羲和说事。碰巧，羲和从丈夫帝俊那里回来，女娲娘娘跟功曹只顾赶路，没在意，羲和倒是眼尖，见女娲娘娘路过，忙上前笑呵呵道："这不是娘娘吗？看你气冲冲的样子，是谁惹你生气了？"见有人打问，女娲娘娘抬头，见是太阳金乌母亲羲和，忙停住了脚步，愕然道："仙子，你这是从哪儿来？"见问，羲和淡然一笑道："回娘娘的话，我在帝俊那儿小住了几日，放心不下家里几个孩子，这不，就又回了。"言毕，羲和愕然地看了看女娲娘娘道："娘娘，你这是到哪儿去？""本座有事正要寻你去，巧得很，在这儿就见到你了。"羲和迟疑道："娘娘有事找我？"女娲一脸严肃道："你的几个太阳儿子可惹下大祸了。"羲和惊愕道："我的太阳儿子惹祸了，娘娘，这话从何说起？"女娲回头看了看跟随的功曹道："功曹，这是太阳金乌的母亲羲和仙子，把你看到的和知道的事跟羲和仙子细说一遍。"于是,功曹就把他被打和看到的惨景详细跟太阳母亲叙说了一遍,羲和听了功曹的叙说,忙冲功曹道歉道:"功曹大神,是小仙管教不严,儿子们屈打了大神,小仙在这里给大神赔罪了。"言罢,羲和又冲女娲施礼道:"娘娘,对不住了,我这就回去问明情况,如果属实,我绝不姑息,将他们交与娘娘,任凭处治。"见羲和认真,女娲不好再加责怪,忙淡然一笑,安慰道:"仙子言重了,只要他们知错能改就是了,我也好向鸿钧老祖交代。"羲和道:"还是娘娘宽宏大量,有仁爱之心,小仙这就回去好好教训他们。"女娲点头道:"还是仙子明事理。"羲和低头羞愧道:"不敢当,羞煞小仙了,娘娘留步,小仙这就回去。"言罢,羲和回头一路匆忙向东海而去。

再说太阳十兄弟出行回来,扑通扑通跳进海里,尽情地玩耍着,待耍够上岸后,还兴致不减,七嘴八舌谈论起鞭抽巡天功曹的事来。

"三哥的龙马鞭就是厉害,一鞭子就把那功曹抽出十多丈远。"太阳小金乌笑嘻嘻地说。

"是呀!三哥是谁呀,三哥可是神鞭手,那功曹遇到三哥可算是倒霉了。"太阳六金乌接话道。

太阳金乌们一个劲儿夸三金乌,大金乌感到脸上挂不住,一直沉默不语。小金乌机灵,见大哥一脸青黑,心里明白是大哥憋着气,赶忙笑呵呵地说:"三哥神奇,大哥也不赖,要不是大哥带我们兄弟出去,咱们能乐吗,你们说是不是?"

"乐个屁,你们可惹大祸了。"声到人到,太阳兄弟见母亲羲和站在眼前,吓得都不作声了。

母亲羲和扫视了一下太阳儿子们,最后把目光落在大儿子大金乌的脸上,母亲火辣辣的眼光直刺得大金乌心里发毛,他知道坏了,母亲八成知道了这事。这时,他才记起了母亲羲和临走时交代他的事,把弟弟们管好,每日轮流出行,别干出格的事,只怪自己头脑一时发热,才做出那荒唐的决定,把弟弟们带出去才惹下此祸,若是母亲问起来该如何作答?但他又转念一想,事出有因,不是有那巨人在追撵吗,不如把事都推到那巨人身上。想到这里，太阳大金乌不再那么紧张了，母亲要是问起来，就这么说了。母亲羲和盯着儿子大金乌，厉声喝道："大金乌，你照实说，在我走后的日子里，你们都干了些啥出格的事？"太阳大金乌抬起头，涨红着脸道："没有呀！弟弟们不都是好好的。"说着，大金乌低头冲弟弟们使了个眼色，众太阳弟弟意会太阳大哥的意思，齐冲母亲羲和点头道："没有呀！"母亲羲和见儿子们事先串通好了，故意跟自己打哑谜，愤然道："你们几个少插嘴，我在问你大哥呢。"母亲羲和瞥了儿子大金乌一眼道："我问你，鞭打巡天功曹是咋回事？"见问，太阳大金乌抬头道："他功曹拦我们的道，三弟才抽的他，他耽误我们的行程，难道就不应该抽他吗？"母亲羲和见儿子避重就轻，强词夺理，气就不打一处来，怒目道："人家拦了你们的道是吗？那你说，他为啥不拦别人的道，为啥偏偏就要拦你们的道？你说这是为啥？"母亲羲和几个为什么，问得太阳大金乌一时张口结舌。母亲羲和道："你不是挺能说的吗，咋不说了，又哑巴了？"见十个太阳儿子都低垂下了头，母亲羲和心里不觉一阵酸楚，是呀，儿子们惹了祸，自己做母亲的也脱不了干系，哪个做娘亲的不心疼自己的儿子，只要儿子们知道错就行了。母亲羲和扫视了十个太阳儿子，大声道："你们都把头给我抬起来。"十个太阳儿子抬起了头，母亲羲和道："你们知错吗？"十个太阳儿子齐声怯生生道："儿子知错了。"母亲羲和道："错在哪儿？"十个太阳儿子道："我们不该任性，忘记了母亲说的话。"母亲羲和见儿子们个个诚心的样子，心也软了，淡然一笑道："好了，好了，既然都知道错了，就行了，从今往后可不敢再干那出格的事。这次是母亲在女娲娘娘跟前做了保证，你们要是不听话，再干那祸害人间的事，母亲我也救不了你们，你们好自为之吧。"言罢，母亲羲和回身进洞府去了。见母亲羲和走了，太阳兄弟们才四散而去。

  此后一段日子，太阳兄弟们规矩多了，每日轮流就班出行，大地、山川不再那么燥热，野兽也被村民们赶出了村庄，回到大山里去了。

  母亲羲和见太阳儿子听话了，心里不再着急上火。一日，女娲娘娘差人来传话，说是让她去九天那里坐坐。羲和知道女娲娘娘是要问她那太阳儿子的事。是啊,自从那日跟女娲娘娘分别后,自己回家忙着管教太阳儿子,还没有去见女娲娘娘,见儿子们变乖听话了,自己是该去向女娲娘娘汇报了。临行时,母亲羲和又把大儿子金乌叫到跟前交代道:"我有事到九天女娲娘娘那里一趟,你是大哥,要带好弟弟们,不可再干那出格的事。"儿子大金乌点头道:"请母亲放宽心,儿子再也不敢给母亲惹事了,您老就放心地去吧。"母亲羲和见儿子言辞真切,不再说什么,点头道:"有你这句话,母亲就放心了,一定带好弟弟们。"言毕,母亲羲和出府洞,驾起长云,向九天一路而去。

母亲羲和走后,一切照常,倒也相安无事。十个太阳兄弟中就数老三太阳三金乌性情暴躁,一点就着。就在母亲羲和走后的一天夜里,兄弟们在扶桑树上安歇,又聊起了巡天功曹的事,太阳六金乌眨了眨小眼睛说:"她女娲娘娘咋就知道我们作践人间的事?"一边的八金乌挤了挤眼道:"我看八成是那巡天的功曹在女娲娘娘面前告了咱们兄弟的状。"太阳二金乌接言道:"没错,我看就是那多嘴功曹告的状。"七金乌道:"我看这个功曹还是欠抽。"五金乌道:"七弟说得是,不如明天我们再出去,把那不知好歹的功曹好好抽一顿,看他还嘴长不。"太阳九金乌惊愕道:"我看使不得,要是让大哥知道了,他肯定是不会让我们一块儿出行的。"太阳三金乌瞪眼道:"你个傻瓜,不给大哥说就是了。睡觉!睡觉!明天还要起早。"一夜无话。

第二天轮二金乌出行,见太阳二哥驾起了车,几个太阳弟弟赶忙跳上了车。太阳大金乌睡醒时,发现弟弟们都不见了,心里咯噔了一下,莫不是结伙又出去了,连忙一路赶了上去。二金乌驾着龙马车,带着弟弟们,一路飞驰着。他们边走边寻找着那巡天的功曹。中午时分,见到了那巡天功曹带着随从过来,太阳三金乌从二金乌手中接过龙马鞭,扬鞭催马直冲那功曹而去。还未等功曹弄明白,龙马车就到了眼前,一见功曹,三金乌也不言语,扬起龙马鞭"啪啪啪"直冲那功曹抽打去,其余几个随车的太阳金乌伸手扔出一团团火球,烧向功曹,可怜的功曹还没有弄明白是咋回事,就被熊熊火团烧焦,跟随功曹的天兵见状,都四散而去。见功曹被化为灰烬,车上的太阳

兄弟乐得手舞足蹈起来。

　　平静了没几天的人间,又一次被太阳金乌放射出的热浪侵袭,山间里的野兽又窜出山林进入农家。大地上的生灵又遭受强烈阳光的伤害,无奈,百姓们齐聚神庙前祈求神灵保佑。土地、山神也被这热浪烧烤得丢盔卸甲,赶忙跟过路的巡天神诉苦。见事情重大,巡天神也不敢怠慢,忙回天庭,把看到的实情跟玉帝做了汇报,玉帝知道太阳金乌是东方天帝的儿子,也不敢擅作主张。玉帝知道女娲娘娘神通广大,东方天帝也畏惧她三分。于是,玉帝就请来女娲娘娘问计,女娲娘娘见状,就知道玉帝一定是又遇到了棘手事,要不为何要请她这个大姐出山。女娲娘娘来到天庭,一见玉帝便问道:"玉帝请本座来有何要事商议?"玉帝道:"巡天神禀报说,东方天帝的太阳儿子烧死了巡天的功曹,烧烤得人间生灵不得安生。"女娲娘娘愤然道:"太阳金乌胡作非为,就应擒拿问罪。"玉帝苦笑道:"说得也是,但东方天帝那边若是……"见玉帝欲言又止,女娲心里明白,玉帝是碍于东方天帝的面子,才请她这个大姐来的。女娲是个刚直的人,容不得违反天庭规矩的事发生。前一时就因为太阳金乌一齐出行,烧烤得人间生灵不得安生,自己也是碍于面子,才放过一马,没承想羲和姑息养奸,太阳金乌又干出祸害人间的事来。看来是得给他们点颜色看看了。女娲一脸严肃道:"玉帝,你的心意本座明白,这事就交给本座处置好了。"见女娲娘娘自愿承担此事,玉帝笑呵呵道:"还是娘娘理解朕的苦衷,这事就拜托娘娘了。"女娲道:"好说,我这就让人整治他们去。"言罢,女娲辞别玉帝而去。

　　女娲娘娘选中了神射手后羿,让后羿到人间去整治太阳金乌。后羿接到女娲娘娘法旨,回家准备去了。

　　妻子嫦娥听说丈夫后羿要到人间去,就缠着丈夫后羿说:"听说人间风景美好,我也要去。"后羿一脸严肃道:"这可不好吧,我是奉女娲娘娘之命,跟凶残的太阳金乌决战,你去了算啥事?"妻子嫦娥抱着后羿的胳膊撒娇道:"就因为你去有危险,奴家才不放心,你就带奴家去吧,就算是奴家求你了。"后羿经不住妻子嫦娥软磨硬泡,就应允了。于是,后羿带着妻子嫦娥下了天

第二章 后羿射日

庭,来到人间。

后羿拜访了君主尧,尧听说后羿是玉帝派来的神箭手来整治太阳金乌的,甚是欣喜,老百姓有救了。君主尧笑呵呵道:"大神,朕拨给你三千人马,帮你前去壮威,你看如何?"后羿忙摇手道:"谢谢君主好意,不要一兵一卒,小神有女娲娘娘赐的红木大弓,带上它就行了。"君主尧道:"大神此去凶险,朕跟着大神去也好有个照应。"后羿道:"既然君主不放心,就跟小神一同前往就是了。"

第二天一大早,囫囵吃过早饭,后羿挎上红木大弓,带着君主尧上路了。一路上后羿看到大河断了流,大海也干涸了,路边尽是被热浪烧烤死的老人和小孩。后羿眼眶湿润了,他把牙咬得嘎巴响,他要帮助老百姓脱离苦海,射掉这些作恶多端的太阳金乌。后羿爬过了九十九座高山,迈过了九十九条大河,穿过了九十九个峡谷,来到东海边。他登上了一座大山,山脚下是茫茫大海。天上的太阳兄弟们正玩得高兴,没有在意,倒是小金乌眼尖,瞅见了高山顶上的后羿,惊愕道:"你看那山顶上的大汉,冲咱们几个瞪眼哩。"三金乌低头一看,把大嘴一撇道:"别管他,看他能把咱们兄弟咋样?咱们只管玩咱们的吧!"太阳兄弟们又玩耍起来。

后羿趁太阳兄弟不注意的当儿,拉开了万斤力弓弩,搭上千斤重利箭,瞄准天上火辣辣的太阳,嗖的一箭射去,第一个太阳被射落了。正在玩耍的太阳金乌见有人中箭滚落下去,吓得慌成一团。后羿又拉开了弓弩,搭上利箭,嗡的一声射去,同时射落了两个太阳,这下天上还有七个太阳,瞪着红彤彤的眼睛。后羿感到这些太阳仍很焦热,又狠狠地射出第三支箭。这一箭很有力,一箭射落了四个太阳,其余的太阳吓得浑身打战,团团旋转。就这样,后羿一支接一支把箭射向了太阳,无一虚发。后羿射红了眼,还要抽箭再射,紧随其后的君主尧见天上只剩下了一个太阳,要是把这个太阳也射了,那天地间就没有光明了。君主尧悄悄把后羿箭筒里的箭抽掉了,后羿见没箭了,正在愕然时,天空中的那最后一个太阳害怕极了,急忙一头钻进了云团里。

后羿冲云团里的那只太阳高声道:"太阳金乌听着,你们兄弟作践人间,理应受到惩治,本神已将你九个哥哥射杀,姑且留你一命,好好执勤,将功补过,要是不思悔改,再做那祸害人间的事,今天这几个哥哥就是你的下场。"太阳小金乌早就吓破了胆,哪敢言语,钻出云团冲后羿直点头,后羿见太阳小金乌已服了软,也再没多言语,就随同君主尧下了山。

第三章
天下安宁

君主尧感激后羿拯救了天下百姓,在自己王宫中设宴为后羿庆功,妻子嫦娥也被请进了王宫。君主尧亲自为后羿夫妻斟了酒,并举起酒杯笑呵呵道:"大神后羿射掉了祸害人间生灵的太阳金乌,拯救了全天下的百姓,他是我们百姓的大救星,我提议,为我们的大救星干杯。"酒过三巡后,大臣们争相向后羿敬酒。酒宴后,后羿拱手跟君主尧辞别:"君主,作恶的太阳金乌已被除掉,百姓得以安宁,明天我就回天庭跟天帝复命去。"听说后羿要回天庭,君主尧一下急了:"大神不必这么着急,虽说除去了作恶的太阳金乌,但仍然干旱无雨,这如何是好?"听了君主尧的话,后羿心里明白君主尧是要他帮忙天降甘露,以解百姓之急。虽说自己是奉命来惩治太阳金乌的,但看到百姓有难,自己怎能坐视不管,既然君主发了话,说啥这个忙也得帮。后羿淡然一笑道:"君主不必担忧,我这就请雷公电母、风伯雨师前来行云布雨,以解天下大旱。"见后羿爽快一口应允,君主尧忙拱手道:"朕在这里就替天下百姓,多谢大神了。"后羿道:"为百姓做事是应该的,还说啥谢不谢的。"言罢,后羿念念有词,不大会儿,云团中就出现了雷公电母和风伯雨师的身影并齐拱手道:"大神,传小神来有何吩咐,小神照办就是。"后羿道:"太阳金乌祸害人间,河水断流,秧苗干枯,天遭大旱,百姓难以生计,请四位大神来降甘露,以解天下百姓之忧。"雷公电母、风伯雨师拱手道:"小神愿听大神调遣。"雷公电母、风伯雨师个个爽快,一边站的君主尧忙拱手道:"那就多谢几位大神了。"见君主尧施礼搭躬,雷公电母、风伯雨师诚惶诚恐道:"不敢当,小神遵命行事就是。"言毕,雷公电母、风伯雨师就作起法来,霎时乌云翻滚,雷声滚动,水流如注的大雨从天而降,百姓欢呼跳跃,手舞足蹈,感谢后羿大恩大德。

大雨过后,大地不再燥热了,山林青了,农田也换上了绿装,一切又回到了往日的景象。

君主尧陪着后羿来到庄户人家,百姓们听说射日的大英雄后羿来了,纷纷走出家门,相邀他去家里做客,献上甜瓜鲜果招待他。君主尧陪同后羿走进山林,林中的灵兽听说恩人来了,都跑出来欢迎他。看到这一切,后羿心里很受感动,流出了激动的泪水。

第四章
九焰终南

再说后羿射九日后,九个太阳金乌掉落到了终南山田谷,顿时田谷火焰冲天,热浪滚滚。九个太阳金乌都是仙童之体,有着父母的仙根,虽然被后羿利箭所伤,但他们的仙根还在,又转化成九个魔头。他们仇恨后羿,仇恨世间所有的人,他们发誓要杀掉后羿,以解心头之恨。

太阳金乌们知道,母亲羲和最疼他们兄弟,一天夜里,九只金乌的魂魄走进了母亲羲和的梦里。母亲羲和被女娲娘娘关押在天牢里,她只知道她的几个太阳儿子祸害了人间,但还不知道九个儿子被后羿射杀,睡梦中见到九个儿子血淋淋冲她走来,惊愕道:"儿子,你们咋都成这般模样了?"见问,大金乌哭丧着脸道:"母亲,我们兄弟被人射杀了。"羲和失声道:"是谁射杀了你们,快跟娘说说。"二金乌道:"是那个叫后羿的人射杀了我们九兄弟。"三金乌哭叫道:"母亲,你可要为儿子们报仇呀!"羲和惨然道:"我也被囚禁在这里,这个仇如何报?"二金乌道:"那也不能便宜了后羿这个小子。"三金乌道:"我们要跟他后羿决战。"母亲羲和忙摇手道:"千万不可胡来,想必那后羿是玉帝派的人,要是让玉帝知道就麻烦了。"大金乌道:"这也不行,那也不行,难道这个仇就不报了?"见儿子们着急,母亲羲和点了点头道:"容我再仔细想想。"思量片刻,母亲双眉舒展道:"我看这样,玉帝对你们的父亲最敬畏,不如让你们的父亲出面,借玉帝之手除了这个后羿就是了。"大金乌觉得母亲羲和的话有道理,点头道:"只有这样了,母亲好好保重,我领弟弟们这就求父亲去。"羲和挥了挥手道:"好了,去吧!去吧!"

听了太阳儿子们的诉说,父亲帝俊勃然大怒,道:"好你个玉帝,要不是我谦让,你能坐上玉帝这宝座吗?你不仁不义,竟敢拿我的太阳儿子开刀,你眼里还有我东方天帝吗?"父亲帝俊冲太阳儿子挥手道:"好了,为父知道了,我这就去见那玉帝,看他如何言讲,你们几个回去,好好修炼,别再做那出格的事来。"太阳儿子们齐声道:"孩儿们知错了。"言罢,告别父亲帝俊回终南田谷去了。

第五章 后羿受罚

玉帝见帝俊一脸怒气走进凌霄宝殿,忙下宝座笑脸相迎:"大哥到了,快上座。"说着,玉帝上前一把拉住了帝俊的手,帝俊一甩袖袍,怒目道:"别猫哭耗子假慈悲了。"玉帝心里明白东方天帝是为太阳儿子的事来的,但不敢明言,故作惊愕道:"大哥,是谁惹你生气了,你言语一声,小弟让他给你赔礼道歉。"帝俊知道玉帝揣着明白装糊涂,气就不打一处来,愤然道:"我问你,我的太阳儿子被射杀,是你下的旨意吗?"见问,玉帝苦笑道:"你是听谁说的?"帝俊见玉帝抵赖,瞪眼道:"我儿子们的魂魄来见我,难道这还有假吗?"玉帝此时心里暗暗叫苦,抱怨起后羿来,后羿呀后羿,我让你去惩治他们一下,你咋就射杀了他们,还不回来跟朕报告,让朕如何应对?事到如今舍卒保车,过了这关再说。玉帝赔着笑脸道:"这不对吧,小弟是让后羿去告诫一下他们不可胡来,怎能射杀了他们呢?"帝俊瞪眼道:"你别跟我打马虎眼,你把巡天功曹叫来一问不就知道了?"玉帝苦笑道:"千万别生气。"言罢,玉帝回头冲值殿神大声道:"还不快传巡天功曹来见朕。"

"是。"值殿神拱手遵命,退了出去。

不大一会儿,巡天功曹来到凌霄宝殿,跪拜道:"小神参见玉帝。"玉帝冲巡天功曹挥了挥手道:"请起,一边站了。"功曹站起,恭恭敬敬退立一边。玉

帝道："你近日巡天，可知人间发生了什么大事？"见问，功曹心里有点纳闷，前天他不是跟玉帝禀告了后羿射杀九阳的事了，今天怎么又问起来了呢？功曹愕然地看了看玉帝，见玉帝给自己使眼色，心里嘀咕，莫不是玉帝又有难言之隐，不然神情怎么会这么慌张。功曹抬头见大殿上还坐着一位大神，这位大神没准就是太阳金乌的父亲东方天帝吧，这东方天帝帝俊可是鸿钧老祖的大弟子，是四大天帝之首，玉帝爷对他这位大哥也敬畏三分。看来这东方天帝是为他太阳儿子被射杀的事问罪来了，自己今天得好好表现，若是表现好了，玉帝没准会提拔自己。想到这里，功曹抬头道："回玉帝爷的话，人间是发生了好多大事，不知玉帝爷要问的是哪件事？"玉帝见功曹如此机灵，会意了自己示意的眼神，故意岔开了话题，心里甚是敬佩，便高声道："是吗？都是什么大事，快跟朕说说。"功曹点头道："回玉帝爷的话，天下老百姓对后羿大神感恩戴德，为他动土木，兴建大庙。"玉帝故作惊愕道："还有这回事，他后羿何德何能，竟受到老百姓如此爱戴呢？"见问，功曹笑呵呵道："太阳金乌骄横，祸害人间，后羿射杀了他们，人间才得以安宁，老百姓故而爱戴他。"听了功曹的话，殿堂上坐的东方天帝突然站起身，冲功曹挥手，大声喝道："大胆的功曹，敢在此胡言乱语，还不给我滚出去！"见帝俊发了怒，功曹知趣地忙回身退了出去。

　　帝俊怒道："你还有啥话可说？"玉帝道："大哥休怒，这后羿果真胆大妄为，违背朕意，朕决不轻饶他。"帝俊知道玉帝又要耍花招，忙接上了话茬，道："你准备怎么个处置法？"见问，玉帝沉思片刻道："削去他的仙籍，永留人间。"对玉帝这个处置，帝俊压根儿就不满意，依他的意思就是把后羿给劈杀了，方解心头之恨。但转念一想，自己的太阳儿子毕竟是祸害了人间，若是为这事跟玉帝起了冲突，鸿钧老祖要是怪罪下来，自己会落下袒护儿子的罪名。罢罢罢！多一事不如少一事，还是忍了吧。他担心玉帝又诓他，这个处置得交由自己来执行。帝俊跟玉帝道："既然贤弟做了决定，大哥这里有个不情之请。"玉帝见帝俊开了口，淡然一笑道："啥请求不请求的，有啥话，大哥请讲无妨，小弟照办就是了。"帝俊道："对后羿的处置，交予大哥来办。"玉

第五章　后羿受罚

帝明白帝俊的意思,他是怕自己又诓了他。为了不让他起疑心,这事就交予他处置好了。玉帝点头道:"好,就按大哥说的办,明天小弟就让雷公电母、风伯雨师同行,为大哥壮威。""好,这就说定了。"言罢,帝俊辞别了玉帝,出宫而去。

且说后羿在人间的事,后羿射杀了九个太阳金乌后,天下得以安宁,百姓欢庆,为感谢后羿拯救大恩,老百姓为他建祠堂焚香朝拜。见老百姓对自己的丈夫如此敬重,妻子嫦娥也感到颜面有光。

这日,君主尧陪同后羿和嫦娥夫妇到民间去体察民情,在一山村,见许多百姓扛椽架檩,忙活着,君主尧愕然,迎面过来一老者,忙上前打问:"老人家,你们这么多人在忙活啥呢?"见问,老者笑呵呵道:"我们在盖大庙。"君主尧又问道:"为哪路神仙盖大庙?"老者道:"为后羿大神盖大庙。"君主尧笑呵呵拍手道:"好好好!民心是杆秤,谁给百姓办好事,老百姓就敬重他。"老者见眼前之人好生面熟,惊愕道:"你莫不是君主尧吗?"君主尧点头道:"在下正是尧。"说着,君主尧回头指着身边之人道:"这位就是大神后羿和他的妻子嫦娥仙子。"听说大恩人后羿来了,惊喜得老者又是打躬,又是作揖,忙回头冲忙活的乡亲道:"我们的大恩人后羿来了,还有我们的君主尧也来了。"听说后羿和君主尧来了,场上干活的人,哗啦一下全围了上来,齐刷刷地跪在地上,见状,君主尧忙上前挥手道:"大家快快起来说话。"老百姓兴奋地振臂高呼:"君主万岁!后羿大神万万岁!"老百姓的欢呼声在山谷中回荡着。

正当大伙欢呼雀跃时,晴朗的天空霎时变了脸,雷声滚动,电光闪闪。大伙儿知道天要下雨了,忙上前簇拥着君主尧和大神后羿向路边一茅棚跑去。"后羿小儿休走。"听到有人喊叫自己的名字,后羿忙收住了脚步,抬头见一群天兵天将从天而降。老百姓哪见过这般阵势,全被眼前突如其来的一幕惊呆了。帝俊上前一步,高声道:"其余人等退后,后羿夫妇上前听判。"后羿见天兵天将个个一脸煞气,就预感到大事不好,这伙天兵天将一定是为自己射杀了太阳金乌的事来的,为了老百姓,就任凭他们处置吧。后羿大步上前,帝俊道:"后羿你知罪吗?"后羿昂首道:"后羿为民除害,何罪之有?"帝俊横眉竖眼道:"玉帝让你来人间惩戒太阳金乌,谁让你射杀了他们?"后羿恍然知晓面前来问罪的就是太阳金乌的父亲帝俊,便怒目争辩道:"你祖护太阳儿子祸害人间,还有何颜面在此大言不惭。"帝俊见后羿认出了自己,当着这么多老百姓的面,要是再多言自己就难以脱身。何不给他来个快刀斩乱麻,削去他的法力再说。帝俊不再言语,伸手作法,只见一团火焰直冲向后羿,后羿一时觉得胸口憋闷,忙用手捂住了胸口,一股鲜血从口中喷射出来。后羿身体不支,后退了几步,便倒了下去,他身后的妻子嫦娥也无力地倒了下去。

在场的老百姓见后羿和妻子嫦娥摔倒在地,哗啦一下全围了上去呼叫着。帝俊见后羿和嫦娥已被削去了法力,一阵狂笑后,便带着雷公电母和众天兵天将驾上云头,回天界向玉帝复命去了。

老百姓七手八脚把后羿和嫦娥抬进了路边茅棚,见他俩还有气息,忙灌了一竹筒山泉水。不大一会儿,后羿就苏醒过来,觉得周身发软,站立不起来,后羿这才明白自己和妻子嫦娥已经被那帝俊削去了法力,已成凡人了。但后羿并不懊悔,为了天下老百姓,自己就是成了凡人也心甘情愿。妻子嫦娥的心却不平静了,整日抱怨丈夫后羿断送了自己的美好前程。从此,后羿生活在莫大的痛苦之中。

君主尧见后羿整日愁眉不展,愕然道:"大神,朕看你忧心的模样,莫不是又遇到啥不顺心的事了?你跟朕说说,兴许朕会帮得上。"见问,后羿惨然道:"什么大神,我的法力已被那帝俊全削去了。"听了后羿的话,君主尧感到挺对不住后羿的,要不是后羿为百姓射杀了九日,他怎么能被削去法力呢?君主安慰后羿道:"大神不必烦忧,朕也不知道天界是什么模样,纵然这凡间没有天界美好,但人间也有它的乐趣。你看人间民风淳朴,男欢女爱,其乐融融,好不快哉。大神为天下老百姓做了好事,老百姓是多么爱戴你。朕知道你的功夫好,早已为大神开了一所武功馆,有不少年轻人要求跟大神学习武功呢。"君主尧的一番话,听得后羿心花怒放。君主尧的话说到了他的心坎上,他就喜欢舞棍弄棒,他也乐意把自己的武功传授给有志学习的年轻人。后羿笑眯眯道："谢谢君主好意,赶明天起,我就到武功馆去收徒传艺。"君主尧见后羿开心,心里也不再愧疚了。

后羿自从到武功馆收徒传艺后,又重新开始了人间新的生活。不少年轻人慕名前来拜师学艺,奸诈刁钻、心术不正的逢蒙也趁机混了进来。

一天夜里,妻子嫦娥跟丈夫后羿又唠叨起了天上的事,听了妻子嫦娥的抱怨,后羿心里不免一阵酸楚,觉得自己挺对不住她,是自己连累了她,便安慰道："你不要着急,这件事我心里一直想着呢,我们一定会回到天界的,只是迟早的事。"妻子嫦娥相信了丈夫后羿说的话,破涕为笑了。

就在那天夜晚,后羿元神出窍,飘荡到九天女娲宫中,女娲跟他说："后羿,你命中有此一劫,回天界的事还得等待时日,关键是先得保留你和嫦娥长生不老,那升天的事就好办了。"后羿道："敢问娘娘,怎么才能长生不老?小神愚钝,请娘娘明示。"女娲道："西王母那里有长生不老仙丹,可西王母住在昆仑山顶上,那里山高路远,稍不留神就会葬身谷底,你不怕吗?"后羿仰首挺胸道："不怕!"女娲见后羿无所畏惧,淡然一笑,点头道："既然不怕,你就去吧,愿你成功。"

梦醒,后羿把梦中之事告知了妻子嫦娥,嫦娥甚是欣喜,但又担心山高路远,丈夫此去有危险,流泪道："那昆仑山险要,咱还是不去了,我不做那神仙了。"后羿知道妻子嫦娥心疼他,怕他此去有危险,强装笑颜道："请夫人放心,我是不会有事的,你就在家里等着喜讯吧!"妻子嫦娥见丈夫后羿态度决然,也再没言语,她知道丈夫后羿是个执着的人,一旦作了决定,就是九头牛也休想把他拽回来。第二天一大早,后羿揣着妻子嫦娥给他准备的干粮出门上路了。

后羿凭着盖世神功和超人的意志,越过炎山、弱水,攀上悬崖峭壁,只听"嗖"的一声响,一条大蟒冲他张开了大嘴。后羿没有惧怕,一手紧紧抠住了一块突出的尖石,一手握拳狠狠地向那大蟒挥去。大蟒一纵身,掉下了悬崖。被大蟒蛇一惊,后羿感到浑身发软,但他没有气馁,再一次鼓足了勇气,脚蹬手攀,一步一步往上挪,约莫一个时辰后,他终于攀上了山顶。一到山顶,就睡倒在地上,打算小歇一会儿,再继续前行。当他刚闭目养神小歇时,猛然听到耳边一声呼啸,他睁开眼一看,一只斑斓大虎出现在眼前,后羿忙翻身站起,未等他拉开架势,那斑斓大虎就冲他扑了上来。后羿见大虎来势凶猛,就地一蹲,那大虎扑了空,大虎恼羞成怒,又腾空而起扑了过来,后羿不躲不闪,挺直腰杆,出手抓住了大虎一只爪子,回手使劲一扭,大虎嚎叫一声,扑倒在地。后羿正要上前去揍它时,又一只大白虎出现在他的眼前,后羿忙后退几步,拉开了架势,准备出手跟那白虎决斗。"孽障,休要撒野。"声到人到,只见一粉面道童走了过来。粉面道童冲大虎瞪眼道:"我让你俩到前山来接后羿大神,怎么又跟大神撒起野来了?"听说眼前之人就是他们要接的大神后羿,两只大虎就地一滚现出原形,扑通跪倒,求饶道:"小的眼拙,还以为是哪路山妖上了山,得罪了,大人不记小人过,就饶恕我们两个吧。"后羿见两位道童认了错,忙上前扶起两位道童,淡然一笑道:"不知不为错,两位快快请起。"粉面道童拱手道:"大神请,西王母正在宫中等候大神。"后羿惊愕:"西王母怎么知道小神来她的昆仑山呢?"见问,粉面道童笑呵呵道:"西王母是天界的金仙,能知九天未来之事,前几天她就知道大神要来昆仑山求长生不老仙丹。"后羿点头道:"西王母果真神通广大,小神算是领教了。"粉面道童拱手道:"大神,走,咱们这就进宫去见娘娘。"言罢,粉面道童前边带路,后羿跟着,一路向王宫走去。

西王母敬佩后羿的作为,同情他的遭遇,但不老仙丹只剩一粒,便道:"这长生不老丹是用长生树结的长生果炼就的。这长生树三千年开一次花,三千年结一次果,炼就又需三千年,现仅剩一粒,两人分享俱可长生不老,一人独食可升天成仙。"后羿拱手道:"多谢娘娘赐仙丹,我跟妻子嫦娥恩爱情重,怎能一人独食,我们不求升天成仙,只要长生不老就满足了。"西王母笑呵呵道:"好一个恩爱情重,本后就敬佩你有仁爱之心,童儿,拿过仙丹。""是!"粉面道童上前接过那粒仙丹,递与后羿,后羿拱手道:"多谢娘娘赐予仙丹。"西王母挥手道:"好了,下山去吧。"后羿辞别西王母,跟随那粉面道童退出了王宫,那粉面道童一招手,一团五彩云飘然而下,粉面道童拱手道:

第五章 后羿受罚

"大神请上五彩云团,闭上眼睛,下山去吧。"后羿踏上云团,一闭眼,只觉耳边一阵微风过后,不一会儿就到了山脚下。回头望去,大雾锁山,已辨不清上山的路径,后羿感叹,真乃仙山也!

妻子嫦娥见丈夫平安归来,又拿回了长生不老仙药,甚是欣喜。嫦娥想借此试探一下丈夫后羿对自己的情感,苦笑道:"郎君,仙药只有一粒,你就服用升天做神仙去吧。"后羿瞪眼道:"说什么话,连累了你,是我对不住你。我们夫妻恩爱情深,就是做不了神仙,只要能长生厮守,我就知足了。"妻子嫦娥见丈夫后羿果真挂念着自己,激动道:"多谢郎君有情有义,妾身知足了。"说着,嫦娥按捺不住情感,一下扑在丈夫后羿的怀中,感动得眼眶湿润了。

后羿和妻子嫦娥商议想找个吉日分食,暂时把那长生药交予嫦娥保管,嫦娥将那粒仙丹藏在梳妆台的百宝匣里,不料被逢蒙看到了。

当后羿率众徒外出狩猎,心怀鬼胎的逢蒙假装生病,留了下来,窥视着女主人的动静,寻找机会行事。

就在这天早上,嫦娥正在梳妆台前打扮,猛然从铜镜里见一汉子的影子出现在镜中,回头见徒儿逢蒙一脸凶相,手持长剑进了内堂,嫦娥预感到这徒儿来者不善,大声喝道:"大胆逢蒙,你擅闯内堂,知罪吗?"逢蒙挤了挤一对老鼠眼,凶煞煞道:"师娘不必惊慌,徒儿是为那长生不老仙丹而来,只要你交出那粒仙丹,徒儿就留你一条活命,如其不然,就休怪徒儿手中这把利剑无情了。"说着,逢蒙上前一步,冲嫦娥挥舞起手中的利剑来。嫦娥不躲不闪,厉声道:"逢蒙,你要是再敢胡来,我可要喊人了。"逢蒙哈哈笑道:"喊呀,你就是喊破了嗓子,也没有人敢来救你,你丈夫后羿已经带众人狩猎去了,武功馆里就剩下一些丫环婆子,难道我手中这把利剑还怕她们吗?"嫦娥心里嘀咕,自己一个妇道人家,手无缚鸡之力,怎么能斗过这个恶徒呢?若长生仙药给了他,还不如自己服用了,就是苦了丈夫后羿,事到如今,再别无他法。想到此,嫦娥淡然一笑道:"你说话算数,我把那粒仙丹给了你,你不可伤了我性命。"见师娘嫦娥服了软,逢蒙淫笑道:"师娘是个大美人儿,徒儿怎

25

会忍心伤了你,只要师娘听话,徒儿一切依你就是了。"嫦娥道:"你且退后,待我取那仙丹来。"逢蒙听了嫦娥的话,信以为真,就后退了几步,见逢蒙回身退去,嫦娥赶忙打开梳妆台上的宝匣,取出那粒药丸,一口吞了下去。逢蒙见嫦娥骗了他,扑上前去就要夺那药丸,"哎吆。"逢蒙一声喊叫,手腕一阵刺痛,手里的利剑掉落在地上。逢蒙握着刺痛的手哇哇直叫,眼睁睁瞧着嫦娥飘然升天,无可奈何。

嫦娥飘然升天,心里一直挂念着丈夫后羿,喃喃自语道:"郎君,是我对不住你,我不是故意的……我不是故意的……"

嫦娥飘落到离人间最近的月亮上,在月亮上成了仙。

傍晚,后羿回到家,侍女们哭诉了白天发生的事,后羿既惊又怒,抽剑去杀恶徒,逢蒙早就逃走了,气得后羿捶胸顿足哇哇大叫。悲痛欲绝的后羿仰望着夜空呼唤着爱妻的名字。后羿只觉一时天昏地转,一仰头栽倒在地上昏死了过去……

第六章
九阳逃遁

后羿射日,九个太阳金乌滚落到了终南山田谷中,随着九个太阳金乌的到来,田谷顿时燃烧起了熊熊火团,田谷的山林着起了火,山村人家的茅屋被从天而降的火团化为灰烬。山林中的生灵被火团烧烤得四散而去。这火团足足烧了九天九夜,方才停了下来。

一阵暴风雨过后,滚落在山洼里的太阳金乌又一次复活了。但他们没有了法力,升不了天了。

一日,大魔头嬉皮来到田谷,见到了灰头土脸的太阳金乌。这大魔头嬉皮原本是洪荒一地仙,他跟女娲素来不和,得知女娲让后羿射杀了九个太阳金乌,认为整治女娲的机会来了。他要恢复九阳法力,好教唆他们作乱,以此陷害女娲娘娘。于是,大魔头就来到了田谷,大魔头嬉皮故作惊讶道:"九阳兄弟,你们都咋成这般模样了?"大金乌眨巴眨巴眼睛,愕然道:"你是谁,我们咋不认识你呢?"一边的五金乌接上话茬道:"就是的,你到底是谁,咋就知道我们兄弟在这里呢?"见问,嬉皮笑呵呵道:"你们不认得我,我可认得你们,你们的母亲羲和生你们兄弟时,我还道过喜呢。"太阳六金乌愕然道:"看来你对我们兄弟的事还挺熟悉的。"大金乌道:"大仙既然知道我母亲的名字,看来你是我们的老前辈了。"嬉皮捻了捻胡须,哈哈笑道:"还是大金乌有眼力,不瞒你们兄

弟几个说，我原本是混沌一地仙，跟鸿钧老祖是一对好哥们儿，女娲还管我叫师叔哩，但女娲把我不当回事，还羞辱我。"说着，大魔头嬉皮扫视了众太阳兄弟一眼，摇头晃脑道："你们可知道是谁让后羿射杀了你们兄弟的？"二金乌不假思索道："是那个玉帝老儿呗！"嬉皮摇头道："错了。"二金乌愕然道："错了？不是他玉帝老儿，又能是谁呢？"嬉皮道："是那女娲。"大金乌斜瞥了嬉皮一眼道："不可能吧，那女娲和我母亲要好，她怎么能让后羿射杀我们兄弟呢？你是否跟那女娲娘娘有怨，来离间我们的是吧？"嬉皮眨巴眨巴一对老鼠眼，撇嘴道："离间？我为啥要离间，我说你们几个真是傻到家了，被人家射杀了，还对人家感恩戴德呢。你们几个被后羿射杀滚落到这山洼中，要不是我施法降雨，你们九兄弟早就魂飞湮灭了，对恩人不感谢罢了，还说我离间你们。"嬉皮如簧巧舌，说得太阳金乌低下了头。

嬉皮见他们不言语了，趁热打铁道："你们的母亲羲和仙子被女娲关进了天牢里，难道……"还未等嬉皮把话说完，二金乌怒目圆睁道："好你个挨千刀的女娲，你还要赶尽杀绝不成。"言罢，回头瞟了大金乌一眼道："大哥，她女娲不仁，也休怪我们兄弟不义，咱们兄弟把女娲干掉，从天牢里把母亲救出来。"嬉皮轻蔑地瞥了二金乌一眼道："别说大话了，你们都被削去了法力，还能上天吗？"二金乌羞愧地垂下了头，不再言语了。嬉皮扫视太阳兄弟一眼道："你们还想救回你们的母亲吗？"太阳兄弟抬头齐声道："想呀。"嬉皮点头道："好，这才算是男子汉。"嬉皮随手捻了捻胡须道："本大仙愿意助你们兄弟一臂之力，收你们为徒，教你们武功，你们几个意下如何？"见问，太阳兄弟把目光一齐投向了大哥大金乌，大金乌明白弟弟们眼神的意思，心里嘀咕，兄弟们的法力被后羿削去了，没有了法力，连天都上不去，何言去天牢救回母亲呢。看来眼前这位大仙是有点能耐的人，要不他怎么能跟鸿钧老祖称兄道弟呢，不管他说的话是真是假，只要他肯教兄弟们武功就行了。大金乌扑通跪倒，几个太阳弟弟见大哥跪倒，心里明白，大哥同意了，也都忙跪倒，齐声道："师父在上，受徒儿一拜。"嬉皮见太阳兄弟们肯认他做师父，一时心花怒放，忙上前笑呵呵道："好好好，师父教你们兄弟武功，保证你们兄弟个个是神勇斗士。"太阳兄弟们拱手齐声道："多谢师父栽培,我们兄弟愿跟随师父苦练武功,将来好为母亲报仇。"嬉皮点头道："师父相信你们兄弟有毅力,从明日起,师父就来教授你们武功,都快安歇去吧,为师也告辞了。"言罢,嬉皮回身下了山岗,回他的洞府去了。

太阳兄弟倒也听话,每日跟随师父嬉皮练武打禅,一晃数百年过去了。

一日,嬉皮把太阳金乌叫到一起,道："你们兄弟个个有长进,已能变化人形,看来为师的苦心没有白费。"见师父夸奖,太阳兄弟拱手齐声道："这都是师父你的功劳,徒儿在此多谢了。"嬉皮见太阳金乌个个得意的模样,心里嘀咕,学了点皮毛就骄傲了,这还了得,是该给他们降降温了,要不怎么能成大器。嬉皮一脸严肃道："我说你们几个是有长进,是说你们已经练就了基本功,但若要练就那上天的能耐,还需继续不断努力,为师让你们兄弟去山林降服那些神兽、山妖,使他们为我们所用。"见师父下了命令,太阳金乌拱手道："徒儿遵命！"

山林中的神兽和山妖,很快被太阳金乌征服了,他们得知太阳金乌是东方天帝帝俊的儿子,都甘愿俯首臣服,听从调遣。

自从太阳金乌与山林中的神兽和山妖结伙后,山谷中的百姓人家可就遭殃了,今天东家后圈里的肥猪不见了,明天西家的小孩被野狼叼走了,大白天村里人家的茅棚平白无故地就着了火,一时弄得山村人心惶惶。

一日,大魔头嬉皮跟太阳金乌说："徒儿们,明天有个大买卖,你们做不做?"大金乌愕然问道："师父,有什么大买卖做,我们都听你的。"嬉皮挤眉弄眼淫笑道："明个西凹有人家娶媳妇,你们去给他弄个惊天动地,动静越大越好。"六金乌愕然道："师父,娶媳妇好玩不好玩?"嬉皮哈哈笑道："好玩得很。"一边的二金乌笑眯眯拍手道："好玩就好,我们都去。"听说要媳妇有趣,兴奋得大金乌夜里睡不着觉,心里一直琢磨着那有趣的场面。

第二天一大早,大金乌就带着几个弟弟出了洞府,一路奔向那要办喜事的村庄。当他们几个刚赶到那村口,迎亲的队伍就迎面过来了。几个吹鼓手吹吹打打前头开路,其后四个年轻人抬着一顶小花轿摇摇晃晃,喜笑颜开。见状,大金乌回头给身后的几个弟弟使了个眼色,弟弟们会意,一齐上前,笑呵呵地接过轿杆,抬轿的年轻人还以为是主人家让人替换他们几个的,就顺从地把轿杆让给了他们。太阳兄弟见几个轿夫竟如此轻易地松开了手,笑呵呵地便抬着小花轿,哼着不成调的小调朝前走去。正当看热闹的村人来了兴致时,大金乌给弟弟们使了个眼色,转身回头,抬着小花轿一路飞跑起来,当跟随送亲的人还没弄明白是怎么回事时,那小花轿已不见了踪影。

　　太阳兄弟把小花轿抬进洞府,新娘子掀开轿帘愕然道:"你们究竟是什么人,为什么把我抬到这里来?"见问,六金乌色眯眯盯着新娘子,嬉皮笑脸道:"这小娘子脸蛋粉嘟嘟的,还长得挺俊的,大爷们把你抬来,就是想跟你玩耍玩耍。"说着,就上前去拉新娘子的手。这山里长大的小女子哪见过这个场面,见眼前之人要对她非礼,腾地站起,向山洞外跑去,正好跟进洞的九金乌撞了个满怀。九金乌正在河里取水,见几个哥哥出去抬了个小花轿回来,心里嘀咕,兄弟们不听母亲的话,给人间带来了灾难,被后羿射杀,如再做坏事,被玉帝知道,也难逃再次被剿灭。为人做事还是多做善事为好。于是,九金乌就赶忙上坡,一路小跑而上,想去洞中看个究竟,当他气喘吁吁登上了坡顶,正要进洞,就跟跑出洞的新娘子撞了个满怀,竹筒掉了,水倒了。六金乌追撵出来,见状,九金乌心里明白了,忙上前一把抱住了六哥。猛然听到"哎呀"一声惨叫,九金乌一惊,忙松开了手,奔上崖头,见新娘子从崖上跳了下去。九金乌回头扬起手,狠狠地向崖头上的六金乌抽去。六金乌捂着脸,尖叫道:"你打我干吗,我是你六哥呀。"九金乌瞪眼愤然道:"我打的就是你。"六金乌愕然道:"你干吗要打我?"九金乌瞥眼道:"这新娘子是惹你了,还是招你了?你为啥要把她逼上绝路呢?"六金乌自知理亏,涨红着脸,支吾道:"是她自个掉下崖头的,关我……我……的啥事?"九金乌瞪眼道:"你要是不非礼她,她能跳崖吗?"六金乌语无伦次道:"不管你怎么说,反正不……不……关……关我的事,是她自个……跳崖的。""放屁!"说着,九金乌抡起拳头冲六哥六金乌扑去。"九弟,你这是在干啥?"几个太阳哥哥见状,都忙上前劝架。大金乌一把抱住了九弟,愕然道:"究竟是为啥事,你还

第六章　九阳逃遁

冲你六哥抡起拳头来了？"九金乌愤然瞪眼道："你问他，他都干了些啥事？"一边的七金乌和八金乌回头看了看六阳，忙问道："六哥，九弟为啥要出手打你，你到底干了些啥伤害九弟的事？"见问，六金乌羞红着脸，低头道："就是为那小娘子的事，是她……"一边的二金乌见六弟欲言又止，心里就明白了几分，一定是六弟见那抬回来的新娘子人长得漂亮，非礼了人家，那新娘子不从就跳了崖。于是，九弟就跟六弟打了起来。"为了一个小女子，兄弟反目，这到底算是咋回事？说起来就不好听。不如我来个稀泥抹光墙不就得了，也免得伤了兄弟们的和气。"二金乌笑呵呵道："我当是为啥，不就是为了一个小娘们，她死了就死了呗，有啥大惊小怪。"说着，二金乌上前拍了拍九弟的肩膀，笑呵呵地道："九弟，算了呗，你六哥也不是有意的，你就原谅了他吧。"见二哥有意袒护六金乌，九金乌心里就来了气，冲他瞪眼道："照二哥的话说，是我多管闲事，是我错怪了六哥，要我给六哥赔不是吗？"一边的三金乌见九金乌跟二金乌瞪了眼，忙插嘴道："九弟，你怎么跟二哥说话，二哥是碍于弟兄的面子，才这样说的，依三哥看，这事压根儿就怪你，她小女子算个球，死了就死了呗。"一边的五金乌道："三哥说得是，只要我们弟兄高兴，我们爱咋玩就咋玩，他谁爱管闲事，我就跟谁急。"一边的七金乌也开口道："我赞同五哥说的话，他玉帝对我们兄弟不仁，也休怪我们对他不义，我们这样做也是被他们逼的。谁要是不愿意干就别干，但也别装好人，在兄弟面前耍威风。"九金乌心里明白，几个哥哥的话是说给他听的，看来哥哥们受了那大魔头嬉皮洗脑，中毒太深了，一时半刻还难以说服他们，这事还得从长计议。九金乌斜瞥了众位哥哥们一眼，一甩袖袍，下山岗自个清静去了。

在太阳金乌哥哥眼里，九弟是个胆小碍事的人，他们商议决定此后干什么事，不让他参与就是了，也免得他说三道四。哥哥们的疏远，倒使九金乌心里坦然，道不同不相为谋，只要自己洁身自好就是了。

一天夜里，哥哥们见九弟睡着了，就聚集在一起又密谋起来，六金乌低声道："大哥，我今天见师父了，师父让我跟你说，他发现近日那土地公经常到山神那里去串门，让我们提防点。"一边的二金乌惊愕道："是吗？还有这

回事,要是那土地和山神把我们的事报告上去,可就麻烦了。"二金乌瞪眼道:"他们敢!若是他们敢告我们的黑状,看我不把他们一刀捅死才怪。"五金乌接话道:"等到报告上去就迟了,依我看还不如趁早收拾了他俩。"六金乌摇头道:"不可,依小弟看,还得先礼后兵才是,先把他俩叫来,给他两个来点皮肉之苦,他们顺服了就好,若是不顺服,再弄死他们也不迟。大哥你看如何?"大金乌点头道:"还是六弟想得周到,就按六弟说的办。"言罢,大金乌又看了看六金乌,笑呵呵道:"六弟,去传土地公和山神的事,大哥就交给你了。"六金乌见大哥把这么重要的事交给了自己,就说明大哥赏识自己,他有点受宠若惊了,赶忙笑呵呵点头道:"多谢大哥对小弟的信任,小弟明天就去传土地跟那山神。"大金乌见六金乌乖巧,甚是欣喜,笑呵呵挥手道:"好了,都去吧,明天还有事要做。"见大哥发了话,太阳兄弟们四散而去。

太阳哥哥们聚在一起密谈的事,被九金乌全听到了,他见哥哥们行踪诡秘,就知道一定有事,佯装无事的样子,夜里就早早地睡了。但当他听到哥哥们要对土地公和山神动手时,一下惊呆了。他心里暗暗记恨大魔头嬉皮,看来这个嬉皮就不是善类,哥哥们若是听了他的教唆,真的要是对那土地公和山神动了手的话,这麻烦可就惹大了。虽然说那土地和山神不那么显耀,但他们毕竟是天界的神灵,这样做是违反天条的。哥哥们一时被那大魔头迷了心窍,让他们取消行动,显然是不可能的,这如何是好?九金乌寻思了半天,也没有寻思出一个好法子来。罢罢罢!只有冒险去告知那土地公和山神了,让他们俩心里也好有个准备。

太阳二金乌可鬼着哩,九金乌想到的,二金乌也寻思到了,他对九弟早就有所提防,一大早就让五弟五金乌拉着九金乌出山去办事。九金乌暗暗叫苦,只好跟着五金乌出山去了,但一路上他还一直挂念着那土地和山神的事。

话分两头,且说六金乌去请那土地公和山神的事。

第二天一大早,六金乌就出洞一路来到坪场上,他知道土地公的家就在这坪场大柳树下。六金乌依照礼数,迈步绕大柳树左转三圈,右转三圈,门开了,土地公现身,出现在大柳树前,拱手道:"见过六金乌,六金乌唤小老儿

第六章 九阳逃遁

来又有何事,尽管言语,小老儿遵命就是了。"六金乌昂首挺胸道:"我家大哥说是请土地公到我家洞府去一趟,说是有要事商议。"听说是太阳大金乌传自己去他的洞府,土地公心里就犯起了嘀咕,太阳兄弟们在山谷中兴风作浪,自己看在眼里,恨在心头,但不敢表达出来,谁让自己神位小,没能耐,从来不敢招惹他们,只有躲的份了。于是,土地公深居简出,免得引火烧身。没承想今天他们又寻上门来了,是去,还是不去?要是不去的话,他们会说敬酒不吃吃罚酒。但转念一想,自己又没有招惹他们,也没有什么把柄落在他们手里,怕他们何为呢?思前想后,还是决定去一趟,静观其变就是了。土地公拱手道:"小老儿知道了,遵命就是了。"六金乌见土地公倒也爽快,笑呵呵点头道:"好好好!你先去,我还要告知山神爷去。"言罢,六金乌回身告知山神爷去了。

当那土地公和山神一进山洞,还未坐稳,太阳兄弟就出来了,一见土地公和山神,二话没说就一齐上前抡起了拳头,土地公和山神还没有明白是咋回事,就被如狼似虎的太阳兄弟打倒在地。山神抱头愕然道:"你们是不是搞错了?我们可是你们六金乌请来的客人。"三金乌瞪眼道:"没错,你们俩不就是那土地公和山神吗,我们打的就是你们。你们俩是不是跟巡天神说了我们兄弟的坏话?"山神哭丧着脸道:"没有啊,我们就没有见过那巡天神是什么模样,怎么会说你们的坏话呢?"二金乌撇嘴道:"有人看见你们俩跟那巡天神在一起,还嘴硬,我看你们俩是活得不耐烦了吧。"一边的二金乌恶狠狠地挥手道:"给我打,看他们还嘴硬不?"太阳兄弟们又冲土地公和山神抡起了拳头。土地公和山神怎么能经得住他们的猛踹狠打,很快就被打得昏死过去。大金乌见土地公和山神不动弹了,忙喝道:"停,留着他俩还有用。"见大哥发了话,几个太阳兄弟才收住了拳头,四散而去。

九金乌一回洞,就见洞里躺着两人,忙上前去看,土地公和山神这时也苏醒过来,见面前又是太阳金乌,吓得忙缩紧了身子。九金乌见状,心里明白,一定是几个太阳哥哥对他俩下了狠手,忙上前安慰道:"二位大神不要害怕,我是九金乌,刚从外边回来,是救你们来的。"土地公和山神被打怕了,还以为太阳金乌又来戏弄他们,跪地求饶道:"大神,我们俩冤枉,我们真的没有在巡天神跟前说你们兄弟的坏话,你就饶了我们两个吧。"说着,土地公和山神就连忙磕起响头来。九金乌心里一阵酸楚,低声道:"二位大神,昨天夜里,我的几个哥哥商议整治你们的事我全听到了,他们怕我碍事,就支走了我,没承想,今天他们真的打了你们,是我来迟了,让二位大神受罪了,在这里我替几位哥哥们赔罪。"说着,九金乌就冲土地和山神深深地鞠了一躬。土地公和山神很受感动,忙跪拜道:"谢谢九金乌!谢谢九金乌!"九金乌羞红着脸道:"快别这样说,是我们兄弟对不住你们。"九金乌回头扫视了一下洞里,愕然道:"咋不见我那几个哥哥,他们去了哪儿?"见问,山神迟疑片刻道:"当时我们被打昏了,一醒来就看见了你,我们也不知道他们去了哪儿?"九金乌点头道:"好,既然他们都不在,我就带你们俩出去。"山神摇头道:"九金乌不可,我们知道你九金乌是好人,若是你放了我们,不就连累了你吗?反正我们没有跟巡天神说你们太阳兄弟的坏话,他们是会放了我们的。"九金乌瞪眼道:"你们俩咋就这么迂腐,他们为啥要打你们,他们要你们跟他们同流合污,做他们的帮凶,你们若是不从,还能让你们活吗?你们咋就连这都看不明白?"听了九金乌一番话,土地公和山神这才明白,忙点头道:"小神愚钝,经九金乌这一点拨,才明白这个理,就是觉得这样做会连累了九金乌。"九金乌道:"没事,我跟二位大神一块儿走就是了。"山神愕然道:"这可不行,这不是让你们兄弟反目吗?"九金乌道:"他们受了大魔头嬉皮的教唆,尽干那祸害人的事,我早就想离他们而去了,就是没有机会,今天二位大神有难,救你们出去我也图个清静。"土地公点头道:"这样也好,也免得日后连累你。"说着,土地公又迟疑道:"九金乌,这里是大魔头的地盘,我们又能到哪儿去呢?"见土地公有点顾虑,九金乌淡然一笑道:"没事,我倒有个好去处,他们是不会找到的。"山神愕然道:"你看我们俩腿都被打断了,可如何走得了呢?"九金乌道:"不碍事,我有水遁之法,带你们走就是了。"言罢,九金乌忙从洞里端来一盆水,放在土地和山神脚前,道:"请二位大神闭上眼睛,小神可要作法了。"说着,九金乌口中念念有词,瞬间,三人便遁水而去。

第七章 通天收徒

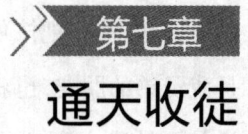

九金乌带着土地公和山神借水遁走后，一路来到赤谷山洼中，这山洼茅草路边有一茅屋草舍，茅屋草舍的主人是一位修道的老者。一年前，九金乌闲游到此，结识了这位老者，老者与九金乌说得来，一来二去，九金乌就跟那老者成了最要好的朋友。九金乌见哥哥们罪孽深重，早就有离他们而去的想法，来这里跟老者结伴修道。

九金乌带着土地公和山神一路来到这里。老者一见九金乌带着一高一矮两个人来，愕然道："小兄弟，这两个人是……"见老者欲言又止，九金乌就知道，老者心存疑虑，急忙道："大哥，这是我的两位最要好的朋友。"说着，九金乌回头跟土地公和山神道："这就是我跟你们说的那位大哥。"土地公和山神忙拱手道："小弟见过大哥。"老者笑呵呵道："快到屋里坐。"九金乌、土地公和山神便随那老者进了茅屋。

一进茅屋，那老者淡然一笑道："这屋里杂乱，让各位见笑了。"土地公笑呵呵道："没事，挺好的。"山神忙接话点头道："是挺好的！是挺好的！"九金乌笑眯眯道："都是自己人，不必客气。"待客人坐定后，那老者举目仔细打量了土地公和山神一番，顺手捋了捋胡须，斯文道："观面相，二位气宇非凡，一定是有大道之人。"见老者眼尖，九金乌笑呵呵道："还是大哥有眼力，不瞒大

35

哥说，这位白胡须便是土地公，那大汉便是此地山神爷。"听了九金乌介绍，老者忙起身离座拱手，惊愕道："原来是二位大神到了，恕老朽眼拙。"土地公苦笑回礼道："不好意思，打扰了。"老者又惊愕道："二位有伤疾吧？这是……"见问，一边的九金乌忙接上话题道："大哥，是这样……"九金乌跟老者耳语了一会儿，老者听罢，双手合十道："罪哉！罪哉！"老者点头道："二位大神是伤了筋骨，但无碍，贫道这里有上好的接骨丹药，服用七七四十九天即可痊愈，请二位大神静心修养就是了。"听说能接好断骨，土地公和山神喜形于色，忙接口道："那就多谢老神仙了。"说着就要拜谢，老者见土地公龇牙咧嘴痛苦状，忙一把按住道："救人性命，是贫道的职责，何言感谢，你们俩既然是我贤弟的朋友，也就是贫道的朋友，今天咱们能聚在一起，就是缘分，你们说是不是这个理？"土地和山神忙点头道："老神仙说得是，是缘分！是缘分！"老者笑呵呵道："既然到了我这里，就不要客气，随意就好。你们喝茶，我给你们去取丹药。"言罢，老者起身回里屋，拿出一个小葫芦，来到土地公和山神面前，从葫芦里倒出两颗药丸，让土地公和山神服下。土地公服下药丸后，一时觉得浑身燥热，土地公看了看老者愕然道："老神仙，小老儿一时觉得浑身热得很，这是咋回事？"山神也说周身烦热难忍。老者淡然一笑道："这就对了，这丹药能让你们燥热，就说明对症了，请二位大神忍耐片刻，片刻过后，浑身感到清爽就好了。"片刻过后，山神惊奇道："好爽快呀！"土地公也惊愕道："好舒服！好舒服！"说着，土地公站起身，跳了几下，惊喜道："好了！好了！"土地公和山神扑通跪倒拜谢道："谢谢老神仙救命之恩，谢谢老神仙救命之恩……"见土地公和山神欣喜若狂，老者忙上前一把扶起，一脸严肃道："快别这样，虽说你们的腿骨接上了，但还得继续服药，静心调养七七四十九天，才算完全愈合，若是半途而废，接好的断骨会再次断裂，到那时就再没有药可用了。"听了老者一番话，山神吐了吐舌头道："还有这么厉害吗？"见问，老者点头道："是的！"土地公和山神忙拱手道："多谢老神仙告诫，我们遵命就是了。"老者瞥了土地公和山神一眼，嗔怒道："看，又来了，又跟贫道生分了是吗？以后可不要再那么多礼数了。"土地公和山神见老者真的

第七章 通天收徒

生了气,忙道歉道:"说得是!说得是!"老者回头跟九金乌道:"贤弟,看来你也是回不去了,就在大哥这里住下来,共同照管二位大神,你看如何?"九金乌点头道:"大哥说得是,我早就有离开他们之意,既然大哥肯收留小弟,小弟就不走了,跟大哥修身养性好了。"老者捋了捋胡须,笑呵呵道:"好好好,同大哥一起修炼。"老者又说道:"贤弟,后山正好有一山洞,那里倒也清静,今晚大哥就带你们三人去那里安歇。"九金乌点头道:"听从大哥安排就是了。"言毕,老者便带着九金乌、土地公和山神走出茅屋,一路去后山那山洞安歇。一夜无话。

这自称是贫道的老者是谁?怎么这山洼中又冒出个茅棚草舍来呢?

原来这位老者,不是别人,他正是天界大佬灵宝天尊派来点化九金乌的赤脚大仙。这灵宝天尊久居大鳌山碧游宫,不食人间烟火,是怎么知晓人间之事呢?要知原由,还须从女娲娘娘说起。十个太阳金乌祸害人间,女娲让后羿下凡射杀了九个太阳金乌。一日,在鸿钧老祖处,灵宝与女娲见了面,两人闲聊中说到了后羿射杀九个太阳金乌的事,见女娲面带懊悔,灵宝愕然,便问道:"仙子,那太阳金乌祸害人间,被后羿射杀,是他们罪有应得,不足为惜,仙子为何又叹息起来呢?"女娲羞愧道:"都是本座审查不明,才害了那九金乌。"灵宝愕然道:"仙子,这话又从何说起?"女娲道:"那九金乌与他几个太阳哥哥不同,他心地善良,是个好人。"灵宝愕然道:"是吗?仙子是怎样知晓那九金乌心地善良呢?"女娲道:"事先本座还不知道,后来是听那巡天功曹说的,因而本座总觉得挺对不住那九金乌的。"听了女娲的讲述,灵宝忙掐指一算道:"仙子说得是,这九金乌确实是位善良之辈。"言罢,回头安慰女娲道:"仙子,近日,我正好有事要去终南山一趟,顺便试探一下九金乌是不是巡天功曹说的那样。"见灵宝肯帮助自己,女娲愁眉舒展道:"那就烦劳天尊,本座在这里多谢了!"灵宝瞥眼道:"举手之劳,何言相谢,仙子留步,本尊这就去了。"言毕,灵宝辞别了女娲,回他的大鳌山去了。

这日,赤脚大仙来到碧游宫求见师父灵宝天尊,碰巧,在宫门处见师父灵宝按下云头。赤脚忙上前笑呵呵拱手道:"师父,近日去了哪儿,徒儿来了

好几次，童儿都说你不在，今天碰巧见到你了。"见问，灵宝天尊道："师父到九天你师祖那儿去了一段日子，这不，又回来了。"言毕，灵宝看了看赤脚，笑呵呵道："你来得正好，师父也有事跟你说，快进宫去吧。"赤脚便跟随师父灵宝一路进了碧游宫。待赤脚坐定后，灵宝天尊道："赤脚，你知晓后羿射杀那九日的事吗？"赤脚点头道："徒儿知晓这事，那九日被后羿射杀后，不是滚落到终南山田谷去了吗？"灵宝愕然道："是呀！看来你还知道的不少。"赤脚低头道："这都是那功曹告诉徒儿的，让师父见笑了。"言毕，赤脚又问道："师父，莫不是要让徒儿前去点化那九金乌吧？"灵宝惊愕，心里不免嘀咕起来，自己还未言语，他赤脚就知晓我要他干的事，看来这个赤脚真的已经炼成了上仙，能知晓前世未来之事。徒儿得道成了大仙，做师父的也颜面有光。灵宝便笑眯眯地道："士别三日，刮目相看。看来我赤脚徒儿得道已成上仙，师父这就交你一件事，命你去终南山赤谷，代师父点化那太阳九金乌。"见师父发了话，赤脚忙拱手道："遵命！徒儿这就去了。"言罢，赤脚回身就走，灵宝忙招手道："且慢。"见师父召唤，赤脚忙把迈出的腿又收了回来，回身道："师父，还有何事跟徒儿交代？"灵宝道："进宫时你不是说有事要跟师父讲吗？"赤脚淡然一笑道："徒儿的事都是些小事，待办完师父交代的事再说。"灵宝见徒儿乖巧，挥手道："好，去吧！"见师父发了话，赤脚回身飘然而去。这就有了前边九金乌在山洼中遇见老者的事，那老者正是赤脚大仙所化。

赤脚做事认真，他还想再试试太阳九金乌的善心。

一天早上起来，老者跟太阳九金乌说道："贤弟，那北山悬崖上有一棵千年灵芝，这灵芝可是起死回生的仙药，要是有了它，调养那二位大神精气神可就有指望了。"九金乌惊喜道："是吗？麻烦大哥带小弟到那山崖去，小弟腿脚利索，准能上去把那千年灵芝采下来。"见老者沉默不语，九金乌愕然："大哥，为何面带难色？"老者叹息道："不瞒贤弟说，为了那棵千年灵芝，不知道有多少人葬身谷底，我看还是算了吧。"九金乌一下急了，忙道："大哥，为了那颗灵芝，小弟就是粉身碎骨也情愿。"见九金乌信誓旦旦，老者点头道："既然贤弟不怕，大哥就带你去试试。"言罢，老者便带着九金乌出茅棚，一路

第七章　通天收徒

直奔北山那悬崖而去。

他俩正赶路时，突然感觉到一股凉风迎面冲来，九金乌猛抬头，只见一只斑斓大虎从路边林中窜了出来，直逼视他俩呼啸着。老者忙回头跟身边的九金乌低声道："贤弟，还不快跑，迟了就没命了。"九金乌大声道："大哥，不要惧怕，小弟来也。"说着，九金乌一个箭步上前，一把将老者拉到身后。老者见九金乌在危难关头，敢于担当，甚是敬佩。那大虎见冲上来一年轻人，便腾空而起，直冲九金乌扑将上去。九金乌见那大虎来势凶猛，就地一蹲，大虎一下扑了个空，大虎恼羞成怒，又扑将上去。九金乌不躲不闪，抡起拳头就打，大虎见面前之人神勇，不敢再恋战，呼啸一声，赶忙钻进了山林。见那大虎落荒而去，九金乌回头见老者不见了，忙呼叫道："大哥，大哥……"听见呼叫声，老者从一块大石后面哆哆嗦嗦探出头道："贤弟，大哥在这里。"九金乌一见老者，忙上前安慰道："大哥，不要害怕，那大虎被小弟打跑了，咱们继续赶路。"老者摇手道："贤弟，大哥可再不敢去了，路上若是再碰到……"九金乌道："大哥不怕，有小弟在，量他大虎不会再来了。"老者摇头道："贤弟，大哥还是害怕，要是再来一群野狼可咋办呀？"九金乌瞪眼道："大虎都不怕，还怕它野狼？"老者自知失口，忙点头苦笑道："倒也是，贤弟，大哥的腿哆嗦得厉害，还是贤弟走前边，大哥跟着就是了。"九金乌点头道："就依大哥，小弟前头开路，大哥随后跟着就是了。"

老者跟随九金乌又走了十多里地，突然眼前真的出现了一群野狼，黑压压的一片，少说也有百十只。老者见状，忙一把拽住了九金乌衣服，失声道："贤弟，真是邪乎，说野狼，那野狼就来了，大哥老了，你还年轻，赶快逃命去吧。"九金乌瞪眼道："大哥说哪里话，小弟是那样的人吗？再说谁胜谁败还不一定。大哥且退后，看小弟怎么收拾这群野狼。"言罢，未等那群野狼上前，九金乌就迈开大步，抡起拳头冲了上去。九金乌走上前了，那群野狼却后退了，瞬间四散而去。

接连两次试探后，老者还想再试探一次，这次倒是老者走在前头了。九金乌跟随老者一路来到悬崖脚下，老者抬手指着悬崖顶上道："贤弟，你看那

39

崖顶上发红光处就是那棵千年灵芝。"顺着老者的手指望去，不由让他倒吸一口凉气，还未等九金乌言语，老者惊叫道："看，有人上去了。"九金乌定神一看，果然见那悬崖壁上有一个小黑点在蠕动。九金乌忙道："大哥，你在此等着，我这就上悬崖去。"说着，九金乌回头，大步流星直向那悬崖脚下一路走去。

　　九金乌义无反顾的举动，让赤脚敬佩，正寻思着如何收场时，只见一朵彩云团从天而降，赤脚见是师父灵宝天尊到了，忙跪拜道："徒儿见过师父。"灵宝天尊上前扶起赤脚道："徒儿辛苦了。这九金乌可否教也？"赤脚点头道："可教！可教！徒儿已将他试探了几次，既然师父来了，您就亲自再试探一下。"灵宝点头道："好的。"说着，灵宝随即举起手中拂尘冲那悬崖一晃，悬崖壁上的人就掉了下去。灵宝回头跟赤脚道："走，看那九金乌去。"到悬崖脚下一看，见九金乌摔倒在地，身上还压着一人，显然是九金乌见有人从悬崖壁上掉下，忙张开双臂去接，才被压倒的。灵宝天尊扬起拂尘一挥，九金乌身上之人没了踪影。老者现出原形，九金乌惊愕，见眼前之人竟是赤脚大仙，忙纳头就拜，赤脚笑呵呵跟灵宝天尊道："师父，孺子是否可教也？"灵宝捋了捋胡须，笑呵呵点头道："可教！可教！"见九金乌傻愣，赤脚忙介绍道："贤弟，别愣着，还不见过灵宝天尊？"听说眼前之人就是天界大佬灵宝天尊，九金乌惊喜地忙跪拜道："恕徒儿不敬，不识天尊。"灵宝上前笑眯眯道："你愿做本尊的徒儿吗？"九金乌点头道："愿意，能做天尊的徒儿是小的一生幸运。"灵宝笑哈哈道："好，本尊就收了你这个太阳金乌徒儿吧。"说着，灵宝指了指身边赤脚道："这是你赤脚师兄。"九金乌忙拱手道："赤脚师兄，小弟这边有礼了。"赤脚笑眯眯回礼道："都是师兄弟，不必客气，日后若是用得着师兄的地方，就尽管言语一声。"九金乌点头道："那是一定的，日后还得仰仗师兄多提携。"赤脚道："提携不敢，相互照应就是了。"灵宝天尊回头跟赤脚道："赤脚，你带九金乌师弟暂且回那茅棚修炼，待师父从那昆仑山回来，你就可回你的仙山去了。""是，徒儿遵命，师父您就放心去吧，我会带好九金乌师弟的。"师徒相互告别，赤脚和九金乌目送师父灵宝天尊驾云远去，才回身一路回了他的山坳茅棚草舍。

第八章 元始让场

九金乌跟随赤脚在回转山坳茅棚的路上,心中按捺不住喜悦的心情。这怎能不让他九金乌激动呢,那灵宝天尊是谁?他可是鸿钧老祖驾前的得意弟子,有多少仙家期望拜他为师,但都没有这个缘分,这个可望不可求的缘分,今天却让他给碰到了,你说,他九金乌的心情能不激动吗?

这灵宝天尊是何方神圣,能让九金乌这么动心呢?要知灵宝的来历,还须得从天地混沌蛮荒时说起。

天地未开之时,就像是一个大圆球,这圆球里最先孕育着一位超凡的神灵,因他孕育在圆球之中,且有千万斤神力,故而取名为鸿钧老祖。鸿钧老祖厌恶这混沌的圆球,就命令盘古用神斧把圆球劈开了,清气上升为天,浊气下降成地。这清浊之气又孕育了五位超凡的圣人,他们分别是盘古、女娲、元始、灵宝和道德。后来又孕育了帝俊、羲和和娥皇,羲和生了十个太阳儿子,娥皇生了一个月亮女儿,从此天地间就有了明亮和昼夜。鸿钧老祖见天地间仍冷冷清清,没有一丁点儿生气,就让女娲造人,女娲以黄泥为料,造就出了男人和女人。

造就出的男人和女人,本能地结合了,他们组成了家庭,在广袤的大地上建房落业,过起了男耕女织的生活。经过一代又一代繁衍生息,大地上出现了以姓为族的部落。这些氏族部落,大都分布在黄河流域和长江流域,其中最大的部落为黄河流域的轩辕氏和长江流域的共工氏。后来这两个部落发生了相互争夺地盘的战争。这场战争打得很激烈,也很惨烈,共工发怒,一头撞倒了不周山,把天顶了个大窟窿。那不周山是天地间的支柱,没了这支柱,天向一边倾斜下去,这下可急坏了鸿钧老祖,鸿钧老祖忙命女娲炼石补天。于是,女娲奉命斩杀了东海里的万年神龟,剁下它的四爪,作为支柱,才算把天顶住了。天破了,女娲就采来了昆仑山上的五彩石,炼石补天,女娲夜以继日地辛勤劳作,天终于补好了。虽然说用神龟爪顶的天,没有先前那样精神挺拔,还有点驼,但毕竟是顶住了。再看看那用五彩石补过的天,鸿钧老祖点头满意地笑了,因为它比先前更加绚丽耐看了。

经过那次撞天事件后,鸿钧老祖看到了人间存在着邪恶,要是这邪恶不除,没准天地间还会出现什么大事来。于是,鸿钧老祖就有了想法,是得派天界大神去人间教化百姓,消除邪念,循规蹈矩。这样就不会有后顾之忧。鸿钧老祖首先就想到了元始、灵宝、道德三个徒儿,让这三个徒儿合力共同主管天下,自己就可高枕无忧,再不用为凡间的事烦愁了。

这日,元始、灵宝、道德三师兄弟应召来见鸿钧老祖,老祖招手说:"好了,且坐下回话吧。"待三人坐定后,鸿钧老祖捋了捋胡须道:"前些日子人间发生了一场惊天动地的大战,想必你们几个是晓得的。"见师尊问话,一边坐的元始忙回头拱手道:"徒儿晓得,那共工跟轩辕对战,共工一怒撞倒了顶天柱不周山,把天顶了个大窟窿。"灵宝接话道:"师兄说得是,要不是女娲大姐用神龟爪顶住了天,没准天就塌了。"见道德没有言语,老祖冲道德招手道:"道德,你对这件事又有何看法?"在那次惨烈景象发生后,道德就思索着如何使天地间安宁的事,他琢磨出一个法子,要得天地间相安无事,就得有一个约束,天界和人间都要有一个尺度,有了这个尺度,天界和人间方可安宁无事。二位师兄在回答老祖的问话时,道德心里就有了答案,只是在师尊老祖面前不敢张扬而已。见师尊老祖点了他的名,才拱手道:"师父,要使那撞天的惨事不再发生,徒儿是想天地间必须要有一个尺度,有了这个尺度,天

第八章 元始让场

地间方可平安无事。"鸿钧老祖见道德言之有理,忙招手道:"说下去!说下去!"见老祖来了兴致,道德甚是欣喜,知道自己的见解得到师父的认可,一脸严肃道:"徒儿想,这个法度首先是一种规矩,这种规矩就是一种法度,天地间共同遵循之,谁要是逾越它,就算是违法了,违法了就要受到相应的惩罚。其次,这个尺度同时也是一种有效的教化,通过这个教化,潜移默化地转移为自觉遵守法度的行动。其三……"还未等道德讲完,师父鸿钧老祖拍手叫好:"说得好!说得好!师父要的就是这种效果。"鸿钧老祖笑眯眯地扫视了坐在一边的元始和灵宝,问道:"元始,灵宝,你们觉得道德这个治世的尺度可行吗?"见问,元始笑呵呵点头道:"可行!道德师弟言之有理,徒儿也是这样想的,这个尺度倒让师弟道德先提出来了。"一边的灵宝忙接话道:"道德师弟说得是,天地间是该有个尺度,有了这个尺度,天地间才会遵之有序,杂而不乱。"见三位徒儿想到一块儿去了,师父鸿钧老祖甚是欣喜,点头道:"有你们三个徒儿在,天地就大有希望了。天地间的事就由你们三个共同来掌管。若有大事,你们师兄弟共同商议决定,不必到师父这里来了,让师父安心修身养性就是了。"见师父鸿钧老祖开了金口,师兄弟三人跪拜道:"多谢师父信任,徒儿们一定恪尽职守,共同掌管好天地间的事。"言罢,师兄弟三人辞别师父鸿钧老祖,回各自仙山去了。

从此,天地间的事物就由元始、灵宝和道德共同来掌管,理所当然他们师兄弟就当仁不让地成了天界万神仰慕的大金仙。你说他九金乌做了天佬的徒儿,能不心花怒放吗?

灵宝天尊是个有担当的大神,既然自己收九金乌做徒儿,就得为他的未来着想,首先得给他安排个修炼的好道场,让他修身养性,日后好成大果。

这日,灵宝奉师父鸿钧老祖之命,到昆仑山玉虚宫去请师兄元始天尊,守宫仙童说天尊去了他的终南山道场。灵宝没敢怠慢,又匆忙一路赶向终南山。路过田谷,猛一激灵,想起了徒儿九金乌就在田谷不远的赤谷山坳中修炼,何不带他去见师兄元始天尊,让他给徒儿九金乌寻个修炼的好道场。于是,灵宝便按下云头,一路来到山坳茅棚,碰巧,赤脚带着九金乌正要出茅

43

棚门,一见师父灵宝天尊,赤脚和九金乌惊喜道:"师父来了,快请进屋里坐。"灵宝摇手道:"不了,师父还有事,在此说说就是了。"灵宝回头跟赤脚道:"赤脚,烦你在此再待些时日,待土地和山神伤好后,再回你的仙山去。"灵宝又回头跟九金乌道:"九金乌,师父今天有事去你师伯元始天尊那儿,你就随师父到你师伯那里去,让他给你安排个修行的好道场,你看如何?"九金乌从父亲帝俊那里也听说过终南山是个风水宝地,师父要带他去师伯的原始台,甚是欣喜,便一口应允道:"徒儿谨遵师命。"

于是,灵宝就带着九金乌驾起五彩云团,一路向师兄的元始台赶去。

片刻间,就来到赤谷山口,灵宝举目望去,见一山包紫气缭绕,霞光映天,他断定那霞光之处必定是师兄元始的洞府所在,便降落云头,带着九金乌拾级而上,登上山包,果然眼前出现一座洞府,守洞仙童一见灵宝忙拱手道:"师叔到了,徒儿在此已经等候多时了,快请进。"说着,仙童前边带路引师叔灵宝天尊进得洞府。元始见师弟灵宝来了,忙起身让座。见师弟灵宝身后跟着一年轻人,惊疑地看了看师弟灵宝一眼,问道:"师弟,这位年轻人……"见问,灵宝就把在赤谷收徒之事说给了师兄元始听,求师兄元始在此寻找一个洞府作徒儿九金乌的修炼道场。有关后羿射杀九阳的事,元始早就知晓,见师弟收九金乌为徒,也甚欣喜,忙笑道:"正好离这里不远处有一名曰'罗浮洞'的地方,那里是一个日精月华的好去处,是修炼的好道场。这个地方原本是留给我玉虚门人的,来得早不如来得巧,师兄就把这个罗浮洞让给你的徒儿九金乌吧。"灵宝见师兄元始肯把罗浮洞让出来,开玩笑道:"师兄把这么好的洞府出手让给我的徒儿,你舍得吗?"元始知道师弟灵宝在跟他说笑,笑呵呵道:"舍得!舍得!谁让你徒儿九金乌叫我师伯。"见师兄元始提起了兴致,灵宝回头跟九金乌道:"还不快谢谢你大师伯?""谢谢大师伯!谢谢大师伯!"九金乌纳头便拜。元始忙招呼童儿设宴为师弟洗尘,酒宴后各自安歇。一夜无话。

第二天一大早起来,元始天尊就带着师弟灵宝和九金乌一路来到那罗浮洞。观罗浮洞地处山腰之间,洞外奇花异草环绕,浓荫罩顶,鸟雀啁啾,洞

第八章　元始让场

内石桌石凳一应俱全,斜阳照进洞内清新舒畅。元始回头问道:"师弟,你觉得这洞府如何?"灵宝笑着点头道:"仙境也!仙境也!"灵宝回头看了看徒儿九金乌问道:"徒儿,你可满意?"九金乌笑眯眯回话道:"满意!满意!"九金乌忙冲元始拱手道:"徒儿谢过大师伯!"元始见九金乌竟如此乖巧,笑呵呵点头道:"不谢!不谢!在此好好修身养性,切不可贪玩,别辜负了你师父一片苦心。"九金乌回话道:"请大师伯放心,徒儿再也不做那祸害人间的事了,一定会洗心革面重新做人。"元始点头道:"好好好,你这样认识就对了。若是需要师伯帮忙的话,不要客气,尽管言语一声就是。"九金乌点头道:"那是一定的。"

　　灵宝为徒儿九金乌安排好道场后,莫敢怠慢,当即与师兄元始驾起五彩云团到师父鸿钧老祖那儿议事去了。

45

第九章

二郎担山

　　再说那次太阳兄弟把土地公和山神挟持进洞府,对他们一顿拳打脚踢后,就又都出去寻欢去了。一直逛到了大半夜,当他们回到洞府时,才发现土地公和山神不见了。大金乌愕然道:"咋不见了土地老儿和山神小子?"一边的二金乌忙接上了话茬道:"是呀,他俩的腿都被我们打断了,能跑到哪儿去?"五金乌惊愕道:"九弟也不见了!"六金乌惊疑道:"莫不是九弟跟那土地公和山神一块儿走了吧?"四金乌瞪眼道:"是吗?九弟咋能跟咱们不是一条心呢?"大金乌挥手道:"一惊一乍的干啥?走了就走了呗,眼不见,心不烦,就随他去吧。"二金乌迟疑道:"大哥,九弟要是领那土地公和山神跟巡天神告咱们兄弟的黑状,如何是好?"大金乌把大嘴一撇道:"他们敢,看我不把他们给废了。"五金乌道:"大哥,我二哥说得在理,我们还得提防点才是。"三金乌斜瞥五金乌一眼道:"提防个屁,我看咱们还是一不做二不休,先下手为强,把那巡天神给灭了,看他们还给谁告去?"七金乌点头道:"还是三哥有主见。大哥,咱们兄弟的神力都已经恢复得差不多了,只要咱们一齐出手,我看对付那巡天神不成问题。"大金乌觉得弟弟们的话有道理,先把那巡天神给灭了,看他土地和山神跟谁报告去。大金乌扫视了众位弟弟,点头道:"弟弟们说得对,但我们做事也得讲个策略,我们得有土地公和山神的把柄方可

第九章 二郎担山

行事,要是万一事情败露了,我们找个替罪羊不就得了。"六金乌笑呵呵道:"我们听大哥的,大哥咋说我们咋做就是了。"几个太阳弟弟也拱手齐声道:"我们听大哥的,大哥就做安排吧!"见弟弟们拥戴他这个大哥,大金乌打心眼里高兴,便大声道:"六弟、八弟,我们弟兄中就数你们俩机灵,遇事有主见,赶明天起,你们俩就密切注视山中动向,若是一旦发现土地公和山神跟那巡天神会面的话,立即向我禀告。""是!"六金乌和八金乌拱手退立一旁。大金乌继续发号施令道:"其余兄弟赶明天起,在洞中好好休养,听我命令,整装待发。""是,听从大哥调遣。"大金乌冲众位弟弟挥手道:"好了,都安歇去吧。"见大哥发了话,太阳兄弟四散而去。

自从九金乌被师父灵宝接走后,土地公和山神在茅棚草舍静心调养了七七四十九天,赤脚见土地公和山神的腿伤好了,神力也得到了恢复,便告别了他们驾云回自己的仙山去了。临走时,赤脚叮咛土地公和山神静心在此修身养性,不得出去闲游,免得再次被那太阳兄弟擒拿。土地公和山神点头称是,见土地公和山神听话,赤脚才放心而去。

赤脚走后,茅棚草舍就剩下土地公和山神了。起初那几个月里,土地公和山神还记着赤脚临行时叮咛的话,他们还能耐得住寂寞,静心在草舍休养。

半年后的一日,山神有点耐不住了,便跟土地公道:"大哥,洞外山花灿烂,我们不如出去欣赏一下这山光秀色,你看如何?"土地公摇头道:"不可,难道你忘了赤脚大仙临走时说的话吗?若是再让那太阳兄弟看见了,不就麻烦了。"山神一听那太阳兄弟气就不打一处来,瞪眼道:"他太阳兄弟又能怎么样,不是照样被后羿射杀了?"土地公见山神放开了嗓门,忙上前捂住了他的嘴,低声道:"千万不可高声,让他们听到了可就不得了了。"山神一把推开土地公的手,愤然道:"怕啥,我还要上天庭去告他们。"土地公惶恐道:"上天庭?我们这些没品的小神有资格上天庭吗?再说,就是能上得天庭,在玉帝的凌霄殿有我们这些小神说话的份吗?"山神心里嘀咕着,土地公说得是,像自己这不起眼的小神没品没位的,说话管用吗?山神叹气道:"大哥说得是,天庭哪有我们这些小神说话的份呢,但我们就这样被人欺负了,小弟就是有点不甘心。"土地公沉思片刻道："老弟,老兄可有个法子。"听说有办法整治那太阳兄弟,山神惊喜,忙问道："大哥,你有什么好法子,说来让小弟听听。"土地公挨近山神耳语起来,听后,山神愕然道："大哥,这法子能行吗?"土地公道："这怎么不行,你别看那巡天神品位不高,但他们可是那天庭的巡天神,能在玉帝跟前说上话。"山神点头惊喜道："这就好了,我们有地方告他们了。"土地公见山神得意的样子,瞥眼道："傻样,看把你兴奋的。"山神笑道："还是土地公大哥有谋略,小弟真的服了。"

六金乌和八金乌自从领了大哥的命令后,不敢怠慢,带领着一帮山妖,日夜巡视着山林,寻找着土地公和山神的踪迹。

这日,当六金乌和八金乌带着一帮山妖来到出谷一处山洼地,八金乌眼尖,老远就发现了树丛中的草舍,八金乌忙回头跟六金乌道："六哥,你看那山洼中有一草舍,我们去那里看一下,没准是九弟和那土地、山神的藏匿之处。"六金乌点头道："八弟说得是,我们过去看看。"言罢,六金乌就带着山妖们向那山洼一路赶去。

六金乌和八金乌带着山妖来到山洼,见草舍门虚掩着,六金乌一挥手,山妖们就破门而入。见屋里无人,六金乌忙道："都给我仔细搜,看有什么有价值的发现?"八金乌惊叫道："六哥,这灶台还是热的,看来他们果然在此藏匿着。""是吗?"六金乌上前摸了摸灶台,点头道："看来他们是刚出的门,走,到山谷里找他们去。"

"六哥,你看那山顶之上好像有人在,莫不是土地公和山神他们?"还是八金乌眼尖,一抬头就发现山顶之上有人说话。六金乌顺着八金乌的手指处望去,果然见山顶之上有人聚在一起比划着,回头跟八金乌道："八弟,你再仔细看看,那群西边站的人是不是土地老儿和山神小子?"八金乌回头仔细看去,惊喜道："六哥,你看的没错,那上边站的大个正是山神小子,挨着他矮个的就是土地老儿,里边站的那个就是巡天神李成。"六金乌迟疑道："八弟看清楚了吗?"八金乌断然道："小弟看清楚了,小弟认识那李成,绝对错不了。"六金乌惊喜道："这就对了,六哥在这里堵着他们,八弟你赶快回去给大

第九章 二郎担山

哥报信,让大哥带人来,越快越好。""是!"八金乌领命而去,很快消失在山林之中。

接到报告,大金乌忙带众弟弟和一群山妖出洞,在八金乌的带领下一路直向赤谷飞奔而去,约莫半个时辰,就来到山洼前,一见六金乌,大金乌忙问道:"六弟,他们还在吗?"六金乌低声道:"在在在。大哥你看那山包顶上。"大金乌举目望去,果然见十多个人聚在一起,用手比划着。大金乌回头跟六金乌道:"六弟,你对这上山的路熟悉,就由你发令吧!"六金乌见大哥竟如此信任自己,淡然一笑,点头道:"多谢大哥信任,那边有一条上山的小道,大哥你就带弟兄们顺着那条小道上去,小弟我带人从东边上去,咱们给他们来个合围,谅他们也插翅难飞。"大金乌见六弟指挥有序,敬佩地点头道:"好,大哥听你的。"言罢,两人分道而去。

"禀报大神,有人闯上了山头。"巡天神李成惊愕,忙回头看去,果然见两拨人手执武器冲将上来,便大声喝道:"你们都是何人?胆敢拦本大神的道。"未等大金乌开口言语,一边的八金乌撇嘴道:"呦!这不是巡天神李成小弟吗?好久未见,别来无恙。"见有人认出了他,巡天神李成心里好生惊奇,在这荒山野岭竟有人认识自己,这就说明此人并非等闲之辈,他们一定大有来头,先得弄清楚他们都是什么人再说。李成迟疑道:"你到底是谁?怎么知道小神的名字?"八金乌哈哈笑道:"真是贵人多忘事,你连八哥我都不认识了,我们俩还在九天见过面呢。"经八金乌这一提说,李成想起来了,他在九天女娲宫见过八金乌的,不过那是好多年前的事,不是八金乌提起,他还真的记不起来了。李成知道后羿射杀了他们太阳兄弟,没承想他们又复活了,变成了人间魔头。李成这才明白,这伙人是冲那土地公和山神来的,这不,土地公和山神正在跟他诉说着,他们就来了。见土地公和山神闪到一边哆哆嗦嗦的样子,李成顿生怜悯之心。是呀,土地公和山神是小神,但他们毕竟是天界的神仙,怎能被一群山妖欺负,自己有责任保护他们不受凌辱。李成故作惊讶道:"原来是八金乌兄弟,是谁惹了你,为什么要大动干戈呢?"八金乌一脸严肃道:"小老弟,我们是来追逃犯的。"李成知道八金乌说的逃犯就是那土地公和山神,明知故问道:"逃犯?谁是逃犯?"一边的三金乌瞪眼道:"就是你身后的土地公和山神呗。"李成愕然道:"这是咋回事?土地公和山神都是天界的神仙,怎么又都成逃犯了?"大金乌皮笑肉不笑,拱手道:"大神,事情是这样的,土地公和山神爷是我们洞府的总管,我们有事,是请他俩回去的。"李成淡然一笑道:"原来是这样,土地公和山神爷是回不去了。女娲娘娘说是有事,让小神来请他俩,这不,小神正在跟他俩传娘娘的口信。"大金乌瞥眼道:"是吗?看来今天我们是请不回去了?"李成点头道:"是呀!女娲娘娘的法旨,违背不得。"一边的三金乌瞪眼,挥手道:"大哥,少跟他啰嗦,我们不如把他们一块儿捆了再说。"李成见大金乌真要动手,大声喝道:"大胆狂徒,竟敢出言不逊,你们是想造反吗?"三金乌双眼圆睁道:"造反就造反,看你能把我们咋样?"还未等大金乌发话,三金乌挥舞手中大刀,发号施令道:"给我把这些不知好歹的东西拿下。"一边的太阳兄弟和山妖见三金乌发了话,挥舞手中刀枪一齐扑了上去。巡天神李成见对方人多势众,要是打起来,很难取胜,他后退几步,回头跟一随从天兵低声道:"你快回去向玉帝禀告这里发生的事,若是傍晚时还不见我回去,就说明我被那太阳兄弟擒拿了。"言罢,巡天神李成举刀跟扑上来的山妖战在了一起。那随从天兵趁着混战之际,悄然溜走了,回天庭向玉帝禀告去了。

巡天神李成率领几个随从天兵,力战太阳兄弟和众山妖,终因寡不敌众,被擒拿。太阳兄弟押着巡天神李成、土地公、山神和天兵,得意洋洋下了山岗,一路回了山洞。

那逃回天庭的天兵,把太阳兄弟作乱、劫杀巡天神的事向玉帝做了禀告,玉帝震怒道:"好你个太阳金乌,到了人间还不思悔改,竟敢聚众劫杀巡天神。"言罢,玉帝冲镇殿将军挥手道:"快去传二郎神,速来见朕。""是!"镇殿将军应声退出了凌霄宝殿。

二郎真君姓杨名戬,是玉帝的亲外甥,天庭的执法神,他神通广大,能七十二种变化,天庭执法的事当然就由他来做了。

二郎神接到玉帝的谕旨,知道一定又有那执法的事,不敢怠慢,出得仙

第九章　二郎担山

府,驾起长云一路赶奔天庭,不大一会儿,就来到凌霄宝殿,跪拜道:"小神见过玉帝。"玉帝挥手道:"请起。"二郎神起身拱手道:"玉帝传唤小神来,莫非又有那执法的事?"玉帝一脸严肃道:"今有天兵禀报,太阳金乌作乱,在终南山劫持了土地公、山神和巡天神等,朕传你来就是为这件事。"二郎神惊愕道:"这太阳兄弟不是早已被后羿射杀了吗,怎么又会在终南山田谷出现呢?莫不是有人故意嫁祸于他们,得弄个明白,才好行事。"玉帝道:"他们是被后羿射杀了,但又被一个叫嬉皮的大魔头救活了。虽然说他们没有了法力,不能上天,但仙根未除,要是他们一旦恢复了法力,将会给人间带来更大的祸害,到那时天庭也不会安宁了。"二郎神回答道:"玉帝说得是,是得趁早征剿他们,以除后患。"玉帝点头道:"朕也是这个意思,朕命你速去终南山解救被劫持的巡天神李成跟那土地公和山神,并斩杀那教唆太阳兄弟们的大魔头嬉皮。""小神遵旨!"言罢,二郎神退出了凌霄宝殿。

　　回仙府后,二郎神又犯难了,这太阳兄弟兴风作乱,是得征剿,他们罪有应得,不可姑息,但又转念一想,那太阳兄弟的父亲帝俊对自己有恩,早年自己为了救母亲,要不是帝俊赐给自己法器,能打败那些天兵天将吗?若是此去斩杀了他的太阳儿子,一定会落个不义的骂名,今后还怎么面对他呢?怎么做才是两全之策,即执了法,又不伤害恩人。他思前想后,不得其解。正当二郎神苦于无奈时,仙童禀报,赤脚大仙来访。听说来了赤脚大仙,二郎神激动地站起了身,二话没说,大步下堂,一路到府门前去接那赤脚。在府门前,二郎神一见赤脚忙上前一把拉住赤脚的手,笑呵呵道:"好久不见,想煞小弟了!"赤脚笑眯眯道:"大哥也好想你,这不是来了嘛。"二郎神道:"大哥,快进府一叙。"说着,二郎神便拽着赤脚的手,肩并着肩,一路有说有笑进了府门。进了内堂,待赤脚坐定,二郎神拱手道:"大哥,你今天咋想起小弟来了,莫非又要跟小弟对弈?"赤脚笑道:"为兄棋艺不高,怎敢再与贤弟对弈。灵宝师尊说是有事,让我到九天去请女娲娘娘,路过此地,算到贤弟茫然,为兄就过来,给贤弟献计谋来了。"二郎神愕然道:"是吗?什么计谋?大哥说说看。"赤脚正色道:"贤弟,你的难题大哥知晓,太阳兄弟在人间作乱,玉帝命你前去剿杀,你有点下不了手,一边是玉帝,一边是恩人帝俊,所以你才茫然,不知所措,贤弟你说是吗?"二郎神惊愕地打量着赤脚,赤脚见二郎神直愣愣地看着他,瞥眼道:"贤弟,干吗这样看着我,难道大哥说错了吗?"二郎神点头道:"没错!大哥真是神了,士别三日当刮目相看,看来大哥修成了金仙,能知晓天地间未来之事。"听了二郎神的夸奖,赤脚憨憨一笑道:"贤弟过奖了,大哥只是略知一二罢了,离那金仙还差得远呢。"二郎神道:"大哥谦虚了,请大哥明示,在处置太阳兄弟这件事上,怎么做才算是两全之策?"赤脚笑道:"这有何难,玉帝要你去征剿那些作乱的太阳兄弟,没有说去剿灭,你把他们兄弟压在大山之下不就得了。"听了赤脚一番话,二郎神如醍醐灌顶,一下明白了,惊喜道:"小弟咋就没有想到这个呢,还是大哥有谋略,谢谢大哥指点迷津。"赤脚笑道:"不谢!不谢!随便说说而已。既然贤弟明白了,大哥就告辞了。"言罢,赤脚飘然而去。

目送赤脚走后,二郎神当即召来雷公电母和风伯雨师,出府门,驾长云,一路奔向终南山田谷。

话分两头,按下二郎神不表,且说终南山田谷那太阳兄弟们。那日,太阳兄弟劫持了巡天神李成、土地公、山神和那巡天的天兵,刚一回山洞,大魔头嬉皮就赶来了。嬉皮眨巴眨巴一对老鼠眼道:"干得好,让他天庭也知晓咱们的厉害。"大金乌迟疑道:"师父,若是玉帝知晓咱们劫持了巡天神李成,他派天兵天将前来围剿咱们,可咋办?"嬉皮瞪眼道:"怕他做什么,兵来将挡,水来土掩。"三金乌大嘴一撇道:"师父说得是,只要咱们兄弟同心协力,谁来也不怕。"嬉皮笑道:"还是三金乌有胆量,他天兵天将再多也不怕,为师有撒豆成兵之法,他们真要是敢来,定叫他们有来无回。"说着,嬉皮从衣兜里掏出一把黄豆,口中念念有词,随手一扬,顿时洞前场院上出现了黑压压一片手执兵器的兵勇来。太阳兄弟见嬉皮果然有撒豆成兵之法,惊喜地大声尖叫起来。正当他们得意忘形时,一时晴朗的天空,突然黑云翻滚,电闪雷鸣,二郎神率领天兵天将出现在云团上。二郎神厉声喝道:"大魔头嬉皮,还不快快受降。"听到有人喊叫自己的名字,嬉皮觉得耳熟,抬头一看,竟是

第九章 二郎担山

二郎真君,嬉皮不由浑身哆嗦起来,但在众太阳徒儿面前,不能胆怯,还得充硬汉子,便高声回话道:"你是神,我们是魔,我们各行其道,何必苦苦相逼。"二郎神见嬉皮恬不知耻,大声喝道:"你是魔也不该教唆太阳兄弟作乱人间。"嬉皮道:"我们就作乱了人间,你能把我们咋样?"二郎神见嬉皮仍然顽固不化,怒发冲冠道:"好呀,本真君就让你遭受雷劈之苦刑。"二郎神回头跟雷公电母挥手道:"快雷劈电击那不知好歹的魔头嬉皮。"见二郎神发了话,雷公电母一齐出手,一声声炸雷从天而降,直冲嬉皮劈去。一声炸雷、一道耀眼的闪电过后,嬉皮倒地化为一截焦桩,魂飞湮灭。

见嬉皮化为一股浊烟而去,太阳兄弟扑通跪倒求饶,二郎神见嬉皮已灭,回头冲雷公电母拱手道:"大魔头嬉皮已被劈杀,二位大仙请回吧。""遵命!"雷公电母应了一声,收了法器,回身而去。

送走雷公电母后,二郎神忙按下云头,来到洞前场院,见太阳兄弟磕头如捣蒜,顿生恻隐之心,高声喝道:"你们知错吗?"太阳兄弟齐声道:"小的再也不敢祸害百姓了,求真君饶了我们吧。"二郎神怒目道:"本真君有好生之德,念在东方天帝是我恩人的份上,暂且饶了尔等,但要遭受寂寞之苦。"众太阳兄弟见二郎神肯念旧情,网开一面,感恩流涕道:"只要让我们兄弟不死,我们不怕寂寞,愿受惩罚。"二郎神见太阳兄弟知错了,挥手道:"本真君将你们兄弟暂且压在大山之下,面壁思过,等待玉帝开恩就是了。"

二郎神让天兵押着太阳兄弟,来到田谷深处一开阔地,从别处担来两座大山,放在开阔地上,将太阳兄弟压在两座大山之下,一切办妥后,二郎神带着天兵回天庭复命去了。

53

第十章
罗浮劫雷

　　再说那九金乌来到罗浮洞后，谨遵师命，潜心修道，山泉为饮，野果当食，一晃已是数百年，山下何朝何代，全不晓得。天长日久，天上的十金乌弟弟倒是认出了他，对他特别地眷顾，一年四季阳光煦煦，冬日里怕九哥寒冷，就尽量把多余的光照照进罗浮洞中。月亮妹妹也特别垂爱他，每晚都把月光投进洞中。九金乌心里明白，这是太阳小弟和月亮妹妹对自己的怜爱。罗浮洞受到日精月华的洗礼，这里的花草分外妖娆，日精月华增加了九金乌的功力，经历数百年的苦修磨练，九金乌的神力大增。

　　一日，九金乌在洞中盘算着重回天庭，求天帝父亲原谅，好戴罪立功。他把这想法告知了太阳小弟，要太阳小弟向天帝父亲转告。天帝帝俊得知儿子九金乌还健在，喜出望外，准备派人到终南山去接儿子九金乌重返天庭。太阳小弟把天帝父亲的话告知了哥哥九金乌，激动的九金乌夜里梦见他见到了来接他回天界的天帝父亲，一下扑在父亲的怀里："父亲，儿子好想你！"天帝道："儿子，让你受罪了，父亲这就接你回天庭去。"九金乌抹把眼泪，点头道："走，咱们这就走。"九金乌猛一激灵，梦醒了，九金乌甜甜地笑了。他想在梦里再见见母亲羲和，当他刚一闭眼，母亲羲和笑呵呵地朝他走来，他激动地张开双臂扑了上去，扑进了母亲羲和的怀里，热泪盈眶道："母

第十章 罗浮劫雷

亲,你是不要儿子了吗,咋这么久不来看儿子呢?"母亲羲和紧紧地搂抱着九金乌道:"傻儿子,母亲怎能不要自己的儿子呢? 这不,母亲不是来接你来了嘛。"九金乌依偎在母亲怀里,一晃,母亲不见了。再一闭眼,太阳小弟又出现了……

九金乌还沉浸在美好的梦幻中时,一场雷劫悄然逼近了他。二郎神又带着天兵天将和那雷公电母行进在终南山的云团上。二郎神不是早已把那作乱的太阳兄弟,压在田谷深处的大山之下了吗,怎么又带着雷公电母来了呢? 这都是日前一次酒宴惹的事。玉帝宴请天界的神仙,当然也少不了二郎神和赤脚大仙。散席后,赤脚大仙与二郎神会面了,赤脚一见二郎神,忙将他一把拉到一边低声道:"真君,你这下可有麻烦了。"二郎神惊愕道:"是吗? 有人在玉帝面前又说我啥坏话了?"赤脚大仙点头道:"这下可让真君说对了,有人准备到玉帝那儿去告你。"二郎神轻蔑一笑道:"我秉公执法,从不徇私情,他能告我啥?"赤脚一脸严肃道:"真君,我问你,前些年你是不是奉玉帝旨意,将那作乱的太阳兄弟压在大山之下了?"二郎神点头道:"是呀,是有这回事,我已跟玉帝做了禀报,难道这事有假不成?"赤脚道:"假是不假,但我问你,那大山之下究竟压了几个?"二郎神沉思片刻道:"八个,我清点过了,这可有当地的土地公和山神作证。"赤脚大仙瞥眼道:"不对呀,那滚落到终南山田谷的太阳兄弟不是有九个吗,怎么又变成八个了?"经赤脚大仙这一提说,二郎神点头道:"说得是,我就咋这么粗心。"说着,二郎神惊愕地看了看赤脚大仙道:"大仙,想必你知晓这九金乌的下落,请告知,我也好前去收伏他。"赤脚点头道:"怎么不知晓。"说着,赤脚上前一步跟二郎神耳语了一阵。二郎神听罢,拱手道:"多谢大仙明示,本尊这就去终南山收伏那九金乌。"见二郎神匆忙而去,赤脚诡秘一笑,也回身飘然而去。

这是咋回事? 他赤脚不是奉师父灵宝天尊之命,在赤谷点化九金乌吗? 怎么又跟二郎神告密,借二郎神之手要除掉九金乌呢?

事情原是这样的,他赤脚知晓未来之事,他算到九金乌遭受轮回之苦后,方可成正果。他见九金乌一心盼望着重返天庭,必须断了他这个念想,

借二郎神之手,让他遭受轮回之劫。当然这话不能跟二郎神言讲,只能做"恶人",不得已而为之。

　　天亮了,梦醒了,九金乌兴奋地走出山洞,举目远眺,急切地期盼着接他的人来。猛然间洞顶"嘎巴"一声炸雷响起,随之"嘎巴、嘎巴"的炸雷一声声直冲洞顶劈了下来,霎时山体晃动,九金乌只觉得眼前金光闪烁,天旋地转。

　　远在大鳌山碧游宫的灵宝天尊,猛然一激灵,忙掐指一算,大喊不好,知道徒儿九金乌有难,立即出宫驾云飞向终南山。片刻工夫就到了终南山赤谷,正要按下云头,见雷公电母正在施法,雷劈电削了罗浮洞,赶忙一甩长袖,遮掩住了罗浮洞,九金乌见师父来了,忙跪倒求救,灵宝低声道:"徒儿不必惊慌,随师父来也。"说着,灵宝把长袖往回一收,九金乌便进了师父灵宝那长袖之中。二郎神在云端看得真切,见灵宝天尊救了九金乌,心中暗喜,这下好了,有他灵宝在,也不怕别人说三道四了,要是有人告到玉帝那里,玉帝追问下来,有他灵宝这个大个儿撑着,二郎神忙冲雷公和电母招手道:"停!有人收场了,咱们回去吧!"见二郎神发了话,雷公和电母各收了法器,便跟随二郎神回转天庭去了。

第十一章 投生枣滩

　　终南山下有一条河,河岸滩上散住着十多户庄户人家,因河滩地贫瘠,到处长满了野枣树,外村人就给这里起了个枣林滩的名字,于是,枣林滩就成了这里的村名。

　　枣林滩东头住着一户赵姓人家,男主人名叫赵创业,赵创业是一位跟土地打了半辈子交道的老实巴交的庄稼汉。媳妇是镇上李秀才的女儿,夫妻俩年过半百还膝下无子,为这事夫妻俩没少犯过愁。这下倒好,妻子有了身孕,乐得赵创业整日颠前跑后合不拢嘴,期盼妻子早日临盆生个大胖小子,好接续赵家的香火。

　　就在雷劈罗浮洞的那天夜里,"嘎巴"作响的滚雷声惊得赵创业夫妻不敢入睡,屋里一直亮着灯光。

　　再说,灵宝天尊救徒儿九金乌出得罗浮洞,怕那雷公和电母一路追杀过来,莫敢怠慢,急忙腾云来到山脚下,见不远处有一村庄,掐指一算,那灯亮人家有一临盆妇人,便把长袖向那亮光处甩去。霎时赵家院落霞光映天。

　　赵创业见妻子产下了一个火球,那火球在炕上跳跃着,赵创业愕然,忙上前一把按住那火球,火球破了,现出一个大胖小子来。赵创业抱起儿子惊喜道:"翠翠,咱们有儿子了!咱们有儿子了!"妻子翠翠忙翻身坐起,伸出双手道:"是吗,快抱给我看看。"赵创业递上孩子,妻子翠翠忙用手摸了摸孩子的小鸡鸡,惊喜道:"是儿子!是儿子!他爹,快给菩萨敬香,感谢菩萨给咱们家送来了个儿子。""媳妇说得是,是菩萨给咱们家送来了一个儿子。"说着,连忙从桌上的香筒中抽出了三支香。见丈夫慌慌张张的样子,翠翠瞪了一眼道:"不洗手就敬香,这对神不敬,快去把手洗干净再来上香。""媳妇说得是,我这不是急嘛,竟把这事给忘了,我这就去,把手洗干净。"不大一会儿,赵创业笑眯眯进屋,举起双手跟媳妇道:"翠翠你看,我把手洗了好几遍,该能上香了吧?"翠翠挥手道:"看把你高兴的,连嘴都合不上了,上吧!上吧!"见媳妇翠翠发了话,赵创业忙在菩萨像前燃蜡上香。

赵创业的家乡遭了虫灾,听村上的人讲,那蝗虫就跟麦地里的蚂蚱似的,不知是从哪儿来的,一夜之间庄稼地里就出现了成千上万的蝗虫,它们飞行起来遮天蔽日,黑压压一片。乡人见蝗虫吃田,忙组织人拿上铜锣敲,吓唬它们,那些蝗虫毫不理睬,继续吃田。见这个法子不灵,乡人又买来鞭炮放,但还是不管用。于是,乡里的男女老少一齐出动,手持棍棒到庄稼地里驱赶那蝗虫,这下倒好,蝗虫没有被赶走,驱赶蝗虫的人倒成了虫人。乡人没法子了,眼睁睁看着那蝗虫吃田,只有呼天喊地的份。蝗虫过后,田地里的庄稼全都没了,家里没粮,乡人无奈各自携儿带女,背井离乡,逃荒去了。

闹蝗虫时,赵创业还是个不懂事的孩子,是父亲和母亲带着他一路逃荒来到这满是野枣树的荒河滩,搭了间庵棚住了下来,好在邻居们都是逃荒来的,谁也不笑话谁,相互帮衬着,才生存下来。

枣林滩边有一条大河,这条大河是从南山田谷流出来的,大河出山口有一集镇,集镇后山丘上建有一座原始天尊大雄宝殿,因而这集镇就取名叫殿子头。这殿子头地处东西南北交通要道,堪称是物资交流之盛地。这里有商铺、木场、教馆和商行,每日人来人往,络绎不绝,若逢集日,更是热闹。

赵创业的父亲赵拓是对这个山口小镇有感情的,他每次把柴背到这里来卖,拿卖的银两,又买些米面拿回家,一来二去就熟悉了小镇上的商铺和

第十一章 投生枣滩

买卖字号,同时也结识了一些买卖人。街头米面店的刘掌柜和杂货铺前柜王香跟他最要好,每当他卖完柴,都要到米面店和杂货铺里去坐一坐,同他们聊聊家长里短的事。一日,赵拓刚从路边药铺出来,又见到了米面店刘掌柜,刘掌柜见他手里提着药包,忙问道:"兄弟,家里谁病了?"见问,赵拓苦笑道:"大哥,是我家内人病了,到药铺抓了几服药。"刘掌柜惊愕道:"是吗?就说好几天没有见到你呢。要是需要大哥帮忙的,别客气,就言语一声。"赵拓苦笑道:"小弟这里还真的有一事相求。"刘掌柜瞥眼道:"啥求不求的,你还跟大哥客气,兄弟你的事就是大哥我的事,你尽管说。"赵拓一下涨红了脸,低声道:"大哥看哪家铺子缺人手,给我儿子寻个差事做。"刘掌柜沉思片刻说:"大哥的店里正好人手不够,要是兄弟不嫌弃的话,就让创业到大哥的米面店里来,你看咋样?"见刘掌柜义气,赵拓热泪盈眶道:"只要让娃有一口热饭吃,小弟就感激不尽了,哪敢嫌弃。"刘掌柜瞥眼道:"看,又跟大哥生分了不是,不是说了兄弟的事就是大哥我的事嘛?还说啥谢不谢的。明天就让创业来,你放心,大哥是亏待不了创业的,别人拿多少,大哥就给创业多少。"赵拓拱手道:"那就多谢大哥了。"刘掌柜瞪眼道:"看又跟大哥生分了!"赵拓苦笑道:"称呼惯了,改不了口了。"刘掌柜笑呵呵挥手道:"算了,算了,爱咋叫就咋叫。赶快把药拿回去煎给弟妹喝,大哥就不留你了,记住,明天一定把创业带过来。"赵拓点头道:"好,小弟这就回去了。"赵拓提着药包千恩万谢后便回家去了。

创业到镇上米面店后,勤快,舍得出力,每日第一个起床,还未等店里的人上班,他就把店铺打扫得干干净净,虽然说他年纪小没大力气干那扛米袋和面袋的重体力活,可是他特有眼色,哪儿缺人手他就出现在哪儿,刘掌柜特别喜欢小创业懂事、机灵、乖巧。一日,刘掌柜来到前柜,跟小创业说:"创业,城外王庄老马家拿了咱店里几袋面粉,说是就把银两送过来,可是都好几天了,还不见人来,大伯让你去那城外王庄走一趟,把面粉钱讨回来。"见东家发了话,小创业点头道:"是!"小创业答应一声,就忙放下手中的活计,出了店铺,一路出城去了那王庄。

59

在去王庄的路上，要路经一座古庙，这日，这里正在过庙会，人来人往，熙熙攘攘，小创业只顾低头赶路。"贼娃抢了我的包……贼娃抢了我的包……"听到喊叫声，小创业抬头见一年轻人迎面跑了过来，正好跟小创业撞了个满怀，要不是他脚跟稳，就会被撞倒。紧接着一女子又跑了过来，边跑边大声喊叫着贼娃抢了她的包。看这阵势，小创业心里明白，那撞他的年轻人就是抢了那女子包的贼娃子。小创业忙跟那女子道："小姐，你别急，我去追撵那贼娃，给你把包要回来。"言罢，小创业回身冲那年轻人一路追撵上去。不大会儿工夫，就追上了那年轻人，那年轻人见有人拦了道，瞪眼道："快闪开，要不老子就对你不客气了。"小创业见那年轻人抢了人家的包，还要横，气就不打一处来，上前一个飞腿就把那年轻人踹倒在地，瞥眼道："横呀？咋不横了呢？"那年轻人跪地求饶道："我还你包就是了。"说着，捡起地上的包递了上去，小创业接过包，大声喝道："滚！"小创业也不想惹事，见那年轻人既然已经服软了，就放他一马，正当小创业回身走时，那年轻人从地上爬起来，从腰间掏出一把刀子刺向了小创业。小创业躲闪不及，胳膊被划了一条口子，就在小创业捂着胳膊的一瞬间，那年轻人一溜烟地跑了。那赶上来的女子，见小创业捂着胳膊，就知道他的胳膊受了伤，顾不得羞涩，随手扯下一段罗裙，帮小创业包裹了胳膊上的伤口，道："对不起，都是我不好，让你受伤了。"小创业淡然一笑道："快别这样说，遇到谁都会这样做的，不碍事，只是伤了点皮，回去上点药就会没事了。"女子不好意思地问道："恩人，你家在哪儿，我让人好送你回去。"小创业道："我是镇上米面店的小伙计，掌柜让我到王庄去讨钱，就遇到这事。"听了小创业叙说，女子愕然道："我说面熟，原来我们都是邻居，我是镇东头学馆李先生的女儿，今个来庙里上香，没承想就被那小偷抢了包，让你受了伤，真是不好意思。"见那女子不停地道歉，小创业憨憨一笑道："没事！没事！"言罢，小创业回身一路走了。

小创业回到了店里，刘掌柜见小创业一只胳膊被裹着，惊愕道："你这胳膊咋了，还扎裹着，是不是伤了？"见问，小创业苦笑道："没事，只是伤了点皮。"刘掌柜迟疑道："莫不是那马不正跟你动了刀子？"小创业摇头道："不是马不正。"刘掌柜愕然道："不是马不正,那又是谁欺负了你,快跟大伯说说,大伯寻他去。"原本小创业不想跟刘掌柜说被人刺伤的事,见刘掌柜一时逼得紧,就编话说是自己不小心划伤的,刘掌柜也就信了他的话,心里嘀咕,既然他是店里的人,有了伤就得请医生看,刘掌柜一脸严肃道："快到后屋里歇歇,大伯让人请大夫去。"见刘掌柜不责怪自己,还给自己请大夫,忙摇手道:"不了!不了!已经包扎过了。"刘掌柜瞪眼道:"这怎么能行呢?要是感染了就麻烦了。"言罢,回头给一伙计道:"马香,快到镇西关请黄大夫去,就说小创业受了点刀伤,请他过来看看。""是!"马香忙放下手中的活计,出店门请黄大夫去了。

不大会儿,黄大夫背着药箱来到米面店,忙给小创业清理伤口。

"这不是李先生吗?你这是……"见教馆的李先生提着礼品走进店来,刘掌柜愕然问道。李先生点头道:"我是来看创业的。"刘掌柜一头雾水,道:"创业是为你家……"见刘掌柜欲言又止,李先生才知道自己来的唐突,便苦笑道:"是这样的,我家女儿翠翠到菩萨庙上香,被歹人抢了包,是你店里的创业为了帮她夺回包,被歹人刺伤了。"刘掌柜惊愕道:"是吗?还有这回事,创业竟是为你家姑娘负的伤。"刘掌柜忙上前拉着李先生进了屋,来到床前笑呵呵道:"创业,李先生看你来了。"创业见有客人来,忙坐起招呼道:"李先生请坐。"李先生点头道:"不客气。"创业羞红脸道:"谢谢李先生。"李先生道:"说哪里话,你为我女儿受了伤,上门致谢也是应该的。"说着,就从衣兜里掏出一锭银子,道:"刘掌柜,这是我们的一点心意,请你们务必收下。"见状,刘掌柜把李先生的手推了回去,瞥眼道:"李先生,你这不是打兄弟我的脸了,我怎么能要你的银子呢?快把银子装好。"见李先生和刘掌柜推来让去,床上的创业苦笑道:"大叔,快把那银子收回了吧,咱们都是邻居,相互帮衬都是应该的。"刘掌柜点头笑道:"还是我创业说得在理,都是街坊邻居,就不要那么生分了。"李先生见刘掌柜执意不收,便把那锭银子又揣进怀里,道:"小伙子,好好养伤,改日大叔再来看你。"创业淡然笑道:"让大叔费心了。"李先生点头道:"那是应该的。"言罢,李先生起身告别了刘掌柜和创业,

回学馆去了。

　　三年后,在刘掌柜的热心撮合下,李先生把女儿翠翠许配给了赵创业。

　　赵创业与李翠翠成婚后,虽然生活清苦了点,但小夫妻俩恩恩爱爱,倒不觉得有多苦。但好景不长,几年后,父亲赵拓撒手西去,为了照顾多病的母亲,创业便辞去了街上米面店的工作,回家跟土地打起了交道。一晃几十年过去了,年过半百的他晚来得子,怎么不让他们夫妻高兴呢? 老天爷给自己赐了个儿子,是得感谢菩萨娘娘。赵创业虔诚地拜了起来。

第十二章 乡里娃王

黎明时,赵创业家的房顶上红彤彤的霞光,让村里人无不惊奇。第二天一大早,乡亲们一齐来到赵创业门院前,赵创业见一大早门前就聚了一大群人,也好生奇怪,便笑脸相迎。乡亲们一见创业就都七嘴八舌说开了。张三试探道:"创业,昨天夜里,你家没出啥事吗?"

创业见张三的话莫名其妙,愕然道:"没有呀,我家又能出啥事呢?"

一边的李四瞥眼道:"没有?天快亮时,我咋看到一片霞光罩着你家房顶,我还以为你家着火了,忙来到你家前院,那霞光却不见了,这到底是咋回事?"

创业笑道:"啥霞光不霞光的,是我家翠翠生孩子了。"听说创业家添了个男丁,乡亲们一片哗然。

喜旺惊喜道:"是吗?这可是创业哥家的大喜事,得好好热闹热闹。"

刘法笑眯眯道:"这就对了,天降霞光,你家就生了孩子,我看这孩子日后一定能成大器。"

一边的张三戏谑道:"创业哥,我看你家孩子,莫不是天上的神仙下凡了吧,要不为啥是霞光罩顶呢?"

李四接话道:"创业哥,大伙儿都说得没错,我翠翠嫂子临盆,天降祥光,这是个好兆头,你们家今后一定有好日子过了。这是大好事,你得备上几桌,也让乡党们乐和乐和。"

见乡亲们恭维,创业笑眯眯拱手道:"多谢乡亲们吉言,昨天夜里我就跟我家翠翠说好了,到孩子满月那天,摆上几桌,请大家都过来喝个痛快。"

见创业有如此兴致,张三瞥眼道:"说话可要算数,不可食言。"

创业拱手道:"男子汉大丈夫,怎能说话不算数,到时就看我的呗。"见创业爽快,乡亲们四散而去。

送走众乡亲后,创业回到屋里跟妻子翠翠说了乡亲们要讨喜酒喝的事,妻子翠翠笑呵呵道:"难得乡亲们捧场。"翠翠又来了兴致道,"给咱儿子起个名字吧。"创业迟疑道:"咱儿子生得金贵,就怕这个名字起得不好,我看还是让咱爸给儿子起个名字吧,你看咋样?"翠翠点头道:"你说得是,咱爸是个有大学问的人,他老人家给儿子起的名字一定中肯,你这就去镇上找咱爸去。"创业点头哈腰道:"娘子说得是,小生这就去了。"见丈夫诙谐,翠翠瞥眼道:"贫嘴,都快成老头了,还小生呢。"创业笑而不答,乐哈哈地出门到镇上给老岳丈报喜去了。

李先生听说女儿翠翠生了个大胖小子,甚是欣喜,捻了捻胡须,掐指吟道:"孩子生在天将亮之时,这天将亮之时为'朗'。"见女婿创业兴致,又继续说道:"这'朗'字也表达朗朗乾坤,光明正大。好,就单名一个'朗'字,字公明,你看行不?"创业觉得老岳丈的话正如他所期盼的那样,笑呵呵点头道:"好的。"从此,孩子就有了赵朗这个大名。

创业没有食言,就在儿子满月的这天,在家里摆了几桌,把全村的乡党们都请来了,创业端着酒杯乐呵呵地给大伙敬酒,这天可算是枣林滩上最热闹的一天了。

光阴荏苒,日月如梭,一晃已过了六年,小公明也整整六岁了。

小公明天生聪慧,别看他在村里一群孩子中年龄最小,但就数他有心计,而且胆子还特大。一日,村上的孩子在村外枣林川玩捉迷藏,黑娃、刚刚、妞妞、毛毛、牛蛋为一组,小强、军军、小胖、瘦猴和小公明为一组。他们

第十二章 乡里娃王

正玩得高兴时,黑娃惊叫道:"公明掉到崖下去了……公明掉到崖下去了……"听到呼叫声,捉迷藏的孩子一下全傻愣了,黑娃大声道:"还愣着干啥,都快到崖下看看。"孩子们见黑娃发了话,都跟着黑娃向崖下跑去。当他们来到崖下,黑娃大声道:"慢!"孩子们忙停住了脚步,刚子惊叫道:"黑娃哥,那崖下有野狼。"一边的牛蛋接嘴道:"你看那野狼正在吃公明呢。"孩子们抬头望去,果然见公明在地上躺着,身边还有两只野狼,吓得黑娃忙闭上了眼睛,心里一阵紧张,说:"完了!完了!这公明肯定是没命了。"黑娃在这群孩子中年龄最大,要是公明被那野狼吃了,该如何跟他的爹娘交代呢?"黑娃哥,你看公明坐起来了。"小胖一声惊叫,惊得黑娃睁开了眼,果然见公明坐了起来,在用手揉眼睛。黑娃心里嘀咕,这到底是咋回事,刚才明明看见那两只野狼在撕咬他,他咋又坐起来了?正当黑娃惊愕时,公明竟站了起来。黑娃惊讶喊道:"公明,你没事?"公明点头道:"黑娃哥,没事。"说着,公明一路跑了过来。黑娃忙上前一把搂抱住了公明问道:"那野狼没伤你吧?"公明摇头道:"哪儿有野狼呢?我咋没见呢?"见公明直摇头,黑娃忙回头去看,那两只野狼亦不见了踪影。黑娃惊奇,这娃从崖上掉下来竟没事,莫非他造化大,连野狼都护着他?

接着又发生了一件事,让村上的小伙伴们更加信服小公明。盛夏的一日,小公明跟着村上的一群小伙伴,到村外枣林川下的树林里去掏鸟蛋,当他们赶到树林时,镇上一群大孩子也到了那里。那遮天蔽日的大树上筑了好多鸟巢,两拨掏鸟蛋的孩子一到树林,爬树的爬树,接应的接应,就都各自行动起来了。虽然说小公明个头小,但论爬树他可是个能手,村里的这群孩子谁也比不上他。不大一会儿,他就接连爬了十棵树,掏了半篮子鸟蛋,他兴致正高时,小伙伴刚子气喘吁吁一路跑了过来,跟树下的黑娃说:"黑娃哥,你过去看一下,二娃子被镇上的孩子从树上拽了下来。"黑娃愣了一下道:"你没看,那镇上来的孩子有多大,我们敢招惹他们吗?""不敢招惹也要招惹。"树上的小公明搭上了话。黑娃瞥眼道:"看把你能的,你敢去试试看吗?""试试就试试。"说着,小公明就从树上溜了下来,回头瞪了黑娃一眼,冲刚子挥手道:"刚子哥,前面带路。""是!"刚子应了一声,转身就走,公明一路跟了上去。来到树林边上,公明见二娃子在树下哇哇哭叫着,抬头见一大孩子已经爬上树腰,公明二话没说,来到那棵大树下,双手搂树,"蹭蹭蹭"地上了树,一把拽住那正在上树孩子的腿,使劲一拽,那大孩子猝不及防,从树上掉了下去,树下的孩子被这突如其来的一幕全吓傻了。小公明一下从树上跳了下来,提起地上的鸟蛋篮子,就冲镇上的大孩子扔起了鸟蛋。镇上来的孩子哪见过这样的阵势,吓得四散而去。

小公明蛋打镇上大孩子的事,在村上传了开来,自然而然,小公明也就成了村上孩子的头。

村里的一帮孩子敬佩小公明遇事不怕,敢做担当,就连大他好几岁的黑娃,也乐意跟在他后边屁颠地跑了。

村西头的二娃子爸,跟小公明说,他的二娃子不听话,求小公明好好说道说道二娃子。小公明笑眯眯道:"好的,我就替大叔说道说道他。"经过小公明说道,二娃子一下变乖了,在家里不再顶撞大人了。二娃子爸竖起大拇指直夸小公明有能耐。听说村上的孩子都听小公明的话,村东头的强强爸也寻上门来,说是求小公明件事,公明爸瞥眼道:"兄弟,你求一个屁大点儿的孩子有啥事?"小强爸说:"我家小强不听话,我想让你家公明说道说道他。"公明爸愕然道:"这能行吗?"强强爸一脸严肃道:"能行,老马家的二娃子变乖了,就是你家小公明说道的。"公明爸迟疑地点头说道:"既然管用,公明回来我就跟他说说。"小强爸见公明爸答应了,笑呵呵地走了。

小公明回家后,老爸好奇地打量儿子公明好一阵子,老爸火辣辣的眼神直看得小公明浑身不自在,愕然问道:"爸,你今天咋这样看着儿子呢?莫非是儿子又做错了啥事?"老爸创业笑道:"还没看出你真的有出息了。"小公明羞红着脸道:"爸,你说啥呢,儿子我听不明白,有啥话你就直说。"老爸创业道:"我问你,上午村东头强强爸来咱家,跟我说,让你去说道他的儿子,是咋回事?"经老爸这一提说,小公明笑呵呵道:"爸,吓煞儿子了,我还以为又做错了啥事,事情是这样的……"于是,小公明就将那枣林川树林蛋打镇上大

第十二章 乡里娃王

孩子的事,仔细地叙说了一遍,老爸听后双眉舒展,点头说:"我儿子是好样的,做人就要这样。"听了老爸的夸赞,小公明开心地笑了。

第十三章
学馆读书

　　转眼间,小公明已经过了九岁生日,创业和妻子翠翠商议着儿子公明上学的事。翠翠跟创业说:"他爸,咱儿子公明老大不小了,也该上学了。"创业点头说:"说得是,我也正在寻思着这事,你看咱们家还有云儿、碧儿和琼儿三个孩子,连嘴都糊不上,哪有钱让他上学呢?"见丈夫创业唉声叹气,翠翠瞥眼说:"嘴糊不上也要让咱儿子去上学,今天下午咱爸来过了,说是让公明到镇上学馆读书去。"创业摇头说:"这不好吧,爸为咱家的事没少周济过,咋好意思再让他出钱呢?"翠翠瞥眼说:"死要面子活受罪,咱爸也不是别人,有啥不好意思的。"创业苦笑说:"我是开不了这个口,要说你说去。"见丈夫创业推得干净,翠翠摆手说:"好好好,你口金贵,我口贱,我说就我说。"姥爷李先生是学馆的老师,他出钱让外孙到自己任教的学馆读书,他是乐意的,女儿翠翠一说一个准。李先生当即答应,外孙公明的学费由他来出。第二天一大早,翠翠就把儿子公明送到镇上学馆读书,学习文化。

　　学馆里设有低年级班和高年级班,低年级班的老师是马先生。这马先生可是位饱学之士,只因家庭贫寒才做了学馆里的老师。李先生则是高年级的老师。两人志趣相投,因而李先生与那马先生非常要好。李先生领外孙小公明来到马先生房间,马先生见李先生领着一个孩子,愕然问道:"李兄,你这是……"见马先生欲言又止,李先生就知晓马先生有点不解,忙介绍道:"贤弟,这是我的小外孙,名叫赵公明。"听了李先生介绍,马先生随即打量了小公明一番,观这孩子,虽然说面相是憨了点,但其眉宇间却透出了一股英豪之气,忙笑呵呵道:"这孩子面相不错,天庭饱满,地阁方圆,实为大富大贵之相貌。"见马先生夸奖,李先生淡然一笑道:"贤弟过奖了,这孩儿顽皮,还得贤弟好好管教才是。"马先生点头道:"没问题,你老兄的外孙,也就是小弟的外孙,小弟定会精心培育的。"李先生喜滋滋点头道:"有贤弟这句话,老兄就放心了,日后还得贤弟费心才是。"马先生点头道:"那是一定的!那是一定的!"

马先生带的班有20多个孩子,就数公明年龄最小,小公明与班上的学生相差好几岁,马先生就把小公明的座位安排在前边第一排。在马先生的课堂上,小公明认真听讲,从来不做小动作,得到了马先生的夸赞。

一晃半学期过去了,马先生想测试一下班上学生的学习情况,在教授完《诗经·国风·周南》一课的第二天,马先生扫视了堂下的学生,把目光落在中间一排一个长相胖胖的学生的脸上,马先生高声道:"马旺,请你把昨天我讲授的《关雎》一诗背诵一遍。"见先生点名叫他,马旺涨红着脸,扭捏地站起来:"关……关……关雎……雎……"

"关雎"了好大一会儿,也没有再吟出一个字儿来。见马旺没有吟出来,马先生把目光又扫向到后排学生的脸上:"牛壮,请你把昨天学的《关雎》一诗背诵一遍。"

牛壮站起,晃了晃脑袋,有点得意的神情,便开口吟唱道:"关关雎鸠,在河之洲。窈窕淑女,君子好……君子好……君子好……"牛壮的脸都憋涨红了,也没有"好"出来。中排坐的那马旺大声喊道:"好逑呗!"马旺此言一出,惹得堂下哄堂大笑。

马先生狠狠地瞪了马旺一眼,堂下的哄笑声戛然而止。

马先生把目光又投向了后排座位上一位脸蛋白净的学生脸上,冲他挥手道:"小强,你把《关雎》一诗朗诵一遍。"

那叫小强的学生，当即站起朗声道："关关雎鸠，在河之洲。窈窕淑女，君子好逑。参差荇菜，左右流之……"

马先生见小强一字不落地把《关雎》一诗背诵完毕，脸上才绽出一点笑意。马先生看了看小强，继续问道："'关关'一词是什么意思？"

见问，小强不假思索地回答道："关关是水鸟的叫声。"

马先生满意地点了点头，又继续问道："那'窈窕淑女'一词又作何解呢？"

小强思量了好一会，皱了皱眉头支吾道："窈……窈……窈……"小强支支吾吾了好一会儿，还是没能回答出来。

马先生又把目光投向了前排小公明的脸上，马先生冲小公明招手道："公明，你来把前天教授的《关雎》一诗吟唱一遍。"

随着马先生的发问，堂下学生又都把目光一下全投向前排那个不起眼的"小不点"。听到先生点他的名，小公明"嗖"的一下站了起来，开口朗声道："关关雎鸠，在河之洲。窈窕淑女，君子好逑。参差荇菜，左右流之……"

小公明抑扬顿挫的朗诵声，似脆响的小铜铃，待小公明背诵完毕，马先生用赞许的目光看了小公明一眼，又提问道："诗中'关关'一词是什么意思？"

小公明淡然一笑道："是水鸟的叫声。"

马先生又发问道："那'窈窕'一词又有何意呢？"

小公明不假思索开口道："美心为窈，美状则为窕也。"

马先生满意地点了点头，又发问道："简要说关雎这首诗歌，它的诗意何在？"小公明扫视了教室后，便朗声道："这首诗歌是一首爱情诗。从诗歌的韵律来说，这首诗也算是一首民歌，是诗人对河边采摘荇菜的美丽姑娘的恋歌。"

"说得好！说得好！"马先生情不自禁为小公明的回答拍手叫好。

经过测试，马先生折服了，他断定这个小公明是个难得的奇才，只要精心雕琢，他日后定会有大出息的。

小公明初露锋芒，却给他招来了不少的麻烦。马先生是看他顺眼了，但

第十三章　学馆读书

木场马老板的儿子马旺和牛壮却看他碍眼了。这马旺和牛壮要寻机挫一挫小公明的锋芒。

一日傍晚,马旺和那牛壮躲在学馆后密谋。

"马旺哥,你看小强跟那个叫赵公明的小子整天在一起'咬耳朵',他们俩一定在说我们的坏话。"牛壮挤眉弄眼地说。

"是吗?我就看小强有点狂,一看就不顺眼。"马旺撇嘴说。

"马旺哥,我看不如先杀杀他的威风,看他还狂不狂。"牛壮白了一眼,挑唆说。

"不行不行!听人说那小公明有两下功夫,要是他给小强帮忙,咱们两个可打不过他。"马旺忙摆了摆手。

"这个好办,我们多叫几个同学,到时一起出手,还怕治不了他们两个?你就放心好了,这事由我来安排。"

"行!我就听你的。"马旺点头道。

没承想,牛壮说破了嘴,他俩在一起密谋的事被同学二娃子知道了,二娃子事先把这事告知了公明,让公明提防点。当马旺约小强到后山去玩耍时,小公明就暗地里一路跟上了。

一到山后,见山洼处围了一群学生,牛壮跟小强动起了手。小公明一个箭步上前,大声喝道:"给我住手!"正要动手的马旺愣了一下,见是小公明,瞥眼道:"关你屁事,你喊啥?快一边去。"小公明瞪眼道:"你们平白无故欺负人,我就要管。你要是再敢跟他动手的话,就休怪我不客气了。"马旺收住了拳头,冲公明嘿嘿笑道:"你还跟我们不客气是吗?瘦不拉几的,还敢跟我们说大话,你是不是皮松了,大爷今天来给你紧紧。"说着,马旺就拉开了架势。公明心里嘀咕,这小子是太狂了,是得给他点颜色看看。当他迈开大步上前接招时,老爸的话又回响在耳边:"儿子,练武是为了强身健体,切莫显摆伤人。"公明忙收回了迈出去的腿,淡然一笑道:"我不是怕你们,只是不想跟你们动手而已,你们识相点。"马旺见小公明不肯出手,还以为小公明怕了,激将道:"不打也行,那你得跪下叫声爷爷,我就放过你一马。"小公明自

71

尊心极强,要是谁一旦伤害了他的自尊心,他就火了。别看他瘦小,他可是跟老爸练了几年功夫,身子灵巧,动起手来,对付他三五个人不成问题。牛壮跟马旺他们只会耍嘴皮子,哪里是小公明的对手,没有几个回合,就全都被打趴下了。马旺一跛一瘸地被送回了木场。

马掌柜一见儿子马旺被打成这样,就拉着马旺来到学馆。马先生见木场马掌柜拉着儿子马旺,愕然道:"马掌柜,这是咋回事?"马掌柜瞪眼道:"你是真的不知道还是故意跟我打马虎眼?"马先生愕然道:"打啥马虎眼?我真的不知道,你家马旺被谁打了?"马掌柜大声吼道:"我家马旺说是一个叫赵公明的学生打了他。"听说是小公明,马先生迟疑了一下,摇头道:"马掌柜你是不是搞错了,这绝对不可能,你家马旺人高马大,那小公明瘦小,怎么能把你家马旺打了?"还未等马掌柜开口说话,马旺龇牙咧嘴道:"就是他赵公明,你别看他个子小,他的腿脚可厉害啦!我们几个人都不是他的对手。"马先生愕然道:"是吗?还真有这回事?"马先生见公明路过,忙招手道:"赵公明,你过来一下。"

马掌柜带儿子马旺来学馆的事,二娃告知了公明,让他先躲一躲,小公明愤然道:"我没有做啥错事,为何要躲,他们来得正好,我还要跟他们论理呢。"听马先生叫他,他就大步走了过去。马先生问道:"公明,马旺是不是你给打的?"小公明点头道:"是我打的。"马先生道:"你为啥要打他呢?"小公明昂头道:"他带人欺负小强,我才跟他动了手。"还未等马旺说话,一边站着的牛壮忙接上了话茬,摇头晃脑道:"你胡说,根本就没那回事儿,我们是跟小强闹着玩。"围观的二娃子拨开众人,上前道:"牛壮说谎,昨天傍晚,他跟马旺在一起嘀咕,说是小强跟公明太狂,在堂上回答先生提问时,使他们丢了面子,就诓骗小强去后山,给他点颜色看看。"马先生回头看了看牛壮问道:"牛壮,事情是不是二娃子说的那样?"见二娃子揭了他们的底,牛壮低下头,不再言语。马掌柜自知理亏,扔下儿子马旺,转身羞愧而去。

经过这件事后,小公明在同学眼中成了见义勇为的人,学馆里的学生都乐意跟他交朋友。

第十四章
辍学背柴

一晃两年过去了，小公明从低年级班破格上升到高年级班，在姥爷的精心培育下，小公明学业大进，高年级班三年的课程，他两年不到就学完了。李先生见小外孙竟如此聪慧，打心眼里高兴，寻思着送他到县城宏德书院去继续学习。李先生想到了至交好友黄杰，黄杰跟自己都是省城书院的学友，学期满后，自己子承父业，回家料理学馆，那黄杰被举荐做了朝廷的大夫。因黄杰看不惯官场尔虞我诈之风气，就毅然辞去大夫之职，回到故里致力于教学，到县城宏德书院做了一名老师。近年来，那黄杰跟自己多有书信往来，何不把小外孙赵公明送到他那里去继续学习。于是，李先生就研墨提笔给好友黄杰写举荐信：

黄兄台鉴：学弟有一外孙，姓赵名朗，字公明，今年一十三岁，小公明生就聪慧，悟性极好，在我学馆四年修完了六年的课程。我看小公明是个可塑之才，特举荐给学兄，望学兄收之，学弟不胜感激，来日定当面谢。

学弟：李重

李先生写完，搁下笔，又细看了一遍，觉得行文用词还算满意，便出书房来到学馆,一见公明忙招手道:"公明,你到我书房来一下,姥爷有话跟你说。"小公明正在跟同学二娃子说话,听到姥爷叫他,就忙跟随姥爷来到书房,一进书房,小公明纳头就拜,李重忙挥手道:"不必多礼,坐下说话吧。"待小公明坐定后,李先生笑呵呵道:"叫你来,姥爷有一事跟你商议,学馆的课程都已修完,姥爷想保荐你到县城宏德书院去继续学习,书院黄老师跟姥爷是同窗好友,这黄老师知识渊博,学识极好,姥爷同黄老师举荐了你,叫你来,姥爷想听听你的意思。"听说姥爷举荐自己到县城书院继续学习,甚是欣喜,他从马老师那里听说过县城宏德书院里有个在朝廷里做过校书郎的黄老师,他早就梦想做那黄老师的学生,没承想,今天姥爷就举荐自己到县城宏德书院学习,怎么能让他不激动呢!但他又转念一想,不行!做人不能太自私,为了自己上学的事,姥爷贴补了不少,还能再让姥爷出银钱吗?想到这里,小公明脸色又阴沉起来。见小公明面有难色,姥爷就知道小外孙是个知恩图报的孩子,心事重,便笑呵呵道:"看你脸色,姥爷就知道你的心思,是怕姥爷又出钱让你到县城读书吗?要是这样的话,你就放心好了,你是姥爷的亲外孙,姥爷见你是个可塑之才,为你出钱上学,姥爷是乐意的。这不,姥爷连举荐信都写好了,你拿这举荐信到县城书院去找那黄老师就是了。"姥爷一番肺腑之言,说得小公明热泪盈眶,李先生见状,瞥眼道:"这是好事,干吗流眼泪呢?"小公明抹了把眼泪道:"姥爷,我没哭,我是激动才淌出了眼泪。"说着,小公明用手抹了抹眼泪,小脸蛋上绽出了笑容。

　　三日后,小公明怀里揣着姥爷给黄老师写的举荐信,来到了县城宏德书院,见路过的学子,忙上前拱手施礼道:"请问,黄老师的房子往哪儿走?"那路过的学子打量了眼前这位陌生不起眼的年轻人,愕然问道:"你是乡下来的吧,你找黄老师有什么事?"见问,小公明道:"我是从乡下来的,我姥爷跟黄老师是朋友,是他老人家让我找黄老师。"那路过学子淡然笑道:"是吗?那边大个说话之人便是黄老师。"小公明顺着那学子手指处看去,果然不远处有一位高个子的老者正在跟一位学子说话,小公明回头道:"多谢了!"言罢,小公明回头一路直向黄老师那边走去。来到近前,小公明忙拱手施礼

第十四章　辍学背柴

道:"黄老师好!"见眼前年轻人面生,黄老师愕然道:"你是……"小公明见黄老师欲言又止,就知晓自己有点唐突,淡然一笑,忙自我介绍道:"学生是殿子头学馆来的,是李重老师举荐我来的。"一听"李重"二字,黄老师一脸惊喜,忙招手道:"好好好!请到我书房说话。"说着,黄老师便领着小公明一路来到自己的书房,忙招呼小公明坐下。待小公明坐定后,黄教授笑呵呵问道:"李重老师近来可安好?"小公明点头道:"姥爷安好!安好!"说着,小公明从怀中掏出举荐竹简,上前递了上去,黄老师接过竹简赶忙看了起来。看罢竹简,黄老师又打量了小公明一番道:"上个月,李老师在信中说,他学馆有一个学子,聪慧好学,想必说的就是你吧?"小公明不好意思,羞红脸道:"先生过奖了,先生的大名学生早就知晓,能做先生的学生,是学生最大的心愿。"黄老师笑呵呵道:"你的姥爷是我的同窗学友,我会尽力教授你的,这就带你去见见班上的同学。""好的。"小公明跟随黄老师出书房,去了书院教室。

一晃两年过去了,小公明也顺利进入了书院高年级班。黄老师对小公明也特别地垂爱,一是因为这个学子悟性极好,一点就通,二是小公明为人热情,坦荡,很有人缘,书院里的学子都乐意跟他交朋友。

一日,村里来人说,他的老爹赵创业病了,让他抽空回去看看,听说老爹染病在床,公明一时心急如焚,跟黄老师告了假,匆忙赶回了家。

"儿子,你咋回来了?"赵创业一见儿子公明,愕然道。小公明来到老爹床前,一把拉住了父亲的手说:"爹,儿子在县城见到了张二叔,张二叔跟我说你病了,我就回来看你来了。爹,你又咋了?"赵创业摆手道:"不碍事,歇上几天就没事了。"见丈夫要强,妻子翠翠瞥眼道:"在炕上都躺半个多月了,还说没事。"公明道:"有病不看这怎么能行呢?"说着,公明回头跟老娘说:"娘,我这就到镇上请大夫给我爹好好瞧瞧。"还未等翠翠说话,赵创业忙摆手道:"花那钱干啥,我说没事就没事。"翠翠瞪了一眼,回头跟儿子公明道:"儿子,你别听你爹的,你快到镇上请大夫去。"公明点头道:"好,这就去。"言毕,公明起身出了房门,到镇上请大夫去了。在去殿镇的路上,公明一边走一边思索着,家里除自己外,还有三个妹妹,一家六口人就靠老爹一个人养活着,前几年虽说日子紧巴些,但还勉强凑合得过去,自打去年干旱无雨,收成不好,交过皇粮后就剩下不多了。为了家里的几个孩子,听娘说,父亲常常饿着肚子下地去干活,显然父亲是累倒的。想到这里,公明不由鼻子一酸,掉下泪来。自己是家里的男子汉,是男子汉就要有担当,赵公明毅然做出了一个决定,放弃学业,回家帮父亲共同撑起这个家。

公明把这个决定告知娘,娘摇头道:"这哪能行呢?你一个小娃回来能干啥?"公明苦笑道:"只要肯出力,啥事都能干,我就跟黑娃哥到山里背柴。"听儿子说进山背柴,老娘瞥眼道:"说得轻巧,这进山背柴可不是闹着玩的,就怕你吃不了这个苦。"公明笑呵呵道:"娘,您老放心好了,儿子能吃得了这个苦。"娘迟疑了一下,看了看儿子道:"你爹要是……"见娘欲言又止,公明心里明白,娘是怕爹不同意,一脸严肃道:"暂且不告诉我爹,待我爹他病好了,我跟我爹说好了。"翠翠知道儿子的脾气,他是个挺要强的孩子,要是他认准的事,谁说也没用,既然他做了决定,就随他去吧。老娘为有这样懂事的儿子感到特别欣慰。翠翠跟儿子公明道:"好吧,娘暂且不跟你爹说,可你自个小心才是,千万不要太苦了自个。"见老娘应允了,公明笑呵呵道:"娘,儿子知道了,赶明天我就跟黑娃哥进山背柴去。"言毕,公明转身出门,到村西头找黑娃去了。

黑娃听公明说带他进山去背柴,忙摆手道:"不行!不行!看你细皮嫩肉的,能吃这个苦吗?"公明见黑娃推辞,瞥眼道:"我拿你当哥,才来找你,你怎么就知道我就吃不了这个苦呢?"见公明生了气,黑娃忙道歉道:"哥不是那意思,哥知道你没干过那出力的活,是怕你吃不消。"公明淡然笑道:"小弟都快十六了,你当年进山背柴时,还没有我大呢,你能行,我咋就不行呢?"公明几句话,说得黑娃一下没词儿了,黑娃点头道:"行,明天哥就带你进山背柴去。"见黑娃答应了,公明欣喜道:"行,就这么定了,明天早上我在村外等候你。"黑娃愕然道:"干吗在村外等着,到时去你家叫你就是了。"公明忙摆手,苦笑道:"不不不,我老爹还在病中,我不想让他老人家知道。"黑娃敬佩

第十四章 辍学背柴

道:"真是难为你了。"公明淡然一笑道:"没事,待我爹病好了,我会告诉他的。"言毕,公明告别,回家准备去了。一夜无话。

第二天一大早,公明怀里揣着老娘给他烙的饼子,就来到村外路边大树下等候着儿时的那帮伙伴。不大会儿,黑娃带着一帮年轻人来到村外。一见公明,二娃子和小强忙上前拉住了公明的手,问长问短。黑娃挥手道:"进山的路还长着,把话留在路上说。"言罢,黑娃大步走去,伙伴们见黑娃前头走了,都忙跟了上去。

一路上,公明跟昔日的伙伴们有说有笑,几十里山路,不知不觉就走到了。来到一面坡下,黑娃指着那一面坡,跟公明介绍道:"兄弟,你看那山坡上尽都是铁浆、龙柏。山坡没有路,我们只能拽着树枝往上攀,你力气小就砍小的,把砍的柴用葛条捆了,从上边溜渠放下来就算完事了。"言毕,黑娃冲大伙挥手道:"大伙上坡砍柴,留公明在坡下收拾柴捆。"听说留他在坡下,公明一下急了:"我也要上去。"黑娃见公明态度坚决,点头叮咛道:"好,一块上,手可要抓牢,脚蹬稳。"说着,黑娃拽着树枝跃上了山坡,公明学着黑娃的样,手拽脚蹬也攀上了山坡。

虽说公明是第一次上山砍柴,但他毕竟跟随父亲赵创业练过功夫,手脚倒还利索,登上山坡后,不大一会儿就砍了一大捆柴。学着大伙儿的样,扯来了几条葛条,扎了柴捆,顺顺当当把那柴捆从溜渠放了下来。大伙儿见公明这么利索,七嘴八舌说开了。二娃子笑呵呵道:"还没看出公明兄弟手脚这么利索,还比大伙儿上得快。"一边的小强赞同道:"说得也是,公明是第一次来砍柴,还比大伙儿砍得多。"黑娃接嘴道:"咱们能跟公明兄弟比吗?想当年,公明兄弟在枣林川树林蛋打镇上那帮……"还未等黑娃说完,公明羞红着脸,瞥眼道:"黑娃哥,别再提那事了,那时小弟不懂事在耍横。"毛蛋接嘴道:"什么耍横,这就叫以强制强,是你长了咱乡下孩子的志气。"言语间,公明跟大伙儿扎好了柴捆,就地而坐,掏出饼子,泉水就干馍后,背起柴捆,一路出山而去。当黑娃带领着大伙来到山口集镇时,正好是午饭后时分,集镇上的人正多,他们把柴背到街口路边,这里是买卖生活用柴的地段,背柴

77

的人把柴背到这里卖点散碎的银两，到米面店买袋米面回家过日子。黑娃他们常来这里卖柴，街上的人都认识他，黑娃带着大伙儿把柴背到这里，很快就被人买了去。

公明怀里揣着卖柴得来的银子，心里乐滋滋的，虽说是十几文银子，但毕竟是自己用辛苦的汗水换来的。他拿着这些银子，在街上杂货铺给三个妹妹买了包桃酥，乐呵呵地一路回了家。

没有不透风的墙，公明进山背柴的事很快被老爹知道了，赵创业把翠翠狠狠地说了一顿，说是不该哄他，事到如今抱怨也无用，但他打心眼里欣慰自己生了个懂事的儿子，只怪自己没有本事，才苦了儿子。老爹创业把儿子公明叫到床前，苦笑道："儿子，你进山背柴的事我都知道了，爹也不怪你，谁叫咱们家穷呀。爹是心疼你，进山背柴是个苦力活，你年纪还小，不要蛮干，得悠着点。"见老爹心疼自己，公明感动地淌出了热泪："爹，儿子知道了，不是还有黑娃哥他们帮着，没事。"老爹点头笑道："有黑娃他们罩着，你也得听他们的话，跟他们好好相处，你诚心对他们，他们也会真心待你的，吃亏是福，你要牢牢记住爹的话。"公明点头道："爹说得是，儿子记住了。"

从此，公明就牢记老爹的教诲，踏踏实实干事，和和气气做人，很快赢得了村里人的喜爱，乡亲们都夸公明懂事乖巧，有人缘。

其后发生的一次意外事件，公明更加赢得了村人的信赖，那是发生在荒山野岭野狼叼女孩的事。

秋后的一天，公明和黑娃、小强一帮村上的兄弟，又来到西坡砍柴。当他们登上山腰正在砍柴时，猛然间，一阵呼救声传了过来。听到呼救声，公明忙侧耳听了起来，"野狼叼人了……野狼叼人了……野狼叼人了……"女子呼叫声清晰地传了过来。公明一时心急，从身边溜渠溜到山坡下。只见一只野狼叼着一个孩子，从他眼前一晃，跑了过去。其后一年轻女子追了过来，那年轻女子一边追撵着，一边大声呼叫着。公明见状，忙道："姑娘且慢，在此等候，待我追撵那野狼去。"说着，公明回身直冲那野狼追撵上去。公明腿脚快，不大一会儿就追撵上了那只野狼，那只野狼见有人追了上来，丢下嘴里的孩子,直冲公明扑了上去。公明一跃而起,飞起一脚踹向了野狼的脑门,野狼躲闪不及,被踹到二丈开外,野狼嗷嗷叫着,落荒而去。见野狼跑了,公明也不再追撵,忙上前抱起地上的孩子。这时,追撵野狼的女子也赶了过来,一把抱过孩子,道:"多谢壮士救我小妹一命,小女子在这里拜谢了!"说着,那年轻女子就要跪拜,公明忙拦住道:"不谢不谢!"公明问道:"姑娘家住哪里,要不在下送姑娘回去。"那年轻女子羞红了脸,不好意思道:"不烦劳壮士了,我家就住在山那边,请问壮士大名,小女子也好登门致谢!"公明忙摆手道:"不必客气,这是在下应该做的,既然小妹无大碍,在下就不相送了,请回吧,在下还要砍柴。"那年轻女子见公明不肯留姓名,千恩万谢后,抱着小妹回家去了。

第十五章
三妹贪玩

赵创业妻子翠翠生下公明后，又接连生了三个女儿，赵创业又请岳父李先生给三个女儿取了名字，大女儿取名云儿，二女儿取名碧儿，三女儿取名琼儿。三个女儿天生丽质，聪慧乖巧，赵创业跟妻子翠翠视她们为掌上明珠，就是自己跟妻子翠翠再苦，也不能苦了三个女儿。姥爷李先生对三个外孙女也特别的眷顾，待她们三姐妹稍大时，就接她们到他的学馆读书。三姐妹学习用功，很得学馆老师的赏识。学馆毕业后，三姐妹回到家里帮翠翠料理家务。

一晃又是几年过去了，三姐妹出落得亭亭玉立，很招人喜欢。

秋后的一日，小妹琼儿觉得在家里有点寂寞，便跟大姐云儿说道："大姐，地里的庄稼也收了，地也种上了，我们姐妹不如去山里散散心。"碧儿忙插嘴："小妹说得是，我们姐妹还没去过山里头，趁着农闲了也该到山里头去散散心。"大姐云儿迟疑道："这能行吗？要是娘问起来，可咋说呀？"琼儿瞥眼道："这还不好说，随便编个理由不就得了。"大姐云儿道："问题是要娘信得过。"小妹琼儿跟大姐云儿你一言我一语地说着，碧儿没有言语，只是坐在一边，双手托着脸蛋在思量着，想着想着，不觉眼前一亮，惊喜道："好，就这样说。"小妹琼儿瞥眼道："啥这样说，一惊一乍的。"见问，碧儿笑呵呵道："南山里不是有个飞云庵,你们记得不?"琼儿不假思索,点头道:"咋不记得,那年那里过庙会时,咱爹不是带着咱们三个去逛过那庙会。"琼儿迟疑片刻,又愕然问道:"这跟那飞云庵有关系吗?"碧儿瞥眼道:"说你聪明,你咋就不开窍呢?娘不是最信菩萨嘛,咱们……"还未等碧儿说完,琼儿就忙插上了嘴:"你的意思是说,我们跟娘说去给菩萨上香,求菩萨保佑爹早日安康?"见小妹琼儿开了窍,碧儿笑呵呵点头道:"二姐就是这个意思,难道这个理由不好吗?"琼儿拍手笑眯眯道:"好好好,还是二姐聪明。"说着,琼儿回头跟大姐云儿道:"大姐,你看我二姐这个理由行不行?"大姐云儿点头道:"这个理由好是好,就是咱爹不信这个,不让去可咋办呀?"碧儿忙接嘴道:"咱爹不信没啥,只要咱娘相信就是了。"琼儿点头道:"大姐,我二姐说得也是,不跟咱爹说就是了。"大姐云儿见二妹和三妹的话在理,就点头同意了。

　　碧儿和琼儿都让大姐云儿去跟老娘说,在碧儿和琼儿眼里,大姐云儿乖巧、厚道,跟老娘最合得来,让大姐去跟老娘说,一说一个准。见二妹和三妹一再谦让,大姐云儿不好再言语什么,谁让自己是大姐呢。说就说去,没准老娘会答应的。

　　于是,第二天一大早起来,梳洗完毕,云儿就来到父母房间,跟老爹请了安,就出了房间,又来到厨房,翠翠一见云儿愕然道:"今天咋起来这么早?"云儿苦笑道:"女儿都起来好一会儿了,已经跟老爹请过安了,我见我爹……"老娘惊愕道:"你爹又咋了?"云儿淡然一笑道:"没事,我是说我爹都病了快一个月了,还不见好,女儿这不是着急嘛。"老娘落泪道:"说得也是,大夫也看了,药也吃了,就是不见好,娘心里也着急呀。"云儿察言观色,见老娘流泪,趁热打铁道:"娘,女儿跟你商量件事。"见女儿有话要跟自个说,老娘抬起头,抹了把眼泪道:"云儿,有啥话你就说,娘听着。"云儿道:"听人说南山西坪飞云庵菩萨很灵,女儿想到那里去求菩萨保佑我爹身体早日安康。"听说女儿为老爹的病要去拜菩萨,翠翠忙上前把女儿抱在怀里:"还是我云儿孝顺,算是娘和你爹没白疼你,要是你爹知道了,也会感动的。"听说老娘要告知老爹,云儿忙插嘴道:"娘,还是不要让我爹知道。"老娘愕然道:"这是为啥?"云儿见老娘不解,苦笑道:"女儿是说,我爹就不相信这个事,你若是跟他说了,我爹要是不让去可咋办呀?"老娘觉得女儿说得也在理,点头道:"云儿说得是,娘咋就没想到这事。"翠翠看了看女儿,又沉思起来。云儿见老娘又皱起眉来,愕然道:"娘,你还愁啥呢?"老娘道:"你一女孩儿,一个人到山里去,娘就是有点不放心。"云儿淡然笑道:"娘有啥不放心的,要不让二妹和三妹跟我一道儿去不就没事了。"老娘点头道:"好好好,你们姐妹三个一道儿去,路上也好有个照应。"云儿见老娘爽快地答应了,含笑道:"娘,择日不如撞日,今天初九,就是个吉祥的好日子,我这就去叫二妹和三妹起来。"言罢,云儿回身出了厨房,叫二妹和三妹去了。

听大姐云儿说,老娘答应她们姐妹去南山拜菩萨,一下没有了睡意,忙翻身坐起,顾不得梳妆,就催大姐云儿上路。大姐云儿见二妹和三妹发髻凌乱的样子,瞪眼道:"上的啥路呢,还不快去梳妆打扮一下。"见大姐认了真,碧儿和琼儿只好懒洋洋去了梳妆镜前,梳妆打扮起来。

三姐妹一到山里,就欢呼雀跃起来,她们觉得山道两边树上的叶子,在微风的吹拂下,摇曳摆动发出沙沙的声响,就像是欢迎她们姐妹的卫士,在跟她们姐妹大献殷勤;眼前一座座巍峨的山崖,就像是一个个健美的男子在向她们姐妹展示强健丰厚的肌肤。望着那缠绕在山腰缓缓流动的白云,小妹琼儿惊喜尖叫道:"大姐、二姐,你们看那山腰上一定有神仙住着,要不那飘飘的白云怎么不肯离去呢?"见小妹琼儿一惊一乍的,大姐云儿瞥眼戏谑道:"小妹说得是,那山腰白云缠绕处是有一神仙洞府,小妹想做神仙,就上那山腰去吧。"碧儿也笑呵呵道:"大姐说得是,小妹要是觉得做神仙好的话,赶快上那山崖上做神仙去。"小妹琼儿知道大姐和二姐跟自己说笑,噘了噘小嘴,瞥眼道:"上去就上去,做神仙不好吗?来无影去无踪,多逍遥自在嘛。"碧儿见小妹兴致,笑呵呵点头道:"好好好,我和大姐就不留你了,你快去做你的逍遥神仙吧!"小妹琼儿扮了个鬼脸道:"是吗?小妹我可就去了。"说着,琼儿迈开大步向前走去。

三姐妹一路有说有笑,二十多里路,不一会儿就走到了。大姐云儿抬头

第十五章 三妹贪玩

见大庙门楣上书有"飞云庵"三个鎏金大字。大姐云儿还依稀记得十多年前,老爹背着她来这里逛过庙会,进庙上香的人可多呀,黑压压的一片,老爹背着她在庙前场院上看卖艺人耍狮子滚绣球。她还记得老爹给他买了一串糖葫芦吃,那糖葫芦甜甜酸酸的,好吃极了,至今想起来,嘴里就有股酸甜的味道。"大姐,这庙里有菩萨吗?"二妹碧儿一声问话,把大姐云儿飘扬的思绪又拽了回来,云儿回过神来,点头道:"有有有,那菩萨像可大啦,走,咱们进大殿给菩萨上香去。"言罢,大姐云儿便带着二妹和三妹,跟随上香的人登上了庙殿门前高高的石台阶。

进得大殿,来到菩萨像前,大姐云儿上前一步,虔诚地敬上了一炷香,作揖后,退后一步跪倒,二妹碧儿和三妹琼儿也跪在大姐云儿两边,双手合十,低声道:"大慈大悲的观世音菩萨,求你保佑我爹早日康复……大慈大悲的观世音菩萨,求你保佑我爹早日康复……大慈大悲的观世音菩萨,求你保佑我爹早日康复……"

跪拜完毕,三姐妹起身,大姐云儿从怀里掏出散碎银子,投入桌前功德箱里。大姐回身带着二妹和三妹退出了菩萨大殿。

一来到大殿前院,琼儿跟大姐云儿道:"大姐,你看时间尚早,我们姐妹不如到四处转转,观赏一下山光秀色。"一边的碧儿接话道:"大姐,小妹说得是,我们姐妹出来一趟也不容易,四处随便转转就是了。"大姐云儿见二妹和三妹如此兴致,也不好拒绝,点头道:"就依二妹和三妹说的,就转一会儿,我们还要赶路,要是晚了,这山路就不好走了。"小妹琼儿笑呵呵道:"没事,就转一会儿,误不了路程。"大姐云儿点头道:"那行。"言毕,三姐妹有说有笑,一路去了后山。

三姐妹一到后山,就被那山光秀色吸引住了,满山坡五彩缤纷,百花争艳,彩蝶飞舞,一股清香扑鼻而来。三姐妹雀跃在百花丛中,几只硕大的花蝶在花丛中翩翩起舞。碧儿一时来了兴致,也学着那花蝶,舒展长袖舞动起来。琼儿见百花处有一山包,便拾级而上,"大姐,二姐,这里有一天池,池中还有一羽子船,可好玩啦!"听说山包上还有别的景致,大姐和二姐甚是欣喜,也忙登上了山包,见山包顶上果然有一大池塘,池水碧绿洁净,池中有能飘动的羽子船。琼儿一见大姐和二姐,笑呵呵道:"大姐二姐,我们到这羽子船上去荡一荡。"还未等大姐和二姐言语,小妹琼儿捡起地上一截竹竿,往水中一插,随机身子一跃,就上了那羽子船。当琼儿一踏上羽子船,那羽子船就左右晃动起来。

"琼儿,当心,小心掉下去。"大姐和二姐失声惊叫起来。"大姐、二姐,没事!"琼儿笑咯咯地操起手中的竹竿伸进水池中一撑,那羽子船立马就不再晃动了。琼儿撑着羽子船哧溜一下直向池中驶去。碧儿长舒一口气道:"吓煞我了。"琼儿撑着羽子船在池塘中转了一圈后,又转了回来,稳稳当当地停靠在岸边。琼儿笑眯眯招手道:"大姐、二姐,请上船吧,小妹带你们到去池中转一圈。"大姐云儿迟疑道:"这能行吗？这羽子船晃晃荡荡的,可吓人了。"琼儿笑呵呵道:"大姐,没事,可稳当了,都快上来吧!"碧儿上前拉住了大姐云儿手道:"大姐,咱俩上去吧。"大姐云儿摇头道:"我可不敢,你要上就上去吧。"琼儿见大姐害怕,递过竹竿道:"大姐,没事,你拉住这根竹竿,闭上眼睛。"当大姐云儿拉住竹竿,闭上眼睛的当儿,琼儿跟二姐碧儿递了个眼色道:"二姐,你帮大姐一把。"二姐碧儿会意,在大姐云儿身后,出手使劲一推,待大姐云儿睁开眼睛时,已经站在那羽子船上了。琼儿见大姐和二姐都上了船,乐呵呵道:"大姐、二姐可站好了,小妹可要撑船了。"琼儿回手一撑竹竿,那羽子船就向池中驶去。绕池塘转了一圈后,大姐云儿不再害怕了,还感觉到这晃晃荡荡的羽子船还挺好玩。羽子船所到之处,一簇簇出水挺拔的羽子,有一种飘然若仙的感觉,船在池中游,人在水中笑。三姐妹一阵阵欢声笑语,在山谷中回荡着。

三姐妹玩得兴致高,竟忘了时间,见夕阳西下,云儿惊叫道:"看,天都快黑了,咱们还要赶路。"碧儿抬头看了看天空道:"大姐说得是,咱们还要赶路,琼儿快把羽子船撑到岸边。"琼儿见天色将晚,心里也好着急,就忙把羽子船撑到了岸边,扶着大姐云儿上了岸。

三姐妹上岸后,下了山包,一路匆忙顺着原路返回。

第十六章

虎口余生

三姐妹见天色已晚，只顾低头匆忙赶路，没有环顾四周，只觉身后一股凉风袭来，小妹琼儿回头见一只斑斓大虎从路边草丛中窜了出来，倒吸了一口凉气，忙回头低声道："大姐、二姐，你们快藏起来，老虎过来了。"听说身后有老虎，大姐云儿和二姐碧儿忙回头一看，果然不远处有只大虎，蹲在路边张望着，那大虎身边还站着两只小虎。三姐妹哪见过这样的阵势，吓得腿脚都软了，大姐云儿瘫坐在地上。三姐妹中就数三妹琼儿有胆量，但她哪里见过老虎，而且一来就是三只斑斓大虎。她听人说过在山林中，老虎最凶猛，是百兽之王，吃人不吐骨头，此时此刻她还算镇静，心里嘀咕，趁那老虎没有发现她们姐妹，先躲起来再说。琼儿低声跟二姐碧儿道："二姐，快扶大姐到林中藏起来，小妹来断后。"二姐碧儿迟疑道："这怎么行呢？要走咱们姐妹一块儿走，要死就死在一块儿。"见二姐碧儿不肯走，瞪眼道："你咋这么糊涂，逃一个是一个。"二姐碧儿见小妹琼儿真的生气了，赶忙上前搀扶起大姐云儿躲进路边树林里。就在小妹琼儿回身的一瞬间，一声虎啸震天动地，琼儿回头一看，见三只老虎直冲自己一路跑了过来，心里暗暗叫苦，自己是逃不脱了，索性大声呼叫，没准有人来救。琼儿边跑边大声喊叫道："老虎吃人了……老虎吃人了……"片刻，三只老虎追撵上琼儿，琼儿知道三只老虎已

85

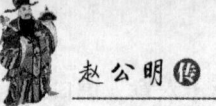

到自己身后,跑是跑不了了,心里嘀咕,反正是个死,死也得死得壮烈些,她回身立定怒视着,三只老虎反被琼儿吓住了,片刻后,才回过神来,一齐向琼儿扑将上去。

"孽障休要撒野!"声到人到,一女道一个箭步上前,扬起手中拂尘冲向那三只老虎。那大虎见有人来,忙放下地上人,回身扑向了女道,女道见那大虎来势凶猛,脚尖一点,腾空跃起,脚踢拳打,几个回合下来,就把那三只老虎打得全趴在地上了。女道忙上前去扶起琼儿道:"姑娘醒醒,那老虎已被老尼打趴下了。"就在女道去扶琼儿之时,那三只老虎爬起来,落荒而去。

"安子、萍儿,快到那树林里去解救大石后面的两位姑娘。"

"是。"安子、萍儿领命而去。

女道见琼儿醒了,忙问道:"姑娘,你受到了惊吓,得好好调养一段时日,前边不远处就是贫道修炼的庵棚,贫道扶你过去吧。"琼儿睁开眼道:"师父,我那两个姐姐还在树林里,要是那三只老虎……"女道明白她是怕两个姐姐再遇见那三只老虎,淡然笑道:"姑娘放心好了。那三只老虎已被贫道打跑了,贫道已让徒儿去接你那两个姐姐,她们是不会有事的,咱们先走,她们一会儿就会来的。"听那女道说两位姐姐没事,她就放了心,在那女道的搀扶下,一路向庵棚走去。

这女道是谁?她怎么在这荒山野岭出现呢?这话还得从头说起。这女道出家前名叫黄聪儿,原本是一官宦人家女儿,其父贪赃枉法,草菅人命,危害百姓,聪儿为人善良,曾多次劝说父亲改邪归正,父亲就是不听,还骂她不孝,无奈她便离家出走,来到飞云观为父亲赎罪。慈云道长听了聪儿一番叙说,甚是敬佩,便收聪儿为弟子,道号"普善",每日除了做功课外,还教普善练习武艺。

这慈云道长早年是一位名噪京都的大女侠,名叫曹皎月,其父曹胄是一位州官,皎月是曹家独生女儿,其父见女儿天生丽质,就给她取名皎月这个名字。皎月虽说是个女儿身,但生性有点野,就喜欢跟巷里的一伙男孩子玩耍。就在小皎月六岁时,母亲张氏病逝,父亲在朝外做官,就把小皎月寄养

第十六章 虎口余生

在外婆家里。

姥爷是乡里有名的拳师,家里还办了个拳馆,小皎月耳濡目染,就喜欢上了拳术,姥爷见小皎月伶俐有悟性,就教她拳路。

一晃十多年过去了,小皎月也长成了一位亭亭玉立的大姑娘。皎月在姥爷的精心传授下,学会了刀枪剑戟十八般武艺,特别是她的轻功得到了姥爷的真传,一点脚就能跃上房檐,在房上行走如飞,没有一丁点儿声响。

一年中秋的一天,姥爷押镖回来,因路上感染了风寒,一回到家里就病倒了。姥姥着急,跟外孙女皎月说:"皎儿,你外公,大夫也瞧了,药也吃了,就是不见好,姥姥听人说西岔庙里的菩萨灵应,我想让你陪姥姥到那大庙里求菩萨去。"姥爷病了,皎月也心里着急,姥姥话刚说出口,皎月不假思索,当即欣然应允。

第二天用过早膳,皎月就陪着姥姥坐马车出城,一路去了西岔大庙,马车一到大庙门前,皎月挑开车帘搀扶姥姥下了马车,进大庙上香跪拜。上了布施后,就出了大庙上车回家。没承想县城来的富家少爷刘歪嘴在门前盯上了皎月,他见皎月长得俊美,就让家丁暗地里跟上了。

第二天,刘歪嘴带着一伙家丁,抬着彩礼,来到马家上门提亲,老拳师不允,说是外孙女皎月已许配人家,那刘歪嘴不悦,就让家丁砸东西。老拳师愤然翻身下床,叫来武馆的弟子把那刘歪嘴一伙人打出了门。

三天后的一天夜里,马家内宅着火了,老拳师夫妇惨死在大火之中。那几日皎月正好出城到小姨家里去,接到报信后,皎月匆忙赶回了家。武馆的弟子跟她叙说了城里的富家少爷刘歪嘴带人上门提亲的事,皎月心里就明白这大火一定是那刘歪嘴让人放的。皎月强忍胸中的怒火,在村人的帮助下草草安葬了姥爷和姥姥后,乔装打扮,来到县城,对那刘歪嘴的家摸了底。一天夜里,皎月越墙进入刘家大院,用刀拨开了刘歪嘴的房门,来到床前手起刀落。见刘歪嘴人头落地,皎月苦笑了笑,提刀转身出门,又越墙而去,消失在夜幕之中。

皎月砍杀了那刘歪嘴,为姥爷和姥姥报了仇。姥爷家没人了,父亲的官

衙也不能去了,从此,皎月便浪迹天涯,专跟恶人为敌,十多名恶人夜里被砍杀,老百姓传说是一位身轻如燕的女子干的,于是,女大侠杀恶人的事就传开了。

老百姓说得没错,这些恶人确实是皎月杀的,后来她厌恶了打打杀杀的事,几经周转,皎月来到西岔飞云观,见这里清净,是个修行的好地方,就出家做了女道士,道号"慈云"。

三年后,慈云道长见普善武功大有长进,就叮嘱她每日坚持不懈,不要荒废了功夫,交代完后,师父慈云道长就出观云游去了。

师父慈云道长走后,普善谨遵师命,每日坚持修炼。一日,普善忽然想起师父慈云道长了,师父慈云道长像母亲一样照顾自己,在观时还不觉得,现在师父忽然走了,普善的心一下好像有了点失落,心里感到空落落的。一天夜里,普善在睡梦中见到师父慈云道长,笑呵呵地跟她说:"普善,师父走了,你一个人是不是有点寂寞了?没事,明日将有三个姑娘来陪伴你。"言罢,师父慈云一甩手中拂尘飘然而去。梦醒,普善想到梦中之事有点愕然,师父的话当真吗?梦中的事能信吗?当她刚有这个念想时,梦中师父说的话,又回响在她的耳畔,她不由打了个寒战。随之师父的音容笑貌又浮现在她的眼前,挥之不去。普善忙双手合十念叨:"师父,弟子愚钝,不该有妄想,你交代的事,弟子知道该怎么做,请师父放心就是了。"言罢,普善感到浑身清爽,已无睡意。

第二天起来,用过早膳,普善跟萍儿交代了观中的事,就去了后山庵棚,应验梦中之事。普善从上午等到了下午,又从下午等到了夕阳西下,还不见那三个姑娘出现,心里就不免嘀咕,自己怎么能相信那梦中之事呢?但她又转念一想,那梦中的事如此真切,怎能有假呢?普善脑子一片空白,浑浑噩噩,似睡非睡,呆呆地坐在山腰洞府院前。

"老虎吃人了……老虎吃人了……老虎吃人了……"一女子的呼叫声,一下惊醒了普善。普善忙站起飞身下了山崖,直冲向那呼叫声方向一路跑去。这就发生了前边普善出手打虎,救三位姑娘的事。

第十六章 虎口余生

普善的庵棚就在那山腰白云缭绕之处,这也应了琼儿来这里做神仙的话。

这通向白云庵棚的路被大雾紧锁着,是为她们三姐妹设置的,虽然说是上山的小道,但倒也坦荡,不费多大工夫就登上了那山腰。庵棚是简陋点,倒也整洁干净。石桌石凳一应俱全。场院四周奇花争艳,香气幽幽,彩蝶飞舞。举目远眺,众山矮小,仿佛身临仙境之中。普善把三姐妹安置在庵棚,命安子和萍儿两徒儿好生照料,不得怠慢。

第十七章
公明寻妹

自从三个女儿走后,公明娘一直惦念着,见天色已晚,还不见三个女儿回来,公明娘着急了,一颗悬着的心一下提到了嗓子眼上了。

翠翠不敢跟赵创业说,此时他还在床上躺着,要是跟他说了,他会着急上火的。翠翠强装笑脸伺候丈夫吃了晚饭,说是到西邻张嫂家借升面,就出了门,一路来到村口路边大槐树下,等候着三个女儿。约莫等了一个多时辰,还不见女儿的面,翠翠心里嘀咕,自己干吗就答应她们姐妹去呢?要是万一有个好歹,自己怎么跟丈夫交代。想着想着,翠翠就越发后怕起来。她焦急地在路边徘徊着,时而举目远眺,时而低头喃喃自语……

"你们是云儿、碧儿和琼儿吗?娘在这里等候着你们回家。"翠翠见不远处有火把光,还以为是三个女儿回来了,就忙上前,一边走着,一边呼叫着女儿的名字。不远处的二娃子和小强听到了随风飘过来的呼叫声,二娃子忙回头跟公明说道:"公明兄弟,我好像听见一个女人的呼叫声。"小强愕然道:"是呀!好像是你娘的声音。"公明回头道:"是吗?天这么晚了,家里人能不操心吗?咱们赶快回家。"几个人便加快了脚步。

走近了,在火把光亮下,公明看清了那边走边呼叫之人果然是自己的老娘,公明一时眼酸,快步上前一把抱住了老娘,声泪俱下道:"娘,都是儿子不

第十七章 公明寻妹

好,让娘操心了,咱们回吧。"翠翠失声道:"儿子,你看见你那三个妹子没有?"公明惊愕道:"娘,妹妹们不是在家里吗?"翠翠便把三个女儿去南山西岔飞云观,求菩萨的事跟儿子公明叙说了一遍,公明忙问道:"娘,这事我爹知道吗?"翠翠道:"你爹还在床上躺着,这事我能告诉他吗?"听了老娘的话,公明长长舒了一口气道:"这就好,不能让我爹知道这事。娘,你也别急,妹妹们是不会有事的。"翠翠抽泣道:"不会有啥事? 天都这么晚了不见她们回来,咋不叫老娘操心呢?"一边的黑娃忙插嘴道:"大婶,别急,我们几个这就寻找三个妹妹去。"说着,黑娃回头跟铁蛋道:"铁蛋,你送大婶先回去,我跟公明、小强,还有浩浩他们到那飞云观寻找三个妹妹去。"听了黑娃的安排,公明甚是感动,忙说道:"黑娃哥,我一个人去就行了。"黑娃瞪眼道:"公明兄弟,你这是说哪里话,兄弟你的事就是黑娃哥我的事。"一边的小强也忙插话道:"黑娃哥说得是,咱们兄弟谁跟谁,咱们这就一道儿寻找三个妹妹去。"黑娃回头跟铁蛋说道:"铁蛋,站着干啥? 还不快把大婶送回去。""是!"铁蛋点头应了一声,忙上前搀扶着公明娘回村去。黑娃见公明娘走了,冲身边的小强、二娃子、浩浩他们挥手道:"走,咱们进山。"说着,黑娃带领弟兄们消失在夜幕之中。

公明跟弟兄们边走边商议着,公明道:"这飞云观在哪儿? 我还真的没有去过。"身边的二娃子忙接上话茬道:"我知道,那飞云观就在西岔坪上,我去过那里,跟我走就是了。黑娃哥把火把给我,我来带路。"二娃子接过火把,在前头领路,一行人快步行进在山间的小道上。约莫一个时辰,二娃子领着大伙来到飞云观。公明见庙门关着,怕惊动观里的人,回头跟黑娃道:"黑娃哥,你跟兄弟们在这院前等着,待小弟前去敲门。"

公明拾级而上,来到门前,抬手轻叩门环,门开了,一女道姑愕然问道:"施主,你有事吗?"公明笑道:"打扰小师傅了,日间我的三个妹妹前来贵观上香,不见回家,请问小师傅,可有三个姑娘在观里留宿吗?"女尼姑摇头道:"回施主的话,今天夜里没有女施主在观中留宿。"公明道:"打扰小师傅了。"女道含笑道:"不客气,施主请便吧。"说着,女道便掩上了观门。

公明下了台阶,来到场院,黑娃忙问道:"公明兄弟,妹妹们在观里吗?"公明沮丧摇头道:"没有,那小师傅说她没有见过三个妹妹。黑娃哥,我看这样,既然妹妹们没在观里留宿,附近也没有人家,再说这黑天半夜也不好行走,不如咱们这就回吧,待明日再进山寻找。"黑娃觉得公明的话在理,就点头道:"兄弟说得也是,哥明天再叫上几个朋友一同去寻找。"言毕,公明就跟着兄弟们一路出山回家。

待公明回村时,已是三更时分。公明告别了兄弟们,拖着疲惫的身体,走进了自家的院子,来到门前,见门虚掩着,公明就知道是娘给他留的门。公明怕惊醒老爹,便轻轻地推开了门,又轻轻地合上,轻步走进自己的房间。公明是累了,背了一天的柴,又在山里转了大半夜,一到房间就倒睡在床上。

"儿子,你回来了。"听到娘叫声,公明翻身坐起,轻声道:"娘,你还没睡?"翠翠抽泣道:"三个女儿不见了,做娘的能睡着吗?"说着,翠翠又着急问道:"你一人回来,你那三个妹妹呢?是不是没有寻找到?"公明点头道:"儿子跟黑娃哥他们去了那飞云庵,看门的小尼姑说夜里没有姑娘在庵中留宿。"听说没有寻找到女儿们,翠翠控制不住,失声道:"这都是娘的错……这都是娘的错……这都是娘的错……"见老娘失魂落魄的样子,公明忙安慰道:"娘,你不要着急,我跟黑娃哥他们说好了,明天我们再进山去找妹妹们,我保证,一定要把妹妹们寻找回来。"公明见老娘泪流满面,忙用袖头抹去了老娘脸上的泪水,轻声道:"娘,我爹还在屋里,你快回去,要是我爹知道了可咋说呀?"翠翠抹了把眼泪道:"没事,我来时你爹还睡着,娘这就回屋里去,你也躺下歇一会儿,明天还要进山。"公明苦笑道:"娘,儿子知道了,你快回屋里去。"翠翠点了点头,轻步出了儿子的房间,回自己屋里去了。

第二天一大早,公明来到父母房里请安,老爹问道:"儿子,昨天是不是回来晚了,爹咋没见你吃晚饭呢?"翠翠怕儿子说漏了嘴,忙跟儿子使了个眼色,公明会意,给娘回了个眼神,忙笑呵呵道:"我跟黑娃哥他们卖了柴,正准备回家,在街上见了西村的马顺,马顺说他生了个儿子,拉我们去喝他儿子的喜酒,推辞不过,我们就跟他去了,这才回来晚了。"赵创业淡然笑道:"朋

第十七章　公明寻妹

友家有喜事是得庆贺,可不要贪杯。"公明点头道:"儿子知道。"说着,赵创业回头跟翠翠道:"那三个女儿又到哪儿玩去了,你得好好管教才是。"见问,翠翠先是一愣,随即瞥眼道:"你这个人到底是怎么了,女儿在跟前,你唠叨她们,她们几个才到她小姨家去了一天,你又念叨她们了。"听说三个女儿去了她小姨家,赵创业才放了心,笑眯眯道:"天下哪有做爹的不爱自己的女儿呢。这就叫打着亲骂着爱,你说呢?"翠翠道:"我就知道你是刀子嘴豆腐心。"又笑呵呵道:"看,只顾说话了,竟连吃饭都忘了,你们父子说话,我给咱端饭去。"公明道:"娘,黑娃哥他们还在村口等着我,我们几个说好了,在街上吃。"赵创业挥手道:"好好好,到街上去吃。天天干那重活,在吃上不要苦了自己,想吃就下馆子去吃。"听了老爹一番肺腑之言,公明感动得淌出了眼泪,转身出了父母的房里。

公明临出屋时,回头道:"爹,有件事我差点给忘了。"赵创业道:"啥事?你说,我跟你娘听着。"公明强装笑颜道:"每天来回跑挺累的,我跟黑娃哥他们商量好了,在街上租一间房子住,就不来回跑了,也能休息好,这几天就不回来了。"赵创业点头道:"是该租间房子住,爹也给你们帮不上啥忙,你们看样去办吧。"公明道:"娘,照管好我爹,过些日子,我再回来看你和我爹。"赵创业挥手道:"去吧,你不要操心家里,管好你自己就是了。"公明一时心酸,泪水从眼眶里滚落出来,他怕老爹看见难受,忙扭过头去,用手擦了眼泪,回头苦笑了一下,就退出了房子。

公明出了家门,匆忙来到村口,见黑娃他们在大槐树下等候着自己,上前笑道:"让兄弟们久等了。"黑娃嘿嘿笑道:"没事,我们也是刚到你就来了。"小强道:"咱们这就走吧。"公明道:"大家的好心小弟领了,寻找妹妹的事,就不劳烦大家了,我一个人去就行了。"听说不要大家去了,二娃子一下急了:"昨天晚上不是说好了,今天大伙一块儿去,怎么又说不让大伙去了呢?"铁蛋道:"二娃子说得是,你是不是怕麻烦我们几个,咱们都是兄弟,兄弟你的事,就是大伙的事。"公明见大伙急了,忙解释道:"大家误解了,小弟是说妹妹们去了哪儿,也没个准信,让大家没目标地找也不是法子,还得

去打听,待小弟打听到准信,再让兄弟们去也不迟。"黑娃觉得公明说的有道理,点头道:"公明兄弟的话也在理,就让他一个人先去打听,有了准确的地方,咱们也好寻找。"铁蛋点头道:"那也好,公明兄弟,要是一旦有了准信,你可要告知大家。"公明点头道:"那是一定的。"言毕,公明告别众兄弟,自己进山去了。

公明沿着山边一路打听着妹妹们的消息,肚子饿了,泉水就干馍来充饥,累了,就地找块干净的地方躺一会儿。这一去就是半个多月。在这半个多月里,公明走遍了沿山村寨,但都没有打听出三个妹妹一丁点消息来。

第十八章
初上西寨

这日上午,公明拖着疲惫的身子,来到芒水镇上,公明寻思着,街上的茶馆一定闲人多,不如到那茶馆里去打听一下三个妹妹的下落。于是,公明边走边寻找着茶馆的招牌。说来也巧,当他来到街十字时,见路边果然有一茶馆,公明便走了进去,茶馆跑堂见有人进门,笑盈盈招呼道:"客官,请到里边坐。"跑堂把公明安排在后台一张桌边坐下,笑呵呵道:"客官,要喝啥茶?"公明道:"随便上吧。"跑堂回头高声道:"好勒!一壶毛尖,一碟花生米,外带一盒点心。"片刻,一小伙计送来了一壶茶和一碟花生米,那小伙计招手道:"客官,请慢用。"公明点了点头。

公明提壶倒了一小碗茶,端起茶碗呷了一小口,环顾四周,见邻桌桌前坐着三个喝茶的人。他们三个一边喝着茶,一边聊着天。一胖男子神神秘秘道:"你们两个知道吗?前几天黑风寨上的人,在街上掳走了三个年轻女子。"听那胖男子的话,公明心里一震,那胖男子说的三个女子莫不是自己的三个妹妹吧?他正要起身去问,但又转念一想,不可唐突,听他们说下去。公明装作无事的样子,侧耳听了起来。

只见桌前瘦高个的男子摇头道:"不可能,这黑风寨大当家可是一个挺有义气的人,他不可能掳女孩子上山,干那伤天害理的事。"桌前黑脸男子瞥眼道：“二哥说得是，那大当家是个讲义气的人，但你能保证，他的山寨难道就没有那淫邪之辈吗？”胖男子点头道："马兄弟说得是，但凡有人的地方就少不了有坏人。"瘦高个男子叹气道："可怜那几个女娃了。"黑脸男子道："谁说不是，到了那土匪窝能干净吗？"听到这里，公明坐不住了，起身来到邻桌前拱手道："三位大叔，在下这里有礼了。"见桌前来了个陌生人，三男子愕然，黑脸男子迟疑道："你是谁？我们不认识你。"公明淡然笑道："在下是外地人，大叔们刚才说的话在下全听到了，不瞒三位大叔说，半月前，我的三个妹妹到飞云庵上香，没有回家，我是寻找她们来了。"瘦男子惊愕道："还真有这回事！"公明道："请问三位大叔，去黑风寨的路怎么走？"黑脸男子愕然道："你真的要到那黑风寨去，那里可是个土匪窝，你就不害怕吗？"瘦高个男子道："年轻人，我看你还是别去了，去了，他们能放过你吗？"公明道："我知道大叔们是为我好，但为了寻找三个妹妹，就是龙潭虎穴我也要去闯一闯。"见公明决然，那黑脸男子上前跟公明耳语了一阵子，公明拱手道："多谢大叔指点，在下这就去了。"言毕，公明付了茶钱，转身出了茶馆。

公明出了茶馆，按照那黑脸男子说的路径，一路进山去了那黑风寨。黑风寨坐落在南山深处的崇山峻岭之上。公明来到了黑风岭脚下时，已是傍晚时分。公明顺着上山的小道，攀援而上，当他登上山顶时，已是气喘吁吁，正待歇息时，几个手执大刀的汉子从树林中冲了出来，领头的黄脸汉子大声喝道："你是谁？竟敢来闯我黑风寨。"说着，那几个汉子就围了上来。公明心里嘀咕，这下好了，可算找到了黑风寨，公明昂首挺胸道："我是来找你们大当家的。"领头汉子愕然道："你找我们大当家？你是我们大当家什么人？口气这么大。"公明笑呵呵道："我是你们大当家的侄子，家里有事我来找他，你们几个还不快带我去见他，愣着干啥？"领头汉子被公明的气势一下子镇住了，忙赔着笑脸，点头哈腰道："小的有眼不识泰山，还望大人见谅，小的这就带大人去见大当家就是了。"说着，那领头汉子屁颠屁颠地前头带路，领着公明上山去见他们的大当家。

此时，黑风寨大当家正在他的聚义厅摆弄着长剑，领头汉子进门禀报

第十八章 初上西寨

说,有一侄儿求见。大当家听说家侄来了,一脸惊喜,忙出门相见。还未等大当家言语,公明笑呵呵道:"叔叔,侄儿寻你来了。"见眼前之人称呼自己叔叔,觉得这年轻人有点面熟,一时记不起来,忙招手道:"快请到客厅说话。"进得客厅,待公明坐定,大当家迟疑道:"小兄弟,你是何人,竟敢冒充是我的家侄。"公明拱手道:"大当家,对不起,多有冒犯,我这也是不得已而为之,还望大当家多多见谅。"大当家见眼前这位年轻人眉清目秀,不像是那奸邪之辈,话语温和道:"年轻人,你来我黑风寨,所为何事?"公明直言道:"我是为寻找我三个妹妹,才上你这黑风寨的。"大当家愕然道:"你的妹妹为什么会在我的黑风寨,这究竟是咋回事,说来让我听听。"于是,公明就把芒水镇茶馆三男子说的话跟大当家说了一遍,大当家心里嘀咕,"莫不是老二山鹞子下山掳了人家的女子,待我问明实情再说。"大当家一脸严肃道:"你那三个妹妹都叫什么名字?"公明道:"回大当家的话,大妹赵云儿,二妹赵碧儿,三妹名叫赵……"还未等公明说完,大当家惊喜道:"你是那赵创业的儿子吗?"公明一愣道:"是呀!我爹就叫赵创业,我是他的儿子,名叫赵公明。"大当家笑道:"这可巧了,你还真是我的侄儿。"公明愕然道:"大当家,你认识我爹吗?"大当家笑眯眯道:"怎么不认识,你爹还是我的师弟,我们俩在米面店干了好多年,你爹跟我最要好,就跟亲兄弟一样。"经大当家这么一提说,公明似乎也清楚了,忙道:"您是张二锤大伯吗?"大当家点头道:"是呀!我就是那张二锤。你父亲近来可好吗?"见问,公明惨然道:"我父亲已病多年了。"大当家惊愕道:"是吗?你回去就跟你爹说,有个叫张二锤的朋友问他好。"公明点头道:"一定一定。"公明苦笑,又问道:"张大伯,侄儿有一事不明,你在米面店做前柜,怎么又来了这黑风寨落草为寇呢?"见问,大当家阳光的脸一下又变得阴沉起来:"当年在街上米面店时,我跟你爹赵创业很要好,我大你爹六岁,你爹拿我当大哥,我拿你爹当小弟。你爹跟学馆李先生的女儿成了亲,她就是你娘。后来,你爷爷病了,你爹为了照管你爷爷,他就离开米面店回了家。待你满月时,我跟店里的一帮兄弟,还去过你家喝过喜酒。"

大当家越说越带劲,公明见大当家兴致大发,又问道:"张大伯,听我爹说,他到镇上米面店找过你,马掌柜说你不辞而别,您又去了哪儿呢?"见问,大当家瞪眼道:"都是那个马旺财老东西逼我走上了不归路。"公明见大当家愤然,忙又问道:"大伯,那马旺财是谁,他是怎么逼你的,快说说,让侄儿听听。"大当家激动道:"好,大伯今天就跟你说道说道当年之事。大伯家有个妹妹叫银花,一日,妹妹银花跟随邻居张嫂去逛庙会,被县城老财主马旺财瞧见了,第二天,马家就让人上门提亲,说是要银花给县城马财主做填房。我父亲愤然,说是一个黄花闺女怎么能给人做填房,再说这个马财主已是五十多岁的糟老头。父亲一怒之下把马家送来的彩礼,全都撂到了大门外。第二天,那马旺财带着人来我家抢亲,把我妹妹银花硬塞进花轿抬走了。我妹妹银花是个烈性子,不堪凌辱,就在花轿路过一座桥时,扑出轿外跳了河。村上好心人到镇上给我报了信,当我赶回家时,妹妹的尸体已被人送了回来。我强忍愤怒,安葬妹妹后,就到县衙告了状,但县老爷说我诬陷马旺财,反而将我关进了大牢。幸好有一个本家兄弟在大牢里当差,把县老爷受贿的事给我说了,让我出去越衙上告,在那本家兄弟的帮助下,我被放了出来。出狱后,我寻思过越衙上告那县老爷受贿的事,但又转念一想,这官场黑暗,官官相护如何是好,还是来个一不做二不休,杀了那马旺财老儿和那贪赃枉法的狗官不就了事了。在行动前,我乔装打扮,侦察好了那两个歹人的内宅,在一个月黑风高的夜晚,我潜入县衙先杀了那狗官,又到马家杀了那马旺财老儿。杀了人,官府通缉我,无奈我就上了这黑风寨。"

听了大当家一番绘声绘色的讲述,公明拍手叫好:"杀得好!杀得好!这些贪官恶人就得杀。"见公明叫好,大当家叹气道:"好是好,就是有家不能回了。"言毕,大当家又淡然道:"不好意思,只顾说了我的事,倒把贤侄的事给忘了。贤侄,你能确定那掳上山寨的三个女子就是你那三个妹妹吗?"公明道:"只是听人说,还不能确定,求大伯让侄子见见她们就知晓了。"大当家道:"行!大伯这就领你去见那二当家山鹞子。"当即,大当家起身领着公明出了客厅,一路来到前山营寨,一见大当家,把守寨门的寨兵忙拱手道:"见过大当家。"大当家点头道:"二当家在吗?"见问,门前寨兵忙点头道:"在,二

第十八章 初上西寨

当家正在他的房里。小的去叫二当家。"大当家摆手道:"不了,我去他房间就是了。"言毕,大当家带着公明迈步来到了二当家山鹞子的房门前,见房门开着,就径直走了进去,见山鹞子还在床上睡大觉,大当家气就不打一处来,上前一把揭了被子,大声道:"大白天还睡的啥觉?"见大当家来了,山鹞子忙翻身下床道:"大哥来了,快请坐。"见大当家一脸怒气,山鹞子一时手忙脚乱,乱了方寸。见大当家身后还跟着一陌生年轻人,山鹞子心里就明白了八九分,大当家一定是冲那几个女子来的。山鹞子故作镇静道:"大哥,见你一脸气冲冲的样子,莫不是小弟又做错了啥事?"大当家瞥眼道:"难道不是吗?我问你,你把掳上山寨的那几个女娃藏到哪儿去了?"大当家直截了当的问话,一下让山鹞子心里发毛起来,看来是瞒不住了,得实话实说了。山鹞子扑通跪倒在地,边打自己的脸,边求饶道:"小弟该死,小弟该死……"见山鹞子又故伎重演,大当家挥手道:"行了,行了,别再演戏了,大哥我都看腻了。你把那几个女娃子藏在哪儿了,还不快带我去见她们。"山鹞子见大当家开了恩,忙站起道:"在那西边山洞里,小弟带你去。"山鹞子在前头带路,公明和大当家忙跟了上去。进了山洞,山鹞子回头跟大当家道:"大哥,那三个女子就在那边,小弟对她们可没有做啥。"大当家瞥了一眼,回头跟公明道:"贤侄,你前去仔细看看,是不是你那三个妹妹。""好!"公明应了一声,就忙上前来到那三个女子跟前,那被捆绑着手脚的女子见有人来,都忙缩紧身子,眼睛里面充满惊恐。公明淡然一笑道:"姑娘,不要害怕,我是来解救你们的。"说着,公明上前解开了三个女子手脚上的绳子。大当家忙问道:"贤侄,这三个女子是不是令妹?"见问,公明摇头道:"不是家妹。大伯,侄儿有个请求,把这三个女子放了,跟她们家人道歉,求得她们谅解。"大当家点头道:"行!这事就烦劳贤侄了,你就送她们回去,代大伯跟他们的家人道歉,每个家里再送上银子一百两,也算是山寨的一点心意吧。"公明笑盈盈道:"还是大伯明白事理,这样做一举多得,既能取得他们家人的谅解,又能赢得老百姓的信任。"大当家点头称是。

公明问明了三个女子的情况,一女子姓周名叫兰花,一女子姓周名月花，一女子姓贾名月花。三女子同住一村，是好姐妹，适逢芒水镇过庙会，于是，三女子结伴来到芒水镇上。黑风寨上的二当家山鹞子见三女子长得标致，就让人将她们掳上山寨，山鹞子要跟三女子行好事，三女子拼命不从，山鹞子就把她们关押在山洞里，幸好公明寻找妹妹，闯上了黑风寨，遇见父亲当年好友张二锤，三女子才得以解救。

公明是个有情有义的人，虽然自己三个妹妹没有寻找到，但面对落入匪窝的三女子，不能坐视不管，好在大当家通情达理，答应了公明的请求，便把护送三女子的事交给了公明去办。公明知道三女子的家人得知女儿被人掳去了，一定会着急的，得赶快送她们回去，也免得她们家里人着急。

第二天一大早，公明就辞别了大当家张二锤，带着三女子下了山，踏上了回家之路。

第十九章 师徒情深

  放下公明护送三女子不表，且说飞云观普善道长解救赵家三姐妹的事。
  赵家三姐妹被大虎惊吓，神志不清，一到山腰庵棚就又昏迷过去，普善号过三姐妹的脉象，脉搏微弱不定。普善精通脉理，但凡脉搏微弱游丝，这病严重伤及人的精气神，实属危症之脉象。普善诊得三姐妹竟有如此脉象，顿时额头冒出了一串冷汗。普善心里嘀咕，若是师父慈云道长在，这三姐妹兴许还有救，但偏偏这个时候师父云游去了，面对这三姐妹的危象，自己得如何应对，急得她一时束手无策。好在师父慈云道长走时留有还命丹药，不如救个急，先保住三姐妹的性命再说。普善忙从药箱里取出三颗丹药，让萍儿端来半碗山泉水给三姐妹灌下。不大一会儿，三姐妹微微地睁开了眼睛，普善惊喜道："这下好了，她们姐妹有救了。"普善回头跟萍儿道："萍儿，把师父那瓶梨花露拿来。""是。"萍儿应了一声，从洞中取来一瓶梨花露，普善接过那瓶梨花露分别给三姐妹灌下，片刻工夫，就有了功效，萍儿惊喜道："师父，她们的手在动。"普善点头道："为师看到了，虽然说她们姐妹的血脉通了，这只是表象，不会持续多少日子。"听说三姐妹还有危险，萍儿的脸一下又阴沉起来，忙问道："师父，这可咋办呀，您一定要救救她们。"见萍儿惨然，普善安慰道："徒儿别急，为师会尽心救她们的。晚上你好生照管这三姐妹，

师父去庵棚再想他法。"言毕,普善就去了洞外庵棚。

夜里,普善在床上辗转难眠,寻思着三姐妹的病情。她想起师父慈云道长在观时,自己只顾跟师父练功,没有顾及行医之术,自己诊病切脉还是跟随师父到乡下给百姓看病学的,至于什么药能治什么病,自己还学得不够精到,现在师父慈云道长不在,自己遇到这样的病人,就一时手忙脚乱,束手无策起来,幸好师父走时还留下了几颗还命丹,要不这三姐妹早就没命了。

三姐妹的命暂且是保住了,接下来怎么办,自己心里没有谱。正当她苦苦寻思时,猛然间想起了师父常看的那几本医书还在洞屋里,何不临时抱佛脚,没准还能寻找到能治那三姐妹的仙丹妙药。她忙翻身下床,到洞屋中取来那几本医书,挑灯忙翻阅起来。这些书本说是医书,还不如说是一本植物图谱更为贴切些,因为它上边全都是一些植物图画,图画下面写有其味道和性能。普善一页一页仔细地翻阅着,一连翻阅了五大本,都没有发现治那精气神的植物,她没有灰心,又拿起最后一本仔细地翻阅起来。当她翻看到一形似云朵的植物时,眼前一亮,忙看图画下文字:灵芝甘平,安神定魄,起死回生,长生不老。"好!就是它!"普善欣喜若狂,从床上跳了起来。此时天色将亮,她已无睡意,梳洗已毕,进洞来到三姐妹床前,号了三姐妹的脉搏,还算平和。见萍儿伏案而睡,上前轻轻地拍了拍她的肩膀,萍儿睡醒,见是师父,忙跪倒道:"徒儿见过师父。"见萍儿诚惶诚恐,普善忙摆手道:"不必惊慌,师父问你,昨天夜里那三姐妹有何动静?"萍儿拱手道:"回师父的话,还是那先前的样子,浑浑噩噩地睡着。"普善道:"你今天好生看着这三姐妹,师父跟安子去大山里寻找那灵芝仙草去。"言毕,普善便出了山洞,带着安子匆忙下山去了。

普善带着安子,一路翻山越岭来到大山深处,见坡就爬,遇山就上,跑了一整天,也没有寻找到图谱上画的灵芝仙草,但她没有灰心,第二天带着安子又来到大山深处,在一座又一座山上寻找起来。一晃十多天过去了,她还是没有找到那灵芝仙草。又一日,她带着安子从山坡上下来,坐在路边歇息,一采药老人背着背篓也来到这路边小歇,她一见采药老人,心里嘀咕着,这采药老人对药草生长脾性一定熟悉,何不请教一下他老人家,没准就知道

第十九章 师徒情深

在哪儿能采摘到那灵芝仙草。她忙站起上前含笑拱手道："大哥,贫道这里有礼了。"采药老人见一女道上前施礼,心里就明白,那女道是有事求教他。采药老人忙站起拱手回礼道："师父要问啥事,你就尽管言语一声,不必客气。"见采药老人慈祥温和,普善淡然一笑道："请问大哥,在哪里可采摘到灵芝仙草?"采药老人愕然道："你们要采摘那灵芝仙草?"普善点头道："是呀!我们师徒为这灵芝仙草,可跑遍了这里的山坡,也没有见到那灵芝仙草的面,这不,我们刚从这山坡上下来,就见到大哥你了。"听了普善一番话,采药老人笑呵呵道："哪是你们这种找法,那灵芝可是仙草,它怎能生长在这普通的山坡之上。"普善迟疑道："大哥,你说那灵芝生长在哪儿呢?"采药老人道："那灵芝就生长在那悬崖峭壁之上。"未等普善言语,一边的安子忙接上了话茬道："是吗?那悬崖峭壁之上既没有土,又没有水,它能生长吗?"采药老人笑呵呵道："你这就不知道了,这就是那灵芝仙草奇特的地方,它就喜欢生长在悬崖峭壁的缝隙之中,它之所以有起死回生、长生不老的功效,就是日月精华养育了它的结果。"普善回头瞪了安子一眼道："大人在说话,你插的什么嘴!"采药老人见普善责怪安子,忙道："没事,我看这孩子还挺聪明的。"普善拱手施礼道："徒儿不懂事,贫道在这里赔礼了。"采药老人忙拱手还礼道："没事,没事。"采药老人笑呵呵道："小老儿还要采药去,先告辞了。"采药老人刚走了几步,又回过头来,叮咛道："师父,那灵芝仙草不是每一个悬崖峭壁上都有,你得耐心一座一座峭壁去寻找,这就看你们的造化了。"见采药老人热心,普善感激道："谢谢大哥,贫道知道怎么做,您老一路走好。"采药老人点头道："好好好,但愿你能采摘到那灵芝仙草。"

目送采药老人远去,普善带着徒儿安子,一路寻找那灵芝仙草去了。

说来也巧,当她们师徒来到西沟一悬崖峭壁脚下时,普善跟徒儿安子抬头眺望,安子惊叫道："师父,你看那悬崖上有东西在闪耀着红光。"普善顺着安子手指处望去,果然见那悬崖腰上泛着亮光,再仔细一看,惊喜道："是那灵芝仙草。"普善回头跟安子道："安儿,你在这里等着,待师父上那山崖上去采摘那灵芝。"安子道："师父,你在这里等着,让徒儿上去采摘。"普善道："师父有腿功,还是师父去。"说着,普善一跃,上了山崖,普善运气丹田,手攀脚蹬,一步一步攀登上去。约莫半个时辰,普善就攀登到了泛光之处,伸手采摘了那株赤红赤红的灵芝,普善把灵芝揣进怀里。正当她下崖时,"啊"的一声叫,一只山鹰扑打着翅膀从她头上掠过,普善一惊,一只脚踩空,整个身子悬空而下。山崖下的安子看得真切,见师父从崖上掉了下来,失声道:"师父……"吓得他忙闭上了眼睛,心里叫苦道,完了!完了!待他再睁开眼时,只见师祖慈云站在他的眼前,忙跪倒道:"徒孙见过师祖。"慈云道长愕然道:"安儿,你在这儿干啥?"安子道:"回师祖的话,我师父从那悬崖上掉了下来。"慈云惊愕道:"是吗?那你不去救她,站在这里干啥?快领师祖到那山崖下去看。"师祖一声惊叫,安子才回过神来,忙应了一声,就带着师祖向那山崖下跑去。一到山崖下,没有见到普善,师祖回头愕然道:"安儿,你不是见你师父从那山崖上掉了下来,咋不见人呢?"安子眼尖,指着山坡上藤架失声尖叫道:"师祖,你看那藤架上好像架着一个人。"慈云抬头顺着安子手指处望去,果然见山包藤架上架着一个人。慈云一跃冲向那山包,来到藤架下,见藤架上架的人果然是自己的弟子聪儿,忙伸出双手把她从藤架上托了下来,放在地上,见聪儿不省人事,就忙掐她的人中。片刻,普善苏醒过来,一见师父慈云道长,普善苦笑道:"师父!"说着,就要坐起,刚一动弹,就喊叫起来,师父慈云见状,忙按住道:"聪儿不可,快躺下。"普善咬牙道:"您咋在这里?"慈云道:"为师刚从东山回来路过,听安儿说你从山崖上掉了下来,你上这山崖干啥?"普善道:"弟子上山崖采摘灵芝仙草,脚蹬了空,就从山崖上掉了下来。"慈云迟疑道:"采摘灵芝仙草?"普善见师父不解,就把之前打虎解救三姐妹的事,跟师父慈云叙说了一遍,随即从怀中掏出那灵芝,慈云接过一看,惊喜点头道:"这灵芝少说也有一百多年,可算是稀世之宝。"说着,慈云从怀中掏出一物,安子愕然问道:"师祖,这是何物,跟人形一样?"慈云笑呵呵道:"这可让你说着了,就因它形似人形,故而人们给它取了名字叫'人参'。"安子又问道:"师祖,这人参能治病吗?"慈云点头道:"能!你别看它不起眼,它的作用可大啦,它不但能止渴生津,调养营卫,还能大补元气。"听了师父对人参的描述,普善惊喜道:"这下好了,有了灵芝仙草,再加上师父的人参,那三姐妹的精气神就可恢复原位了。"慈云点头道:"聪儿说

第十九章 师徒情深

得是,看来那三姐妹可真是幸运之人。"慈云回头对安子道:"安儿,你背上你师父,咱们回庵棚去。"说着,慈云把聪儿放在安子背上,慈云一边扶着,一路回庵棚去了。

回到庵棚,安子把师父普善放在床上,萍儿一见惊愕道:"老师祖,我师父又咋了?"慈云淡然道:"没事,只是伤了点皮肉,歇几日就会好的。"见萍儿着急,普善苦笑道:"萍儿,师父没事,你快给师祖弄点吃的去。"慈云忙摆手道:"不了,我在街上吃了,萍儿,端碗水来,让你师父把药喝了。"片刻萍儿进洞端来一碗水,慈云从怀中掏出一小瓶倒出一粒药丸,让普善服下。慈云见普善服下那药丸,跟普善道:"你好生静养,为师这就去看看那三姐妹。"慈云起身,带着安子和萍儿出了庵棚,进洞来到三姐妹床前,摸了脉搏,淡然道:"脉搏还算平和,已无大碍。"言毕,慈云从怀中掏出那赤灵芝,跟萍儿道:"萍儿,去把这灵芝切碎,放在火上煎熬,给她们姐妹服下,半个时辰后,若是她们醒了,你跟师祖言语一声。""是,老师祖。"萍儿接过灵芝就去了厨房。

慈云来到院子,观赏院前的风光,寻思着弟子聪儿的善缘,聪儿她从自己绘制的药物图谱中,竟寻找出能保三姐妹起死回生的灵芝仙草,自己从辽东带回来的人参也派上了用场,这些巧合不得不说,这三姐妹跟自己有缘。看来这三姐妹前世就跟自己有着千丝万缕的关系,要不今世会这么巧遇上,自己是得好好善待她们了。但她又转念一想,自己一个贫道,拿什么善待她们,那只有把自己的武功传授给她们,也算是自己一点心意吧。"老师祖,那三姐妹醒了,快去看看。"萍儿的喊叫声,把慈云道长从沉思中拽了回来。

慈云道长来到三姐妹床前,见三姐妹一脸愕然,未等慈云道长言语,一边的萍儿忙作介绍:"老师祖慈云道长看你们来了。"三姐妹欲要坐起,慈云忙上前按住道:"都快躺下,你们姐妹身体还很虚弱,得好好静养才是。"慈云回头跟萍儿道:"萍儿,待她们姐妹能下床活动时,你把那人参熬汤给她们姐妹喝了,过段日子就会没事了。"言毕,慈云便出了山洞,到前院去了。

第二十章
兄妹相见

普善从悬崖上掉在山包紫藤架上，只是腰部肌肉受到了损伤，服了师父慈云的跌伤活血丹药后，第二日就能下床活动了。师父慈云道长来看普善，普善问道："师父，洞中那三姐妹现在是啥情况，醒了吗？"见问，慈云道长淡然道："没事了，她们姐妹服用了你采摘的那灵芝仙草后都已经醒了。"普善惊喜道："这就好，她们姐妹可算没事了。师父，弟子想到洞里去看看她们姐妹。"慈云点头道："行，师父跟你一道儿去。"说着，慈云道长回头跟一边的萍儿道："萍儿，你师父行动不便，你搀扶你师父，随师祖到洞里看那三姐妹去。"

"是！"萍儿应了一声，赶忙上前搀扶起师父普善。

进洞来到姐妹床前，三姐妹一见慈云忙齐声道："师祖来了。"慈云笑呵呵道："看来你们姐妹今天精神不错嘛。"

三姐妹齐声道："多谢老师祖救命大恩。"

慈云忙摆手道："你们不要谢我，这位普善道长才是你们姐妹的救命恩人。"

见三姐妹愕然，一边的萍儿忙接话道："想必你们姐妹还不知道，我来跟你们说说，床前这位就是老师祖说的普善道长，你们姐妹被三只大虎追撵，

第二十章　兄妹相见

是我师父普善道长把你们姐妹从虎口里夺了回来,你们才得以解救,我和师弟安子把你们姐妹背到这山洞里来。见你们姐妹昏迷不醒,师父甚是着急,就登上悬崖峭壁采摘灵芝仙草,不慎掉下了山崖,幸好掉在山包紫藤架上……"

听了萍儿一番话,三姐妹这才知道,自己姐妹大难不死,多亏了眼前这位普善道长。三姐妹忙翻身下床,跪倒道:"多谢师父救命大恩……"

见状,普善忙上前扶起三姐妹道:"都快快起来,救死扶伤是我们出家人的职责,何言相谢。"

慈云道长一边接话道:"三位姑娘,你们姐妹家住何方,为何来到这后山?"

见问,琼儿快言快语道:"回师祖的话,你跟前的是我大姐,名叫云儿,身穿红衣服的是我二姐,名叫碧儿,我是老小,名叫琼儿。我们三姐妹就住在山下的枣林滩。家父染病在床,我们姐妹来飞云观拜菩萨,求菩萨保佑家父早日安康。上毕香后从观里出来,见天色尚早,就来到后山观赏山光秀色,没承想就遇到那大虎……"

听了琼儿的讲述,慈云点头道:"原来如此。"

慈云回头跟普善道:"为师看这三姐妹跟咱道家有缘,你就收她们姐妹为弟子吧。"

三姐妹惊喜,未等普善言语,就跪倒在普善面前,齐声道:"师父在上,受弟子一拜。"说着,就磕起头来。

见三姐妹行此大礼,普善忙上前道:"不敢当!不敢当!"

见普善不肯接受,慈云瞥眼道:"有啥不敢当,既然她们姐妹愿意认你做师父,就不要再推辞了。"

普善羞红脸道:"弟子道行不深,怎敢做人师父。"

琼儿插言道:"师父仁心宽厚,堪为师表,怎么就不敢当,莫非是师父嫌我们姐妹心不诚?"

碧儿接话道:"小妹说得是,我们姐妹是真心实意,没有半点虚假,日月可鉴。"

见三姐妹言辞真切,要是一再推辞就有些不近人情了,再说这也是师父慈云先提出来的。普善点头道:"好好好,既然你们把话说到这个份上,贫道答应就是了。"

慈云见弟子普善点了头,笑呵呵道:"这不就得了。"

言毕,慈云扫视了三姐妹道:"你们既然做了我弟子的徒儿,那么我也就是你们的师祖了。你们三个不是叫云儿、碧儿和琼儿吗?师祖再给你们名字后面加一个'霄'字,就叫云霄、碧霄和琼霄,你们看咋样?"

三姐妹见师祖给自己赐名,甚是欣喜,忙跪拜道:"谢谢师祖赐名。"

慈云招手道:"不必多礼,都站起来吧。你们三姐妹在此好好静养,待身体复原后,我和你师父共同教授你们修道习武。"

慈云跟普善说道:"让她们姐妹好生静养,咱们到洞外庵棚去坐坐。"

"是!"萍儿忙上前搀扶普善跟随师祖出洞到庵棚聊天去了。

半月后,普善见三姐妹容颜红润,甚是欣喜,心里嘀咕,自己既然做了她们的师父,就得有所担当,就像师父慈云当年对待自己那样,把从师父那儿学得的武艺,传授给她们三姐妹才是。

这一日,做完功课后,普善跟三姐妹说道:"师父见你们三姐妹身体已无大碍,从今日起,师父就教授你们武艺,要学武艺,就得先从基本功练起,练基本功就得先练腿功。从我们住的这山洞到山脚下,约莫有五里路程,你们就先从这段路程练起,每日都要坚持不懈地练,不可偷懒。师父有事出去一段时日,回来再看你们练的成效。"

言毕,普善出洞下山而去。

三霄姐妹谨遵师命,每日坚持不懈练了起来。几日后,琼霄就先报起怨来:"大姐,二姐,师父让咱们姐妹每日在这山道上上下下地跑能练出个啥功夫来?"

碧霄也抱怨道:"小妹说得是,整日上上下下的,多没劲。"

见二妹跟三妹有怨言,大姐云霄瞪眼道:"你们两个怎么能这样,师父让

第二十章　兄妹相见

咱们每日在这山道上练,自有她的道理,我们坚持练就是了。"见大姐瞪了眼,碧霄跟琼霄不再言语,跟着大姐云霄又练了起来。

一个月后的一天,师父普善道长云游回来,三姐妹前来相见,普善道长没有问她们姐妹练得如何,只是给每个人发了两个沙袋,叮咛道:"从明日起,你们把这沙袋扎捆在腿上,跟往日一样再好好练,不得偷懒,萍儿陪着你们三姐妹一起练。"言毕,普善飘然下山而去。

练了三日,小妹琼儿又叫苦了:"师父让我们每人给腿上捆了个沙袋,这不是在整人吗?"见小妹琼儿出言不逊,大姐云霄又瞪眼道:"又胡说了,萍儿一个小孩子每日陪着我们上下跑,她都没叫苦,你为什么就受不了呢?你要是怕受苦,不练也罢!"见大姐云霄真的生了气,琼霄撅着小嘴嘟囔道:"我又没说啥,你干吗发那么大的火呢?"见大姐和二姐前头走了,琼霄忙跟了上去。

别看萍儿瘦小单薄,但走起路来,敏捷有力,起初三姐妹还跟得上,一个来回下来,就力不从心落了下来。几个来回下来,就坐在路边气喘吁吁,每次都是萍儿扶着她们姐妹起来。大姐云霄从萍儿身上悟得了师父的良苦用心,她跟两个妹妹说道:"你们俩看到了吗?小萍儿走起来腰不疼气不喘,这是为何?她不就是练就了一副好腿功,你们还在抱怨说师父在整人……"

碧霄和琼霄自知理亏,羞红脸道:"大姐,我们知道错了。"

大姐云霄见两个妹妹服了软,点头道:"这就对了,咱们跟上那小萍儿。"三姐妹忙起身,加快了脚步,一路跟了上去。

且放下三姐妹练功不表,再说公明护送三女子回家的事。

公明带着三女子一路出山,来到芒水镇街上,见天色已晚,就找了一家僻静的旅馆投宿,一夜无话。第二天一早就带着三女子来到李家寨,分别把三女子送回了家,三家父母感恩涕零,忙拿出银两相谢,公明一一回绝,转身而去。

从李家寨出来,公明又犯愁了,寻思着自己已经出来半个多月了,还没有寻找到三个妹妹,回去跟父母如何交代?经过一番思量,公明决定暂且不回去,再到四处去找找。他又想到了飞云观,三个妹妹是到那观里上香的,还得到那里去。于是,公明一路又来到了飞云观。碰巧,公明一到那飞云观,在观前院又见到了那晚问话的小女道,公明忙上前拱手道:"小师傅,你还认得在下吗?"

见问,那小女道沉思片刻愕然道:"你莫不是那晚叩门的那位大哥哥?"

公明见小女道认出了自己,惊喜道:"小师傅好记性,在下就是那晚叩门之人。"

小女道问道:"你那三个妹妹寻找到了吗?"

公明摇头道:"还没有,我跑遍了这一带山村,实在没法,这不,又跑了回来。"

小女道笑道:"大哥哥,不要灰心,看来是时间未到,还得耐心去寻找,千万不可放弃。"

公明点头道:"小师傅说得是,在下这就去找,谢谢小师傅指点迷津。"

小女道摇手道:"不谢,大哥哥一路走好。"

言毕,小女道飘然而去,望着小女道的背影,公明若有所思,会意地点了点头,转身去了后山。

这日,天气晴朗,座座山峰特别的清晰。公明一路登上了西沟坪上,抬头望去,只见不远处一山峰半腰间有一缕飘动的白云缠绕其间,虚幻缥缈,蔚为壮观,公明甚是惊奇,便驻足眺望。不经意间发现在通向那山腰处有几个红点在快速地移动,不大会儿,那小红点变成了大红点,公明这下看清楚了,那移动的红点原是几个身着红衣服的年轻女子。那几个红衣女子一到山脚下,又回身上了山,不一会儿又成了向上移动的小红点。公明也是练过功的人,一见这几个红衣女子的举动,就知道她们在练腿功。公明不觉眼前一亮,突发奇想,没准那几个练功的女子就是自己要寻找的三个妹妹。但又转念一想,自己是不是神经质了,一看见几个女子,就觉得她们就是自己要找的三个妹妹,哪有这么巧的事,还是到别处去寻找吧,别在这儿浪费时间了,公明心情又一下低沉下来。正当他抬脚离开时,回头见那几个小红点从

第二十章 兄妹相见

那山腰间又一路飘了下来,这几个飘飞的小红点,又使公明振奋了精神,从那几个小红点中,他似乎看见了三个妹妹熟悉的身影,又一次坚定了信念,想到那几个红衣女子就是自己苦苦要寻找的妹妹们,公明大步流星地直向那山脚下走去。

来到山脚下的几个红衣女子,也发现一年轻男子冲她们走了过来,走近了,公明与那几个红衣女子同时惊喜地喊叫起来:

"大哥!"

"妹妹!"

三姐妹快步上前抱住了大哥公明。兄妹一阵紧紧拥抱后,公明道:"你们几个让哥寻得好苦呀,你们知道吗,咱娘想你们都快把眼哭瞎了。"云霄苦笑道:"大哥,我们也好想咱爹咱娘呀,只是……"说着,云霄就抽泣起来。公明着急问道:"云儿,只是什么?到底发生了啥事,快跟大哥说说。"见大姐云霄泣不成声,一边的琼霄忙接上话题道:"大哥,听小妹说……"于是,琼霄就把事情前后叙说了一遍,公明听后点头道:"原来事情是这样的,让妹妹们受罪了。今天就跟大哥回家,也免得咱娘再担心。"云霄忙摆手道:"大哥,你看我们的师父普善道长不在,待她回来也好打个招呼。"见妹妹的话有道理,公明寻思,不打招呼带妹妹回去也有些失礼,何况那普善道长又是妹妹们的救命恩人,待她回来,自己也好当面谢谢人家。公明笑呵呵点头道:"云妹说得是,待道长回来,哥也得当面谢谢普善道长才是。"云霄忙起身道:"我们兄妹只顾说话了,想必大哥还没吃饭吧,咱们到山腰庵棚去,妹妹给大哥做饭吃。"三姐妹带路,公明跟着盘道而上。

那通往山腰的路,说是路,实则是一条陡峭的羊肠小道,要上这小道就得步步卖力。起初公明还勉强跟得上,不大一会儿公明就落了下来,琼霄回头见大哥气喘吁吁,大声道:"大哥,你咋掉队了?"公明上气不接下气道:"不是大哥跟不上,是你们几个走……走……走得太快了。"琼霄笑呵呵道:"大哥,你别急,妹妹这就下来扶你。"说着,琼霄就退了下来,见路边有一截树枝,捡了起来递给大哥道:"大哥,把这棍拄上,就权当是一条腿,上山就不那么吃力了。"公明接过树枝试走了几步,果然管用。公明跟琼霄道:"你前边走,大哥跟得上。"说是跟得上,但还是跟小妹琼霄落了好长一段距离。公明一登上那山腰,就瘫坐在地上直喘粗气。公明惊奇道:"你师父给你们吃了啥仙丹妙药,要不你们几个脚步咋这么快?"见问,碧儿上前挽起裤腿,笑呵呵道:"这下可让大哥你说对了,这就是我们的仙丹妙药。"公明见碧霄腿上绑着一个沙袋,心里一下明白了,笑呵呵道:"原来你们几个当真在练腿功,难怪跟不上你们,这下可让大哥长见识了。"云霄道:"大哥见笑了,跟我们的师父比起来,我们的腿功还差得远。"碧儿接话道:"大姐说得是,我们师父都是六十好几的人了,上这山道如同平地一般,快捷如飞。"公明愕然道:"是吗?看来大哥得见见这个高人了。"琼霄插嘴道:"大哥,我看不如你也拜我师父为师吧!"未等公明言语,安子上前跟三姐妹道:"师祖回来了。"安子的话刚落音,只见一女道飘然登上了山腰,三姐妹忙站起齐施礼道:"徒孙见过师祖。"公明见眼前女道眉目清秀,仙风道骨,顿生敬畏,也忙拱手道:"在下见过道长。"慈云见施礼之人面生,愕然问道:"你是……"未等公明言语,一边的琼霄快言快语道:"师祖,这位就是我们三姐妹的大哥,名叫赵公明。"听了琼霄的介绍,慈云笑呵呵道:"看来是你们姐妹的家兄来了,贫道眼拙,失礼了。"说着,慈云忙拱了拱手。公明忙回礼道:"不敢当!不敢当!我的三个妹妹……"公明一开口,慈云就知道公明要说什么话,忙摆手道:"不说了,这事贫道知晓,是我弟子普善救了你妹妹,我们出家人以善为本,救死扶伤乃是贫道的职责。"公明虽然没有见到妹妹们的师父普善道长,但却见到她们的师祖慈云道长,公明有点失望。慈云见状,忙问道:"小兄弟,见你面容不展,莫非有什么话要说?"公明愕然,这慈云道长眼力就是厉害,一看就知道自己有事。公明淡然道:"在下想带妹妹们回家去看看父母,云妹说待师父回来,这普善道长……"慈云点头道:"行,这事我做主了,待普善回来我跟她说。不过你的几个妹妹元气还没有恢复,回家看望父母后,再来这里调养。"公明见慈云应允,欣喜道:"行,一切遵照道长说的办就是了。"当即,公明便辞别慈云道长,带着三个妹妹下山而去。

第二十一章 合家团聚

翠翠说三个女儿到县城她小姨家里去了,怎么都快一个月了还不见回来,赵创业有点着急,一见翠翠就忙问道:"他娘,咋还不见三个女儿回来,还要野到啥时候?"翠翠见又问起了三个女儿的事,心里不觉咯噔了一下,心里嘀咕,纸包不住火,看来他爹已经起了疑心,自己要如何跟他说呢?说吧,使不得,他还有病,要是知道三个女儿不见了,一定会着急上火的,要是急出个好歹来,这个家不就散了。翠翠思前想后,把心一横,还得继续瞒下去,瞒一天算一天,要是瞒不下去了就只有实话实说了。

翠翠想罢了三个女儿,又寻思起儿子公明来,儿子公明去寻找妹妹,都快一个月了,咋还不见回来,就是没有找到也该回来打个招呼,翠翠不由心里发毛了。三个女儿不见了,要是儿子公明再有个啥闪失,这可咋办呀?

"我在问你话,你还愣着干啥?"赵创业的一声喊,把翠翠的思绪打断了,忙愣过神来,瞥了一眼道:"一惊一乍的,把我吓了一大跳。"赵创业瞪眼道:"我问你话,你咋心不在焉,思想跑到哪儿去了。"翠翠自知失态,忙掩饰道:"昨天夜里睡得晚,有点困,你说啥呢?我没有听明白,你再重说一遍。"听了翠翠的话,赵创业的气就消了一半。是呀!自己有病,不能下地干活,家里内外的活全靠她一个女人家撑着,回想起来自己挺对不住她。赵创业一心

酸，两行热泪从脸颊上滚落下来，声音变得温和起来："他娘,我是问你咱三个女儿都出去快一个月了，还不见回来，待在人家里也不是个事。"翠翠见赵创业一脸酸苦的神情，不由心里一酸，眼泪也滚落下来。翠翠点头道："说得是,明天我就去城里妹妹家把她们几个叫回来。"赵创业又问道："咋儿子也不见回来？"翠翠见又问起了儿子公明，知道他是想儿子了,还是不能跟他说实话，得再编个理由哄哄他才是。翠翠抹了把眼泪道："昨天我在村口见黑娃了,我问黑娃公明到哪儿去了,都快一个月了,咋还不见回家。黑娃跟我说，咱儿子到山里赶厢去了,得赶完厢才能回来。"说儿子去赶厢,这话赵创业信,虽然说他没有赶过厢，但他听人说过赶厢的事,到山里赶厢少则十天半个月，多则就是两三个月。赵创业捶打着自己的胸膛，凄惨道："都是老爹没本事,让儿子吃苦受罪……都是老爹没本事,让儿子吃苦受罪……"见他爹懊悔不已，翠翠忙安慰道："他爹，你干吗作践自己，像咱们这些庄稼人，谁不受苦呢，虽然说流汗出苦力,可咱们心里踏实。"

"爹,娘,你看儿子把谁给你们带回来了？"声到人到，见儿子和三个女儿齐刷刷地出现在眼前，夫妇俩一下惊呆了。

"爹！娘！"四兄妹上前搂抱住了老娘和老爹，堂屋空气一下变得凝滞起来。

"你们三个贼女子到你小姨家，一去就是一个多月，我还当你们嫌咱家穷不回来了呢。"一阵沉默后，翠翠怕女儿们说漏了嘴，忙赶快先抱怨起来，还用眼神暗示三个女儿。云霄和碧霄对老娘的说辞有点不解,大眼瞪小眼,不知如何作答。还是三妹琼霄机灵，她从老娘的眼神中会意了老娘的话，忙笑呵呵道："我们在小姨家要了几天,说要回来,小姨不让，说是她省城铺子正缺人手,让我们去帮忙,要不是怕爹娘在家里挂念，我们还不回来呢。"经小妹琼霄一点拨，碧霄也反应过来，忙接话道："小妹说得是,那省城可花哨了,明天我就带娘跟爹到省城去见见世面。"见女儿碧霄配合得好，老娘假意瞪眼道："看把你兴奋的，娘才不去，哪里能跟咱乡下比呢？"

赵创业回头看了看儿子公明，微微一笑问道："儿子,黑娃说你不是到山

第二十一章 合家团聚

里赶厢去了,咋跟三个妹妹一道儿回来了?"见问,公明心里明白是老娘怕老爹知道着急,故意编话说的。公明淡然一笑道:"黑娃哥说的没错,儿子是到山里赶厢去了,牛蛋受了伤,我送他出山看大夫,碰巧在路上见到三个妹妹,就一道儿回家来了。"翠翠眉开眼笑点头道:"好好好!这下我们一家又团聚了。明天就是你爹的生日,咱们一家人在一起得好好吃顿团圆饭。"公明惊喜道:"是吗?真是巧了,儿子这就到街上操办去。"赵创业笑眯眯点头道:"行!快去快回。"

公明从街上买回了肉和菜,还特意灌了一坛老白干,三姐妹下厨做菜。创业见一家人又聚在一起,一时激动,竟能下炕了。翠翠惊喜,忙喊叫道:"云儿,碧儿,琼儿,你们都快来看,你爹能下炕走路了。"听说老爹病好了,正在厨房里做菜的三个女儿都忙撂下手中的活计,一齐涌进堂屋,上前扶住了老爹。创业笑道:"没事,不要你们扶,我自己能走。"说着,就稳稳当当地向前走了好几步。琼霄拍手道:"爹好了!爹好了!"全家人欢呼着,雀跃着。

夜里,全家人聚在一起,吃了顿团圆饭,公明还跟老爹小饮了几口老白干,吃罢饭后,赵创业跟大女儿云儿,兴致道:"云儿,今天晚上,你和妹妹跟你娘睡,老爹跟你大哥好好聊聊。"见老爹发了话,琼霄挤眉弄眼,拱手道:"遵命!就依父亲大人说的办就是了。"翠翠瞥眼道:"贫嘴,还是那不正经的德行。"老娘一句话,惹得屋里人哄堂大笑起来。

赵创业的安排也正中翠翠的下怀,这一个多月来,女儿们究竟去了哪儿,她做娘的得问个明白。夜里,翠翠看着三个女儿问道:"你们几个跟娘说实话,这几天到底发生了啥事?到飞云观上个香,就上得都没人影儿?我让你大哥去寻找你们,也寻得没人影儿了?"大姐云霄苦笑道:"娘,听女儿跟你说……"云霄抹着眼泪把事情前后细说了一遍,翠翠听后,一把抱住了女儿云霄,痛哭流涕,自责道:"让我娃受罪了,这都是娘的错,要是不让你们去哪有这事呢……"碧儿见老娘悲戚,忙上前抱住老娘道:"这哪是娘的错,都怨我们姐妹贪玩,才招惹了这事。"一边的琼儿低声嘟囔道:"不贪玩咋能遇到普善师父。"

"什么师父,这是咋回事?"翠翠愕然问道。

云儿见老娘一下急了,忙道:"娘,我们认那普善道长做师父,跟她习武修道。"听说三个女儿认一个道人做师父,翠翠瞪眼道:"胡弄!你们几个怎么认一个道人做师父,难道你们也要出家做道人不成?"一边的碧儿忙道:"娘,不是你说的那样,普善道长也是穷苦人家出身,我们姐妹落入虎口,是她打跑了大虎,我们姐妹才得以活命。她为我们姐妹治病,上悬崖采摘那灵芝仙草,从悬崖上掉了下来,要不是掉在那紫藤架上,早就没命了……"翠翠听了碧儿一番话,心里嘀咕,看来普善道长是个好人,是自己错怪了她,既然女儿们愿意认她做师父,就随她们去吧。再说女儿们的病还需调理,要是不让她们去,岂不是害了她们。翠翠淡然道:"这话得跟你爹说,为了你们,我一直在瞒着你爹,要是你爹不让你们几个去,娘我也没法。"琼儿点头道:"行!明天我就跟我爹说去,他会同意的。"翠翠见女儿风风火火,快言快语,瞥眼道:"看把你能的,要是你爹不应允,你可别再跟我哭鼻子!"琼儿回敬道:"行!您老就瞧好吧!"翠翠跟女儿们你一言我一句聊着,一直聊到了三更,觉得眼皮打架了,才各自睡去。

第二天早上,三姐妹起来梳洗已毕,就一齐来到堂屋跟老爹请了安。创业招手道:"你们几个坐下,老爹有话跟你们说。"待三个女儿坐定后,创业笑眯眯问道:"昨天夜里,你们几个跟你娘聊了吗?"云儿淡然一笑道:"一个多月没见了,怎能不聊呢。"一边的琼儿喜滋滋道:"我们几个想跟爹你也好好聊聊。"创业笑眯眯点头道:"好呀!老爹也想跟你们姐妹好好聊聊。你们几个不是到城里去了吗,就说说城里的稀奇事,让老爹也乐乐。"见问,三姐妹齐刷刷地低下了头,不言语了。见状,赵创业愕然道:"又都咋了,刚才不是都乐呵呵的,咋又低头不说话了?"见三女儿抹起了眼泪,赵创业一下急了:"云儿,你是大姐,你说说到底发生了啥事?"云儿不言语,只是抹眼泪。见老爹着急,琼儿抹了把眼泪,就把那事情经过跟老爹又叙说了一遍。三姐妹见爹老泪纵横,一齐扑上前搂抱住老爹。赵创业惨然道:"是爹害了你们……是爹害了你们……"琼儿赶忙掏出手帕边擦老爹脸上的泪水,边安慰道:

116

第二十一章 合家团聚

"爹,不要太自责了,你看我们姐妹不是都好好的吗?"琼儿看了看大姐和二姐,又继续跟老爹说道:"爹,女儿跟你说件事,师父说我们姐妹还得回山上去调养,明天我们就得走了。"赵创业迟疑了一下,点头道:"是得好好调养,老爹跟你们一道而去见见你那师父,也好当面谢谢她才是。"

"谢谢老爹!"

"还跟老爹客气呢,是不是出去了几天就生分了?"赵创业跟女儿瞥眼道。

三个女儿没有言语,一齐欢欣地笑了。

第二十二章
进山赶厢

在带妹妹回家后的第二天,公明说要到镇上找黑娃他们,就告别了爹娘,出门去了镇上。

一个多月了,黑娃也没有见到公明的面,黑娃心里也很着急,还不知道公明有没有寻找到三个妹妹。黑娃跟马老板请了一天假,准备回村去打听一下公明回来没有。当他在街上正走时,不经意间见不远处路边一人好像是赵公明,他忙快步走了过去,近前一看果然是赵公明。黑娃惊喜:"公明兄弟,寻找到妹妹们了吗?"公明笑呵呵点头道:"找到了!找到了!我已经把她们送回家了。"黑娃点头道:"这就好!这就好!"说着,黑娃上前拉住公明的手:"跟哥到茶馆去坐坐,说说你寻找妹妹的事。"公明点头道:"行!"公明跟着黑娃走进路边茶馆。跑堂的见有客人进门,赶忙笑呵呵地迎了上来:"二位大爷,里边请。"那跑堂的把公明和黑娃领到屋中一张桌前,待公明和黑娃坐定后,那跑堂的笑脸问道:"二位大爷,要碧螺春还是紫阳毛尖?"公明摆手道:"就来壶碧螺春吧。"跑堂回头冲后屋大声吆喝:"一壶碧螺春,一盘点心,外带一碟五香花生米。"吆喝完毕,那跑堂回身又快步到门前接待客人去了。片刻,一伙计来到桌前,把盘上的茶壶、点心、花生米摆放在桌面上,含笑招手道:"二位大爷,请慢用。"言毕,那伙计转身而去。

第二十二章　进山赶厢

公明端起茶壶给茶碗里倒了茶,谦让道:"黑娃哥请用茶。"黑娃点头,端起茶碗呷了一小口,放下茶碗问道:"兄弟,你这一个多月都去了哪里,跟哥说说。"见问,公明就把寻找三个妹妹的事叙说了一遍。黑娃听后无不称奇:"兄弟,自从你寻找妹妹走后,街上木场的马掌柜张榜招收工人,管吃管住。我寻思这是好事呀!咱们兄弟每日进山背柴本来就很累,回客栈还得自己烧锅燎灶,累得人直不起腰来。这下好了,进了木场就不愁那烟熏火燎了。我就跟咱们一帮弟兄商量,大伙儿都说愿意到木场去干活,去了二十多天,觉得还行。"说着,黑娃看了看公明又问道,"兄弟,你要是愿意去那木场,哥跟马掌柜说一声,咱们一块儿干。"公明迟疑:"这能行吗?"黑娃点头道:"怎么不行,他木场正缺赶厢的人,哥这就带你去见那马老板。"说着,黑娃上前拉着公明就走。

马掌柜的木场就在小镇街上的南头,抬脚就到,此时马掌柜正在院子踱步,见黑娃带着一陌生的后生,愕然问道:"贤侄,这位是……"黑娃忙作介绍:"马叔,这位就是我跟你说的那赵公明兄弟。"马掌柜愣了一下:"是吗?我就看有些面熟,原来就是赵公子,幸会!幸会!二位请到客厅一坐。"公明见马掌柜为人谦和,就没有了生疏感,便跟随他一路来到西屋客厅。一进客厅,马掌柜就忙让座递茶,待公明和黑娃坐定后,马掌柜打量公明道:"赵公子,你莫不是学馆那李先生的外孙吗?"公明见马掌柜提起当年孩童之事,一下羞红了脸:"小的正是李先生外孙,那年都是小的不懂事,才……"公明一开口,马掌柜就知道他要说啥,忙打断他的话,摆了摆手:"赵公子快别这样说,这事怎能怪你,怪就怪我那儿子太任性,那天回家后,为这事我还懊悔了好几天。"马掌柜停了一下,一脸灿烂看着公明,"咱爷俩好多年没见面了,一见就感到特别亲热,没事就常来大叔这里坐坐。"见马老板热情,黑娃忙接上了话:"马叔,我今天带公明兄弟来,还有一事相求。"听了黑娃的话,马掌柜笑呵呵地点了点头:"啥求不求的,只要大叔能办到的你就尽管言语。"黑娃说:"咱们不是还缺厢工吗,公明兄弟也想到山里去赶厢。"黑娃的话惊得马掌柜睁大了眼,随之摆手道:"不行!不行!你看这赵公子细皮嫩肉的,怎么能干那苦力活。"黑娃嘿嘿笑了："大叔是小看我公明兄弟了，他跟我进山背柴都好几年了，啥苦没吃过，别看他个头不大，但背起柴来没得说，腿脚可比我们快捷得多。""是吗？还真的没看出。"说着，马掌柜把话题一转，又问道："赵公子，听人说你姥爷李先生送你到县城书院念书去了，怎么又背起柴来了呢？"见问，公明苦笑道："只因家父有病，家里拮据，被逼无奈才辍学回家，就跟黑娃哥他们进山背柴了。"马掌柜敬佩地看了看公明："小小年纪就敢于担当，真是了不起！"见马掌柜夸赞，公明一下涨红了脸："大叔过奖了。"见马掌柜跟公明说得投缘，黑娃忙趁热打铁问道："大叔，你看公明这事……"见马掌柜一时沉思不语，有点茫然："大叔，你还有啥不放心的，要是不行的话，那就算了。"听黑娃这一说，马掌柜忙摆手道："你误解大叔了，我在寻思赵公子有学问，让他去赶厢，岂不是太屈才了，我是想让赵公子做木场的会计，看赵公子愿意吗？"未等公明表态，一边的黑娃眉开眼笑："做木场的会计，这是好事呀！"说着，黑娃回头笑呵呵瞥了公明一眼："兄弟，愣着干啥，还不快谢谢马大叔知遇之恩。"公明忙起身，拱手道："谢谢大叔抬爱，但侄儿还想跟黑娃哥他们进山去赶厢。"公明的话使黑娃愕然，心里嘀咕，公明怎么能说这样的话，放着体面事不干，不是傻了吧！一时急得黑娃又是使眼神，又是用胳膊肘捅，见公明没反应，忙低声说道："你是不是傻了，还不快跟马掌柜说你愿意干那会计的事。"公明瞥了黑娃一眼："吃苦就吃苦，小弟不怕。"马掌柜见黑娃跟公明急，就知道黑娃在责怪他。马掌柜笑呵呵问道："赵公子，你可想好了？"公明抬头拱手回答："我知道大叔对我好，我想从基础干起，实在点。"马掌柜听得高兴，连连点头："说得好！有志气，这才是做人的根本，大叔尊重你的选择，今天回去收拾一下，跟家人告个别，明天大叔让人带你进山去。"黑娃道："公明兄弟就交给我了，我带他进山去。"马掌柜点头道："那行，有你带赵公子去，我就放心了。"公明笑道："大叔，没有别的事，我就跟黑娃哥走了。"马掌柜笑呵呵摆手道："去吧！回去代大叔跟你们的爹娘问个好。"公明跟黑娃齐声道："好的。大叔，我们俩这就走了，您老多保重。"言毕，公明跟黑娃告别马掌柜，出了木场，一路结伴回家去了。

第二十二章　进山赶厢

回到家后,公明跟老爹和老娘说是要进山赶厢的事,翠翠摇头:"听人说赶厢这活很苦,咱不干那活。娘让你姥爷托人在镇上给你寻个事干。"公明明白这是老娘在心疼他,忙接上了话茬:"娘,村上不少人不也是在干那赶厢的活吗?再说,儿子我跟黑娃哥已经说好了,明天黑娃哥就带我去。"翠翠见儿子坚持要去,把脸一沉:"你这娃咋不听话,一口一个黑娃哥,人家黑娃人高马大,你能跟人家比吗?你去了我和你爹能放心吗?"公明说道:"您跟我爹有啥不放心的,我已经长大了。再说,儿子有的是力气,不怕吃苦,他别人能干的活,儿子我也能干。有黑娃哥他们帮着,娘你就放心好了。"见儿子主意坚定,赵创业淡然说道:"他娘,既然儿子跟黑娃说好了,就让他去吧。在外边磨练一下,也是好事。"翠翠见孩儿他爹说了话,不再言语。赵创业看了看儿子公明,语重心长说道:"儿子,出门在外不要太苦了自己,跟工友好好相处,不要挂念家里,我跟你娘好着呢。"老爹的话使儿子公明一阵心酸:"爹,娘,儿子不能在您二老跟前尽孝,您二老多保重,等赶完厢后,儿子再回来看望您们二老。"赵创业欣喜地点了点头:"我跟你娘知道你懂事孝顺,让你娘给你多准备几身换洗的衣服带上。"说着,回头跟翠翠说道:"他娘,去给儿子准备行装,再烙上几个饼子带上,好让他们路上打个尖。""行!"翠翠应了一声,便回身下厨去了。

第二天,公明刚吃过早饭,黑娃就来了,一见黑娃,赵创业就忙叮咛:"黑娃,你是哥哥,大叔就把公明交给你了,要是公明有啥不懂的事,你得好好教他才是。"黑娃嘿嘿一笑:"大叔,我们都是兄弟,您老就放心好了。"见黑娃直爽,赵创业双眉舒展:"好好好!有你黑娃这句话,我跟你婶就放心了。"公明收拾好行装,告别老爹和老娘,出门跟着黑娃一路进山去了。

再说那赶厢的事。赶厢人,就是借河道往外运送木材的人。芒谷深处有个名叫碾子坪的地方,这地方距离出山口少说也有二百多里地,这里到处都是参天大树,一片连着一片,一眼望不到尽头。一股巨大的水柱从山顶倾泻而下,在山脚下兜了个大圈,又一路咆哮而去。伐木人在这树木资源丰富的芒水源头安营扎寨。他们借着山势搭建起一溜酷似厢房的庵棚,于是,这

些住庵棚的人就又有了厢工的名字,他们也就变成了赶厢人。

这些赶厢人在汛期前每日的主要工作就是伐树,把伐倒的树截去树梢,运到芒河岸边,再扎成木排,等汛期到来再放排。每个赶厢人负责近百个木排,他们以竹竿作桨,掌控着前边河道中的木排漂流而下。

这些赶厢人祈求平安,把自己的命运寄托在山神爷和水神爷身上,他们相信自然界冥冥中有神灵存在,因而那些赶厢人就对山神和水神特别地敬畏。每次放排前都要举行隆重的祭祀山神和水神的仪式。祭祀前,搭神棚,挂神像,设香案,供放牛、猪、羊三畜头。这一切准备停当后,就开始了祭祀仪式。祭祀仪式由一名司仪唱词,首先由厢头宣读祭文,祭文宣读完毕后,就是向山神和水神敬酒。全体赶厢人手捧大碗酒敬山神爷和水神爷后,由司仪唱词祭祀仪式结束。

据赶厢人说,很多年前,一次汛期放排前,有几个厢工没有参加敬山神爷和水神爷仪式,在赶厢路上突然遭遇暴风骤雨,正在河道中行进的木排在浪涛中上下颠簸,几只木排被暴风掀翻,几个赶厢人也没了踪影。后来,人们又七嘴八舌议论开了,说这几个人是因为没有参加祭祀山神爷和水神爷仪式,才招致的恶果。山神爷和水神爷发怒,施法掀翻了他们的木排,是巧遇还是偶然现象,不得而知,反正从那次暴风巨浪掀翻木排后,赶厢人变乖了,祭祀山神和水神就成了放排前必不可少的重要活动。

黑娃带着公明进山一路来到赶厢人驻地时,正赶上厢工们在河岸空地上搭建神棚。二娃子眼尖,一眼就认出了公明,回头忙跟大伙打招呼:"兄弟们,你们看黑娃哥跟谁来了?"正在搭建神棚的工友们都扬起了头,牛娃惊喜地喊叫起来:"这不是公明兄弟吗!"工友们撂下手中活计,哗啦一下全围了上去。二娃子拉住公明的手,愕然问道:"兄弟,你不是在城里念书吗,咋到这深山老林来了呢?"一边的牛娃忙插言道:"是呀,莫不是学堂里放假了,来这里长见识来了?"黑娃见公明一时窘迫,忙打圆场:"公明兄弟是想咱们一帮弟兄了,我就领他来了,难道你们不高兴吗?"黑娃的一句话说得在场人兴奋起来,齐声道:"高兴!高兴!难得公明兄弟心里还有着咱们弟兄。"二娃子跟身边的牛娃低声说道:"黑娃哥跟公明兄弟想必还没有吃饭吧,你这个火头军还不快做饭去。""饭是现成的,我这就去端。"说着,牛娃屁颠屁颠地去了伙房。大伙簇拥着公明和黑娃有说有笑,向屋里走去。

　　公明的到来,使一向寂静的山谷又荡起了欢声笑语。公明心里也很欢愉,又见到了当年亲密无间的一帮发小,公明跟他们在一起有说不完的话,道不尽的情。当大伙儿知道公明家遭变故后,都敬佩他的孝心和举动。

第二十三章
河谷遇险

就在黑娃带公明来到厢工驻地的第二天,就下起了瓢泼大雨,厢头刘三把厢工召集在一起:"弟兄们,看来今年的汛期提前了,庆幸的是咱们事先已经扎好了木排,要是这雨继续下的话,咱们就做好赶厢的准备。人员分配就按照咱们先前的不变,公明兄弟是黑娃带来的,他就上黑娃的木排,由黑娃来带他。这几天咱们的主要任务就是一个字'睡',攒好精神好行事。"

正如厢头所言,一连好几天,瓢泼大雨下个不停,河水猛涨,湍急的河水咆哮着一路翻滚而下。雨住了,天晴了,厢工们的劲头也攒足了。

这日,厢工们齐聚在河岸边搭建的神棚前,司仪唱词:"祭祀仪式现在开始,第一项由刘厢头致敬神词。"司仪唱词刚落音,刘厢头迈大步来到神棚香案前,高声念道:"山神,水神,今献上三畜请神仙爷爷笑纳。赶明日我们就要出厢,祈求两位神仙爷保佑弟子一路平安……"刘厢头致完敬神词,司仪唱词:"第二项,对山神和水神敬酒。"几名厢工倒酒,分送列队的厢工们,厢工接过酒碗。司仪又开始唱词:"一敬山神神恩浩荡,二敬水神万民拥戴。"随着司仪的唱词,厢工们虔诚地把碗里的酒洒在地上,以示敬意。到此,祭祀仪式才算结束。

当祭祀仪式完毕,刘厢头挥手大声吆喝:"放排!"随着厢头一声令下,厢

第二十三章 河谷遇险

工们就把自己负责的木排掀入翻滚浪花的河流中。厢工把竹竿插进河中，身子一跃，跳上木排。公明初来乍到，不敢上排，一时手脚忙乱，黑娃见状忙上前："兄弟，没事！哥来教你。"说着，黑娃随手从地上捡起两根竹竿，一根递给了公明，一根留给了自己，来到岸边，给公明做示范，黑娃把手中竹竿插入河水中，身子一跃，就稳稳当当站在木排上。公明试了几下就是不敢跳，黑娃着急："兄弟，把眼睛闭上。"说着，黑娃从公明身后一推，公明便落在了木排上。见公明上了木排，黑娃一跃，就站在了公明的身边。见厢工们整装待发，刘厢头站在高台上，大声唱词："弟兄们，有山神爷和水神爷保佑我们，一路平安无事，出发！"随着厢头一声喊，上千木排就像是离了弦的箭，踏着滚腾的浪花，一路飞驰而去。

木排在波涛尖上上下起伏而行，眼前一座座山峰也随着跌宕起伏的木排跳跃着。木排上的公明惊奇地观赏着这群山美景。黑娃见公明有兴致，笑呵呵瞥了公明一眼："兄弟，感觉如何？"公明一脸灿烂点了点头："不错！不错！爽快极了。"黑娃见公明激动，话也多了起来。两人站在木排上昂首挺胸，谈笑风生，一路聊着，一路观赏着山光秀色。

一晃三年过去了，在这三年里，公明跟随黑娃他们赶了数十趟厢，公明变了，脸黑了，个头也高了，俨然变成了一个五大三粗的关中汉子，最大的变化是，他成了厢工队伍里一位特别出色的赶厢能手。马老板见公明有人缘，就让他做了厢头。

半年后的一天，公明跟马老板告了假，回家看望老爹和老娘。他在街上买了两盒点心，准备拿回家孝敬老爹和老娘。公明在街上走着，见三妹琼儿迎面走了过来，公明欣喜，忙上前打招呼："琼儿，你也到街上来了？"琼儿打量眼前人觉得有点面生，一时愕然："你是谁？咋知道我的名字？"公明诧异眼前女子明明是三妹琼儿，怎么连她的大哥都认不出来了，莫不是自己又认错人？不可能，自己怎么会连自己的妹妹都认不出来。公明笑道："三妹，我是你的大哥赵公明。"琼儿听出了声音，确定眼前之人就是大哥赵公明。但她还是有点迟疑，哥哥白白净净，但眼前这人黑不溜秋，他是大哥吗？见三妹琼儿茫然,公明明白是自己变化太大了,妹妹琼儿才不敢相认:"琼儿,你是不是见大哥脸黑了,脸不黑身体怎么能结实,你说呢?"经公明这一点拨,琼儿明白过来,扑到公明怀里:"大哥,让你受罪了。"公明拍了拍琼儿肩膀:"没事,哥就喜欢干这个活。"公明松开手,迟疑问道:"琼儿,你来街上有事吗?"琼儿回答说:"还不是为你的事。"公明愕然:"为我的事?你快说说,是不是咱爹他又……"见大哥欲言又止,琼儿就知道自己把话没有说明白,让大哥误解了,忙瞥了大哥一眼:"你一去就是半年多,咱爹咱娘心里着急,就让我到木场打听,马老板说你刚才跟他告了假,说是回家了。这不,我正准备回家去,就见到你。"听说爹娘好着,公明悬着的心才算落了下来:"没事就好!琼儿,咱们这就回去。"

"公明兄弟,请留步,我有话跟你说。"正当公明和三妹琼儿回身走时,木场的伙计王四风急火燎地追了过来。公明忙停住脚步,愕然问道:"王四哥,又有啥事,看把你急的。"王四气喘吁吁回答说:"山里出事了,马老板让我叫你,说是让你跟他到山里去一趟。"听说山里出了事,公明一颗刚落下的心又悬了起来。公明心里嘀咕,自己是厢头,山里出了事,说啥也得去看看。公明忙回头跟三妹琼儿说道:"琼儿,你也听到了,山里出事了,大哥得到山里去看看。不能回家看咱爹和咱娘了,你跟咱爹咱娘说我从山里回来再回家看他们。你把这两盒点心给咱爹和咱娘带回去。"木场伙计王四跟大哥公明说的话,琼儿听得真切,大哥既然是厢头,就得去,回家跟爹娘说说,他们会见谅的。琼儿道:"大哥,你就去吧,咱爹咱娘要是问起来,妹子会照实说的。"三妹琼儿的话让公明舒心,苦笑点头说道:"好吧,大哥这就去了。"言毕,公明就跟着王四回身匆忙一路向木场走去。

琼儿提着两盒点心回家后,就跟爹和娘说大哥公明的事,翠翠听后泪水涟涟:"儿呀,娘好想的儿呀,你啥时能让娘见你一面呢……"创业见翠翠凄凄惨惨,瞪了一眼:"又来了不是,儿子不是有事吗,干吗哭哭啼啼的,不是咱儿子有出息,咱们家能过上这样好日子吗?"听孩儿他爹这么一说,翠翠破涕笑了:"他爹,你说得是,咱儿子真的有出息了,我就是觉得咱儿子太苦了。"

第二十三章 河谷遇险

赵创业淡然一笑:"不吃苦中苦,怎能做人上人。我看咱儿子公明将来一定会成大事,你就瞧好吧!"夫妇俩你一言我一语念叨着儿子公明。

公明跟着王四一进木场,马老板就忙迎了上去:"回来人说山里出了事,不好意思把你又叫了回来。"公明见马老板客气,甚是感动:"没事,还是山里的事重要。我在街上见了三妹琼儿,我让她回去跟爹娘打个招呼,办完事再回去看他们。"马老板打心眼里喜欢这个年轻后生,见他如此识大体,忙点头道:"这就好,咱们吃过饭就走。"公明忙说道:"不了,山里还不知道是啥样子,得赶快去。"马老板见公明的话有道理,忙冲王四招了招手:"老四,把马车赶过来。"

"是。"王四应了一声,转身去了马厩,片刻工夫,王四把马车赶到场门前。公明跟马老板上了车,王四扬起马鞭"驾"的一声,马车出门一路朝南而去。

约莫三个时辰后,马车行至岔口停了下来,公明挑开车帘扶着马老板下了马车。公明回头跟车夫王四招了招手:"王四哥,从这里就进沟了,山路窄,马车不能走,我扶大叔过去,你就把马车赶回去,三日后来接我们。"

"好的。"王四调转马车,一路出山去了。

公明目送马车远去,扶着马老板顺着山坡小道一路而去。

当公明和马老板到达厢工驻地时,天色将晚。在厢寨门前等候的黑娃,一见公明扶着马老板走了过来,忙迎上去道"马老板,给您老添麻烦了,对不住了。"马老板瞪了黑娃一眼:"啥麻烦不麻烦,到底出了啥事,快说说。"见问,黑娃就把三日前发生的事跟马老板和公明叙说了一遍。未等马老板言语,公明忙接上了话题:"我看,这事是我们有错在先,我们的人杀了人家的狗,就该给人家道歉,怎能招致人家把咱们的人扣了。"听了公明的一番话,黑娃感到有点委屈:"杀了人家的狗是不对,但我已经当面道过歉了,他们不依不饶,还赖说咱们杀了山神的神犬,是对山神大不敬,就把咱们的人扣了。"公明瞪了黑娃一眼:"好了,不说了,咱们这就到西岭去跟人家道歉,求人家把人放了。"黑娃见公明真的生了气,再也不敢言语,便带着公明和马老板摸黑来到西岭寨。寨主一见黑娃气就不打一处来:"你咋又来了,你们的人杀了我们山神爷的神犬,就得一命抵一命。"寨主的话又一次激怒了黑娃,黑娃正要说话,公明忙给他使了个眼色,回头和颜悦色说:"大伯,您老不要生气,在下就是厢头,姓赵名公明,前日,我出山回家去看望爹娘,还没到家,听说这里出了事,就又赶了过来。这不,我们的老掌柜也来给大伯您赔不是来了。"听说眼前后生就是赵公明,寨主不由一愣:"你就是那赵公明,小老儿知道你,听人说你为人坦荡,明白事理,今日一见果然名不虚传。大伯信得过你,咱们是近邻,以后少不了相互来往,就不为难你们了。想必你们几个还没吃饭吧,请到寨里坐坐,小老儿就让人把那两个人给你们送回去。"公明嘀咕,这寨主不计前嫌,够意思,怎么再好意思麻烦他,便笑呵呵说:"大伯,不敢当,还请大伯多见谅。"说着,公明从怀中掏出一大锭银子,就往寨主手里塞。寨主瞪大了眼:"赵厢头,你这不是羞煞大伯吗?我们怎能要你们的银子。"一边的马老板见寨主谦让,忙插上嘴:"请寨主收下吧,这也是我们的一点心意。"寨主一脸严肃回话说:"使了银子就有了心意,难道没了银子就没了心意?刚才我不是已经跟你们说了,你们既然来到我们这里,就是客人,我们怎能干那欺负客人的事呢?"公明见那寨主是个实诚人,就把那锭银子收了:"大伯,说得是。天也晚了,我们这就把人带回去,改日再登门相谢。"寨主笑呵呵挥手说:"啥谢不谢的,扣了你们的人,我们也有错,一错抵一错,不就完了呗!"寨主大度的话,说得大伙开心地笑了。

告别了寨主,公明跟马老板、黑娃,还有被放回的两个厢工,一路返回驻地厢寨。

在回厢寨的路上,马老板心情特别畅快,他没有看错,公明确实是个人才,他不但有学识,而且办起事来有魄力。自从他担任厢头后,赶厢人干起活来热情高,运出的木头堆满了木场。从今天处理这事看来,他还特有心计,那么严重的事件,让他三言两语就摆平了。马老板按捺不住激动的心情,笑呵呵说道:"贤侄不愧是读书人,说起话来有水平,大叔敬佩你!"一边的黑娃也忙插上了话:"大叔说得是,要不我为啥要叫公明兄弟上山呢。"见

第二十三章 河谷遇险

众人夸奖,公明一下羞红了脸:"大叔过奖了,我没有那么……"一个好字还未出口,一厢工惊叫"山洪下来了",惊得大伙慌乱起来。公明忙仰头看去,只见轰隆作响的山洪从山包上倾泻下来。公明忙喊叫起来:"黑娃哥,快带大伙儿往西跑。"见马老板惊慌失措,不识东西南北,公明一个箭步上前,猛力一推,把马老板推出二丈多远。马老板得救了,公明却被翻滚的山洪卷下了山坡……

第二十四章
喜结良缘

　　公明被夹裹在洪水里,顺着河道一路而下,翻滚的洪水出了峡谷就没有先前那样湍急了。公明被水浪打昏,没有了知觉,身子随着水浪一路任其漂泊,奔泻的河水在一河道转弯处旋了个圈,公明被浪推到河滩上。山里的夜晚寒风凛冽,经寒风这一刺激,公明微微睁开了眼,只觉得浑身冰凉,他试图爬起来,但一连试了好几次都没能成功。于是他就往前挪动,每动一下浑身就感到钻心的刺疼,他咬紧了牙,爬了起来,只觉头一晕,身子晃了晃,"扑通"一声,栽倒了下去。

　　天亮了,太阳出来了。灿烂的阳光迎来了两个年轻的姐姐,她俩一路欢歌来到河岸边的坪坝上。坪坝上的山花烂漫,彩蝶飞舞,两个女子在花丛中追逐嬉戏,小姐姐见一只彩蝶扑闪而过,一时来了兴致,就追撵上去,要捕捉那只彩蝶,那只彩蝶见有人跟它玩,就跟她逗了起来,时而闪翅向上,时而闪翅向下,时停时飞,当小姐姐将要捉住它时,它忽地一下闪着花翅膀又飞走了。见小姐姐不追了,它又飞了回来,站在小姐姐眼前的花朵上,小姐姐又来了兴致,又一路追撵了起来。小姐姐一路来到河岸沙滩上,猛抬头,见沙滩上躺卧着一个人,吓得她倒吸了一口凉气,回头惊叫起来:"大姐,你快来看,这里躺着一个人。"听见惊叫声,大姐姐忙跑了过去,近前一看,果然沙滩

第二十四章　喜结良缘

上躺着一男子,浑身湿漉漉的。大姐姐上前仔细一看道:"妹妹你看,这男子好生面熟,莫不是那年救过你的男子?"小姐姐愕然:"这咋可能呢? 那次是在田谷,这次可是在芒谷,不是一个地方呀。"听妹妹这一说,大姐姐也不敢确认,但她寻思既然让自己碰到了,怎有不管之理。大姐姐忙冲妹妹招了招手:"不管他是不是先前救你的那人,把他背回去再说,你把他放在我的背上。"小妹妹见大姐要背那男子回去,一下急了眼:"我们还不知道他是死是活,你就背他回去,这能行吗?"姐妹俩正犹豫不决,小姐姐眼尖,一眼就看见坪坝上站立着一女道:"大姐,那坪坝上有一道人,叫她过来看看这男子有救吗?"未等大姐言语,小姐姐就冲坪上喊叫起来:"师父,赶快到这里来,这河滩上有人溺水了。"听到喊叫声,那女道赶忙来到河岸边,见地上躺卧着一男子,忙上前伸手试了试那男子的鼻息。大姐姐急忙问道:"师父,你看他还有救吗?"女道淡然点了点头:"还有气息。"说着,女道伸手从怀中掏出一小葫芦,拧开塞子倒出一小药丸,放在男子嘴里。女道回头扫了两姐妹一眼:"这男子只是受到了惊吓,无大碍,得好好静养一段时日,贫道给他用了丹药,要是不出别的事的话,两个时辰后他便可清醒。"听女道说这男子有救,大姐姐甚是欣喜,忙跟女道自报家门:"师父,我们姐妹住在殷家坪,离这儿不远,我这就背他回去,也好有个照应。"见大姐姐见义勇为,女道双手合十:"善哉!善哉! 看来姑娘是个大善之人,日后必将有好报的。"大姐姐羞红着脸:"师父过奖了,谁遇到这事都会这样做的。"女道若有所思,喃喃自语:"殷家坪这个地方贫道去过,好了,贫道还有事,改日再去看你们。告辞了。"言毕,女道飘然而去。

　　目送女道走后,大姐姐背起公明一路回家去了。说来公明命里该有这一劫,不过这一劫倒是红运桃花劫。这话从何说起,要知原由,还得以"无巧不成书"为题说起,这两位来坪坝上玩耍的女子是谁? 那小姐姐就是当年在田谷被赵公明救的那个小姑娘,大姐姐就是这小姑娘的姐姐。姐妹俩家住芒水谷殷家坪,大姐名叫金花,妹妹名叫银花。她们娘的妹妹住在田谷栗子坪上,那年娘带着她们姐妹到小姨家小住,大姐金花带着妹妹银花在坪下山

沟里玩耍,被一条野狼叼跑了,是公明打跑了野狼,小姑娘才得救。

回家后,大姐金花一直惦记着那做好事不愿留名的好男子,金花敬佩他,想念他。那惊天动地的一幕时常浮现在金花的眼前,挥之不去。后来她们姐妹跟随娘回了家,一晃七八年过去了,随着时间的推移,金花对那男子也淡忘了。这次又在芒谷河滩见了那男子,一开始她还不敢确认,可因他面熟,才勾起了她已经淡忘的记忆。

金花背着公明,在回殷家坪的路上,起初觉得那浑身湿漉漉的男子一上背,就冰凉冰凉的,背着背着就不觉得那么冰凉了,反倒感到热乎起来。回到家里,她把那男子背到西厢房,放在屋里一张小床上。老娘见两个女儿背回来一个男子,忙赶到西厢房,一进门就忙问:"这男子是谁?你们咋把他背回家里来了,这到底是咋回事?"见问,银花忙接上话茬:"娘,这男子是我们在河岸边捡到的。见他还活着,就背了回来。"老娘一听,就发起火来:"荒唐,有捡东西的,还没听说捡人的,要是让别人知道了,还不笑话。"见老娘误解,金花忙作解释:"娘,这人溺水了,我们见他还有气息,我和妹妹就把他背了回来。"老娘觉得女儿做得对,瞥了女儿一眼:"这不就得了,把娘吓了一大跳,我这就到厨房熬碗姜汤,给他喝了,也好驱驱寒。"说着,老娘转身下厨熬姜汤去了。

约莫一个时辰后,公明醒了,睁开了眼睛。守护在床边的金花见状,惊喜道:"公子,你醒了。"公明见床前坐着一陌生女子,愕然问道:"这是什么地方,我咋睡在这儿?你是谁,我咋不认识你?"金花见那男子还在发懵,忙回话说:"公子被河水冲到了沙滩上,是我和妹妹把你背回了家,你快把这碗姜汤喝了,驱驱寒。"说着,金花从桌上端过那碗姜汤递给了公明,接过碗,公明一口气喝了。见公明喝了姜汤,金花淡然一笑:"公子,你是哪里人,我也好给你的家里报个信,也免得家里人挂念。"公明木然地看了看,不再言语。金花心里明白,这男子是受到了惊吓,暂且记不起先前的事了,待静养几日,兴许会好的。金花说:"公子,你好好歇着,小女子给你做饭去。"言毕,金花回身下厨去了。

第二十四章　喜结良缘

　　公明在床上浑浑噩噩又睡了三日,再一次睁开眼。金花见那男子醒了,再次问道:"公子,记起先前的事了吗?"见问,公明点头回答说:"记起来了。"于是,公明就把如何被洪流卷走的事叙说了一遍。听了公明的叙说,金花断定这男子就是当年从野狼口里解救妹妹的那人,金花激动得一把拽住了公明的手:"公子,你就是在田谷解救小妹的那人。"公明淡然一笑:"大姐姐好眼力,有这回事,我就是那赵公明。在下有一事不明,大姐姐住在这芒谷殷家坪,怎么又到那田谷去了呢?"见问,一边的妹妹银花忙接上了话题:"我小姨的家就住在田谷栗子坪上,那次是娘带我和大姐到小姨家小住,我才被那野狼叼走的。"公明惊奇:"是吗? 这世间还真有这么巧的事。"银花笑嘻嘻地点了点头:"这就叫无巧不成书呀!"见妹妹说个没完没了,大姐忙瞪了她一眼:"快别说了,公明大哥还要休息。"妹妹银花见大姐有点醋意,忙打趣说:"人家跟公明哥哥才说了几句话,你就嫌了,心疼他了?"妹妹银花几句戏谑的话,说得大姐金花羞红了脸,金花上前拍了妹妹银花一把:"贼女子,就你嘴厉害。"公明见金花红了脸,他也不好意思地低下了头。

　　自从公明来到殷家坪后,大姐姐金花伺候公明那才叫个认真,就像是对待孩子似的问寒问暖,百般呵护,每日在床前陪他聊天。公明心里热乎乎的,有一种回家的感觉。半个月的耳鬓厮磨,两人的心就贴在了一起。妹妹银花看在眼里,心里也感到舒展,一个是自己的大姐,一个是自己的救命恩人,要是他们俩能结成百年之好,就是最好不过的事了。银花知道公明大哥还在病中,待他病好了,就跟父母说,成全他们俩的婚事。

　　公明见金花温文尔雅,俊俏大方,就萌发了爱慕之情。在金花心里,公明做好事不留名,品德高尚,世间少有,是自己理想中的爱人,两个有情人在一起就少不了温情脉脉,暗送秋波。

　　一晃又是半个月过去了,公明也能下床活动了。

　　一日,金花见天高气爽,就跟公明说:"大哥,今天天气不错,不如妹子陪大哥出去转转。"公明觉得也是,一个多月没有出去了,是该到外边透透气:"行! 咱们这就去。"金花扶着公明就要出门,妹妹银花笑嘻嘻地来到门前,金花见银花身后还有一女道,惊喜地上前拉住了那女道的手:"师父是你,我差点认不出来了。"金花忙回头跟公明说:"大哥,这位师父就是在河岸边给你丹药的人。"公明惊喜,忙跪倒拜谢:"多谢师父赐我丹药。"女道忙上前扶起公明:"快快请起,救死扶伤乃是我们出家人的职责,何言相谢。"金花忙热情招呼:"师父快请坐。"金花回头瞥了妹妹银花一眼:"银花还不快给师父沏茶。""是。"银花应了一声,忙回身去沏茶。待女道坐定后,公明笑着冲女道拱了拱手:"请问师父仙居何处,日后,在下也好登门致谢。"女道淡然点了点头:"贫道道号普善,在飞云观出家。"听说"飞云观"三字,公明想起了三个妹妹就在飞云观后山学艺,想必这普善道长知道自己的三个妹妹吧。公明重新打量眼前这位普善道长:"师父,你说你在飞云观,你认识云儿、碧儿和琼儿吗?"见问,普善愕然地看了看公明:"小哥哥,你是她们什么人?"公明笑呵呵回答说:"她们是我的妹妹,我是她们的大哥。"普善迟疑片刻,继而惊喜道:"莫非你就是那赵公明。"见普善说出了自己的名字,公明心里就明白了,这位普善道长就是自己三个妹妹的师父。要不是她给自己赐丹药,自己就没命了,看来得拜她做师父。公明再次跪拜:"小的眼拙,不识师尊,请师父多多见谅!"见公明认她做师父,普善甚是欣喜:"好好好!你三个妹妹做了贫道的徒儿,再收你这个大哥哥做弟子,师父我知足了。"普善跟银花招手说:"小姐姐,你把你的父母请来,贫道有话要说。"银花会意,忙去后堂请父母去了。片刻,银花带着父母来到西厢房,银花父母跟普善道长一番寒暄后,普善开门见山道:"小姐姐银花跟贫道说了,大姐姐金花跟赵公明有情有义,你们二老也知晓,贫道想成全这两位有情人的婚事。本应要告知公明的父母,但公明家远在山外,既然公明做了贫道的弟子,这桩婚事就由贫道来做主。明日就是黄道吉日,贫道就为他们俩主持成婚大典。"金花父母觉得普善道长热心成全女儿金花跟公明的婚事,笑呵呵点了点头:"行!就依照道长说的办就是了。"

　　殷家在坪上是有名望的大户,家里的丫环一大群。殷员外让管家殷二张罗挂灯结彩,为女儿金花办喜事。

第二十四章 喜结良缘

公明和金花成婚的这天,殷家坪就像是过节一样,大街小巷,村头街口一时热闹非凡。

听说殷员外给女儿成亲,全殷家坪的人都前来祝贺,殷员外为女儿金花和公明办了个体面风光的婚礼。

第二十五章
南山学艺

新婚三日过后,管家殷二来到新房,进门跟大姐金花说:"大小姐,老爷说是让你和姑爷到后堂去,他和夫人有话跟你们说。"金花点头回答说:"好,我跟姑爷这就过去。"金花心里明白,这时父母让自己跟公明过去,一定是送她出山回婆家的事。这山乡有个老礼数,但凡在娘家成亲的女子,一过三日,就必须回婆家。尽管娘家千般好,女子在娘家总归是一门客,成了亲,丈夫家才是自己的归宿。金花知道这个老礼数,她跟丈夫公明说:"公子,爹娘让咱们到后堂去,一定是说送咱们回家的事。"公明一脸灿烂:"好呀!我半年多没有回家了,这次回去给爹娘个惊喜。"金花笑眯眯说:"咱们这就到后堂去,也免得他们二老着急。"公明点头称是。于是,金花和公明出了新房,一路来到后堂。一进屋,金花赶忙给爹娘施礼:"女儿见过爹娘。"殷员外摆了摆手:"不必多礼,一边坐了。"待公明跟金花坐定后,殷夫人开口说:"你们三日新婚期满,明日你爹让人送你们俩回去。"殷员外冲家人招手:"小三子,把那银子端来。"片刻,小三子端上一盘银子,殷员外冲女儿金花淡然一笑:"这是纹银三百两,就算是我跟你娘给你的嫁妆。"未等金花言语,一边在座的公明忙接上了话题:"爹,这银子我们不能收。"殷员外愕然:"这是我给女儿的嫁妆钱,为什么不能收呢?再说,这也是我们这里的礼数。你们要是不

第二十五章 南山学艺

收,让人知道了,还会说我跟你娘没有礼数。"殷员外说礼数,公明就拿礼数说事:"爹说得是,我们那里也有个礼数,但凡定亲,男方要给女家彩礼,我家没有给你家定亲彩礼,已经没了礼数。要是再收了你家嫁妆银子的话,不是更没有了礼数吗?"公明入情入理的话说得殷员外没词了。殷员外心里嘀咕,这后生是个厚道懂礼数的人,把女儿托付给这样有担当的人,还有啥不放心的。殷夫人见女婿公明执意不收那银子,忙打圆场:"既然女儿不收,咱们就收了吧。"殷夫人回头跟女儿金花说:"明天你们还要赶路,快回房准备去吧。""谢谢爹娘!"公明跟金花告别爹娘后,转身退出了后堂。

小妹银花听说大姐金花明天就要出山回婆家去,有点不舍。是呀,她们姐妹俩日夜厮守在一起,情真意切。大姐金花也舍不得离开妹妹银花,明天自己就要走了,何日姐妹才能相见,不得而知。大姐金花不由心里一酸,眼眶湿润起来,一见妹妹银花,就忙上前抱住了她,妹妹银花泪水蒙住了眼:"大姐,你可要常回家看妹妹。"大姐见妹妹银花泪水涟涟,忙掏出手帕擦去银花脸上的泪水:"大姐也舍不得离开你,待大姐到婆家安顿好后,就回来接你过去。好了好了,都长大了,还哭鼻子,让人见了还不笑话。"银花抹了把眼泪,破涕笑了。

第二天吃过早饭,公明夫妇告别了爹和娘,坐马车一路出山回家。约莫三个时辰后,马车就来到了枣林滩,翠翠正在前院扫地,抬头见一辆马车停在路边,翠翠还以为是过路的,也没太在意,低头又扫起了地。"娘。"一声叫,翠翠觉得叫声好熟,忙抬头一看,一下惊呆了,这不是儿子公明吗?他身边咋还有个俊俏的女子,这女子是谁?公明见老娘愕然,这才知道自己回来得唐突,把老娘弄懵了,忙回头跟妻子金花作介绍:"金花,这就是咱娘,快叫娘。""娘。"金花甜甜地叫了一声娘,翠翠这才明白儿子把媳妇带回来了,忙回头冲屋里喊道:"他爹,咱儿子领着媳妇回来了。"赵创业急忙跑了出来,金花乖巧,又是甜甜的一声"爹",叫得公明爹眉飞色舞。见翠翠在一边傻站着,忙低声说:"还不快回去收拾,愣着干啥?"经赵创业这一点拨,翠翠这才愣过神来:"快回屋。"说着,忙上前拉住了金花的手一路进屋。

公明带着仙女般的媳妇回家的事，一时在小山庄传开了，左邻右舍的邻里们结伴到赵创业家祝贺。猛然间天上掉下来个俊俏的儿媳妇，乐得创业和翠翠合不拢嘴，院前屋里让座倒茶热情招呼着。金花的到来使一向沉寂的枣林滩一下喜庆起来了。

　　话分两头，放下枣林滩喜庆不表，且说公明被山洪卷走的事。公明跟马老板、黑娃他们从西岭返回厢寨的路上，遇到了山洪，在危急关头，公明把马老板推出了险境，马老板得救了，公明却被洪水卷走了。黑娃和两个厢工看得真切，大声呼唤着，但他们的呼叫声没能阻挡住滚滚洪流。黑娃和两个厢工搀扶马老板一路回到厢寨。黑娃跟厢工们说了厢头被洪水卷走的事，厢工们也坐不住，打着松明火把沿河岸一路寻找。近百号人沿河岸跑了七八十里，也没有寻找到，无奈，寻找的人又回到了厢寨。找不到公明，马老板心情更是沉重，公明是为救自己才被洪流卷走的，要是公明为此丧了命，自己该如何跟他的家人交代？马老板捶胸顿足号叫着。见马老板悲愤，黑娃忙上前安慰："大叔，公明兄弟命大，是不会有事的，今天天黑不好找，明天一早我就带人再去找。"马老板一把拽住了黑娃的手："这就麻烦黑娃贤侄你了。"黑娃不好意思道："大叔，快别这样说，为咱木场的事，你还跟侄子客气啥，您老一晚上没睡，到屋里睡会儿，寻找公明兄弟的事，我已经安排好了，您老放心好了。"马老板的确是累了，赶了一天的路，又受到了惊吓，一个晚上惊魂未定，经黑娃这一说，不觉打起哈欠。黑娃见状，忙搀扶他进了庵棚。

　　第二天一大早，黑娃就带着厢工弟兄出发了，沿着河岸一路仔细地寻找下去。一直寻找到山口的拦木坝，也没有寻找到。黑娃把寻找的情况跟马老板做了禀报，马老板越发着急起来，忙跟黑娃说："贤侄，事已至此，我看还是把这事告知公明的家人吧。"黑娃沉思片刻说："大叔，依小侄看，还是暂且不说为好。你想，公明兄弟活不见人，死不见尸，这就说明他生死还不能确定，没准儿他是被人救走了，也是有可能的事，我们还是等等再说。"马老板觉得黑娃的话也有一定道理，便点头说："贤侄说得是，咱们暂且就不告知他的家人了，贤侄你跟厢工弟兄打个招呼，对公明失踪的事暂且保密，也免得

第二十五章　南山学艺

招来麻烦。"黑娃回答说:"大叔,侄儿懂得这个理,过会儿,我就跟他们说。"黑娃扫了马老板一眼,又继续说,"大叔,看来汛期还有一段日子,今天侄儿就送您老回去,好好静养。"马老板点头说:"好吧,出了这档事,也该回去给公明家里做个安排。"马老板的话使黑娃愕然:"大叔,咱们不是说好了暂且不告知他的家人吗,怎么又变卦了?"马老板知道黑娃误解了他的意思,忙解释说:"大叔是想让你出面给公明家送些银子,也算是咱们木场的一点心意。"黑娃点了点头:"还是大叔想得周到,应该!应该!这银子就让侄儿给他家里送去,我也顺便回去看看爹娘。"马老板点头:"好的,咱们这就说定了。"黑娃嘿嘿一笑:"说定了!说定了!"

　　马老板回木场后,为公明的事食不甘味,暗地里打听着他的消息,不觉三个多月过去了,还没有公明的一丁点儿消息,正当马老板焦急时,听说公明带了个俊俏的媳妇回家了,一时惊得他说不出话来。这公明失踪三个多月了,突然又冒了出来,还带了个俊俏的媳妇回了家,他怎么能不惊喜呢?还是黑娃说得对,要是那时把公明失踪的事跟他的家人说了,他又回来了,可又咋说呢?马老板这次心细了,凡事要多想想,要是这消息不准确,又咋办?马老板让车夫王四到枣林滩打听,王四回来说,那赵公明确实回家了,他说他还见到了公明带回来的那个漂亮媳妇。马老板知道车夫王四是个实诚人,他的话没错,就信了。公明娶了媳妇这是大喜事,公明在自己的木场干事,理应前去登门祝贺。于是,马老板怀揣一锭银子,备了一份大礼,让王四赶车,一路去了枣林滩。

　　这日,公明刚出家门,就见马老板提着礼包,笑呵呵地走进前院,公明惊喜忙上前接过礼包,回头冲屋里忙打招呼:"爹,娘,马大叔来了。"听到儿子的喊叫声,赵创业和翠翠忙跑出了门。未等创业夫妇言语,马老板笑着望着他们:"公明娶了媳妇,这么大的喜事,都不跟我说一声,难道怕我喝你们家喜酒不成?"赵创业知道马老板在跟他说笑话,笑呵呵回答说:"哪里的话,您马老板是贵客,我们还怕请不来你呢!"马老板笑嘻嘻说:"啥贵客不贵客,你没有请,我不是自己来了嘛。"赵创业笑呵呵直点头:"说得是!说得是!快请到屋里坐。"说着，上前拉住马老板的手，进了前门。

待马老板刚坐定，公明领着媳妇金花便来到了堂屋，见马老板，公明忙跟金花作介绍："金花，这位就是我跟你所说的马老板马大叔。"金花含笑施礼："马大叔，小女子这厢有礼了。"马老板忙摆了摆手："都是自己人，不必多礼。"说着，马老板回头扫了创业夫妇一眼："大哥，嫂子，你们真好福气，老天爷给你们赐了个仙女媳妇。"赵创业笑嘻嘻点了点头："马老板说得是，这不是托你马老板的福嘛。"堂屋一阵欢笑声。马老板的儿子马旺，见父亲器重赵公明就有些气不顺。这马旺对当年在学馆之事还一直耿耿于怀，记恨着公明，当得知公明被洪水卷走了，欣喜若狂，一颗记恨的心稍有点平顺，后来得知公明又回来了，还带了个漂亮的媳妇回家，他那颗刚平顺的心又翻腾起来。于是，马旺瞒着老爹马老板进山去了厢寨，说公明跳槽去了别的木场，便宣布任命了新的厢头。

马旺进山任命新厢头之事，公明还不知道，他还满怀信心，准备带领厢工再大干一场。

公明在家里待了十多天。

这日，公明跟妻子金花说："马老板对我有知遇之恩，我离开厢寨已经三个多月了，得赶快回去。"金花听说丈夫又要去厢寨，有点舍不得，心疼地说："听人说赶厢那活苦得很，咱们不干那活了。"公明瞪了金花一眼："说得轻松，不干哪来的银子？"金花淡然一笑："咱们那天走时，咱娘给我包袱塞了几锭银子，够咱们家几年的花销。""你咋能这样？咱们有手有脚，干吗要父母的银子。"见丈夫责怪，金花一下羞红了脸，忙分辩说："不是我想要，是咱娘瞒着我把那银子塞进包袱的，回来打开包袱才发现的，你咋不问青红皂白就怪我呢？"公明见妻子金花一脸委屈的样子，知道错怪了她，自己不应该跟她发脾气，语气变得温和起来："不是责怪你，做儿女的要有担当，这才是正理。你把那银子搁着不要动，改天再给爹娘送过去。明天我还要进山到厢寨去，你给我准备几件换洗的衣服。""是。"金花应了一声，回房为丈夫准备行装去了。

厢寨新换的厢头，名叫牛壮。这牛壮心胸狭隘，他早就对马老板有意

第二十五章　南山学艺

见。他原本就是个厢头,因为他没有组织能力,为人刁钻,且办事专横,厢工们都不服他。马老板见公明有人缘,办事果断有魄力,就让公明做了厢头。自从公明失踪后,马老板心力交瘁,就把木场的事交给了儿子马旺来打理,结果就出现了换厢头的事。这牛壮凭着新掌柜马旺的信任,一上任就拉帮结派,把厢寨一时搞得乌烟瘴气。黑娃是个耿直的人,看不惯小人得志,就毅然离开了厢寨,一路出山回家。黑娃离开厢寨还有个原因,他听马旺说公明还活着,是真是假,还不知道,得回去看看。

公明走在进山的路上,黑娃走在出山的路上,两人便在山口相遇了。黑娃一见公明,激动扑了上去,紧紧地搂抱住公明:"兄弟,你还活着。"公明见黑娃哥惊喜,打趣说:"阎王爷不收,兄弟我就回来了。"黑娃跟公明在路边一块石头上坐下,黑娃愕然问道:"兄弟,哥带人沿着河岸寻找了好几天,没有找见你,还以为你……"黑娃抹了把眼泪,又问道,"兄弟,你跟哥说说,这到底是咋回事?"见问,公明就把河滩被救、在殷家坪成亲的事跟黑娃叙说了一遍。听了公明绘声绘色的讲述,黑娃睁大了眼睛:"世上还真的有这么巧的事,让哥长见识了。"公明也嘀咕,黑娃哥不是在厢寨代自己管事吗,他怎么又出来了,这里必有缘故,得问问,便说:"黑娃哥,你这是……"见公明欲言又止,黑娃就知道他要问的事。于是,黑娃就把马旺进山任命新厢头的事跟公明说了,公明愤然说:"咱们还不干了,就让那牛壮胡折腾去。"黑娃问道:"兄弟,今后你有啥打算?"公明道:"过段时间再说,趁这个机会,兄弟得去飞云观见见师父。"黑娃见公明有情有义,笑呵呵点头说:"好吧,我也得回去看看父母。"言毕,两人分道而去,黑娃回家去了,公明则去了飞云观。

公明来到飞云观,见了师父普善和妹妹三霄,在普善的指导下,公明潜心习武修道。虽说清苦了些,但四兄妹却心无杂念,其乐融融,生活充实。

第二十六章
开办木场

  公明在飞云观待了一段时日后,说是要下山找事做,师父普善道长愕然:"你不在这儿好好习武修道,为何要走?"公明苦笑回答说:"师父,你不是教导说,做人要有担当,弟子父母尚在,且有妻室,我怎能弃他们不顾呢?待弟子挣了银子,我会回来跟师父修道习武的。"见公明说得有道理,普善敬佩地冲公明点头说:"徒儿说得是,师父就不留你了,下山去吧!"公明告别了师父普善和三霄妹妹,下山去了。
  公明来到镇上,碰巧在街头又遇见了黑娃,黑娃忙上前一把拉住了公明的手:"兄弟,哥正想去寻你,巧得很在这儿就见到了你,快跟哥去见那马老板。"公明愕然:"咱们都不是他木场的人了,还去见他干啥?"黑娃回答说:"马老板知道了他儿子马旺换厢头的事,就把马旺臭骂了一顿,让哥找你回去,马老板对咱们不薄,我就答应去找你。"听了黑娃的讲述,公明心里嘀咕,说得也是,这马老板是个厚道人,换厢头的事是他儿子马旺干的,这也怨不得他,不管咋说他也是自己的长辈,说啥也得去见见他。公明淡然回答:"好吧,咱们这就去。"公明跟着黑娃一路来到了街南头木场。黑娃一见木场伙计小三忙问道:"小三,马老板在吗?"小三忙道:"老掌柜有病,在床上躺着。"黑娃愕然:"是吗?前天我不是见他好着呢,咋说病就病了?"小三摇了摇头:

第二十六章　开办木场

"我也不知道,昨天我见老掌柜跟儿子马旺吵了一架,老掌柜就躺在床上了。"听了小三的讲述,黑娃就明白,父子俩一定是为换厢头的事吵架。黑娃苦笑了一笑道:"兄弟你忙,我们去看看老掌柜。"黑娃跟公明一进堂屋,黑娃就忙跟马老板打招呼:"大叔,我跟公明兄弟来看您老来了。"见有人进门,马老板忙翻身坐起,招呼道:"是两位贤侄来了,快坐!快坐!"说着,马老板就要下床,见状,公明忙上前一把按住:"大叔,你还有病,快躺下。"黑娃也忙问道:"大叔,前天不是好好的,咋就病了?"见问,马老板脸色暗淡:"不提了,都是那孽子……"说着,马老板内疚地扫了公明一眼:"公明贤侄,真是对不住了,不是黑娃跟我说,我还不知道,我那孽子去了厢寨,昨天我把孽子狠狠地训斥一顿,我跟他说,这事还轮不到他来做主,我让黑娃把你叫来,好当面跟你赔个不是,你还做你的厢头好了。"公明知道老掌柜说的是心里话,既然他们父子俩有了矛盾,自己也不愿意夹在这矛盾之中。再说,又不是没事干了,何必自讨没趣。想到这里,公明淡然一笑说:"大叔,这事也不怪马旺兄弟,好几个月厢寨也没个头儿,马旺兄弟不也是着急嘛,牛壮做过厢头,由他领着,没事!您老就放心好了。"公明以德报怨的话,让马老板更加惭愧,他心里寻思这赵公明就是厚道,受了委屈还替人家说话,这牛壮跟他就没法比,看来这也是天意,自己生了这个不知好歹的孽子,怎能不败家呢?自己老了,也没有那个精力了,就随他胡折腾去吧!老掌柜面对公明,一脸羞愧道:"贤侄,今后你还有啥打算?"见问,公明嘀咕,在老掌柜面前不能说软话。公明淡然回答说:"不瞒大叔你说,我已经想好了,给别人干,还不如自己干,侄子也想开办木场。"听说公明也要办木场,马老板一脸惊喜:"好样的,有志气,男子汉就要有这个气魄。"听了马老板的夸赞,公明羞红了脸:"让大叔见笑了。"马老板笑呵呵说:"啥见笑,大叔是真心愿你好。"说着,马老板下床从内屋里端出一盘银子:"贤侄,这是一千两银子,拿去做个本钱,就算是大叔的一点心意。"公明见状忙推手说:"大叔,我怎么能收你的银子,快把这银子收回去!"见公明执意不要,马老板瞪了眼:"怎么,是不是嫌大叔这银子不干净?我马德才虽然为人刻薄了些,但这家底可是辛苦挣来的。"见马老板生气,公明忙赔笑脸:"大叔您误会小侄了,侄儿是说,办事缺钱不算啥,就怕你

143

没有个好脑子。大叔您不是说侄儿脑子灵活,心眼稠嘛。有了好脑子,还愁没钱吗?您老说是不是这个理?"见公明言语精到,马老板连连点头:"说得好!说得好!不愧是个有大学问的人。既然贤侄不愿接受,老夫就不强人所难了。但大叔把话撂到这里,今后要是有啥过不去的坎,你就尽管跟大叔言语一声,不要太为难自己。"公明知道马老板是真心实意想帮自己,一时感动:"那是一定的,大叔好好保重,改天我跟黑娃哥再过来看你。"言毕,公明告别,同黑娃一道出了马家木场。

刚一出木场,黑娃就忙瞥了公明一眼:"兄弟,你干吗不要他的银子?"公明淡然回答说:"我干吗要人家的银子?再说,我也是随口一说,办不办木场,我还没想好呢。"黑娃瞪眼说:"这有啥好想的,想办就办,哥支持你,哥这就去联系人,咱们就把木场办在他马旺木场跟前,气气他。"公明摇头说:"不可,那马老板待咱们不错,咱们不能对不住他。"黑娃见公明不悦,愕然说:"那你说不在芒谷办,又能办在哪儿呢?"公明若有所思:"你看咱们村南的田谷,那条田谷河,一到汛期,河水不也是汹涌澎湃,在那谷口建个木场,我看不比那芒谷差,你说呢?"听了公明一番话,黑娃也觉得有道理,想当年自己跟公明,还有村上一帮小兄弟,就是去村南的田谷里背柴的,那田谷河特别宽敞,平日河水就丰富,奔流不息。记得有一年,他跟村上一帮小兄弟,到西沟打柴,河里发了大水,河中漂流着木板和猪羊。经公明这一说,黑娃点头说:"我看也行,就是不知道那深山老林是个啥样,我们还没去过。"公明笑呵呵道:"没去过,去呗!明天咱们兄弟就去看看。"说干就干,第二天吃过早饭,公明就跟黑娃到田谷里去实地勘察。

公明和黑娃在进山的路上,一路走着,一路商议着开办木场的事。约莫三个时辰后,公明和黑娃来到一个叫金牛坪的地方。见路边住着几户庄户人家,碰巧一老者在院前劈柴,公明便上前拱手问道:"大伯,我们行路渴了,想讨碗水喝。"老者点头:"行!"说着,回头冲屋里大声道:"老婆子,有两位过路人渴了,端两碗水来。"片刻,一老太端着两碗水来到院前,笑盈盈说:"快坐下喝吧。"公明和黑娃接过水碗,齐声道:"谢谢!"老太回答说:"谢啥呢,不就是一碗水嘛,你们要是没吃饭,老身给你们做饭去。"公明见老太热情好

第二十六章 开办木场

客,打心眼里感激,忙点头说:"不麻烦您老了,我们吃过饭了。"老者问道:"看样子,你们俩是来办事的吧?要是用得着小老儿的地方,就言语一声。"黑娃忙接话说:"大伯好眼力,我们兄弟就是从山外来的,我们来看看这里能不能赶厢。"听说赶厢,那老者就一下来了精神:"你们这算找对人了,小老儿年轻时在芒谷里给人赶过厢,咱这田谷比那芒谷的老林子多,河水也不比那芒谷差,怎么不能呢?"公明惊喜:"是吗?大伯,你看在哪里建厢寨好?"老者不假思索回答说:"从这儿再往里走,五十多里地,有个大梁沟,那大梁沟四周都是老林子,山坡下就是这田谷河的源头,就是个建厢寨的好地方。"老者绘声绘色的讲述,听得公明和黑娃心花怒放。黑娃忙说:"大伯,你能不能带我们到那大梁沟去看看?"老者笑呵呵回答说:"行!我们这就去,那里还住着几户人家,他们跟我可熟了,晚上咱们就歇在他们那儿。"说着,老者忙起身回头冲屋里喊道:"老婆子,我带这两个客人到大梁沟去一趟,晚上就不回来了。"老者是个爽快人,说走就走,老者在前头带路,公明和黑娃忙跟了上去。

约莫四个时辰后,他们一行人就来到大梁沟,登上山梁,果如老者所言,望不尽的茫茫林海,坡下就是急喘咆哮的田谷河。老者回头扫了公明和黑娃一眼:"你们看这个地方咋样?"公明和黑娃连连点头:"好好好,是个好地方。多谢老伯指点。"老者淡然一笑:"举手之劳,何必相谢,再说,在这里建厢寨也是我多年的心愿。"说着,老者回头迟疑道:"你们赶过厢吗?"未等公明言语,一边的黑娃指着公明忙介绍说:"老伯,我叫黑娃,他叫赵公明,我们俩都是马老板木场的厢工,在那芒谷里赶厢,公明兄弟就是厢头。"老者惊喜,上前一把拉住公明的手:"我早就听人说过芒谷里有个年轻的厢头,很能干,原来就是你,看来咱爷俩儿还真有缘。"黑娃忙接上话说:"大伯说得是,要不我们咋能结识大伯您这个热情人。"老者挥手说:"走,我这就带你们俩去见见那几户人家,今后少不了相互打交道。"公明欣喜:"好好好。请您老前头带路,我们这就去见见他们,也好相互认识一下。"于是,三人有说有笑,一路去了那西岭山寨。

第二十七章
街头救困

公明在黑娃和一帮工友的热情帮扶下,木场算是办起来了,一些在少掌柜马旺木场干活的工友们,听说公明也开办了木场,也都纷纷离开了马旺的木场,来到公明新办的木场。

公明在木场里干过,知道来木场干活的人大都是贫苦人家的孩子,他们都有家小,因生活所逼,才干这个苦力活,好挣钱养家糊口。对待这些下苦人一定要厚道,只有这样才能人心换人心,他们才肯为木场卖力。为此,公明在木场工人中实施了人人都是股东的举措,但凡入股的人按入股的多少,年底结账分红利。公明的这个举措赢得了工人们的赞同和支持,很快,他的木场由一个不起眼的小木场,一跃变成了同行仰慕的大木场。

公明凭着诚实守信,得到了社会的认可,四面八方的客商都愿意跟他打交道,公明的木材生意越做越红火,几年下来,他就成了富甲一方的大木材商。他的分号遍及大江南北。这不,这次他又带着家童兴儿到洛阳分号去走一趟。

公明带着家童兴儿,出了府门快马加鞭,向洛阳进发,一路昼行夜宿。这日,他们主仆起得早,赶路赶得急,家童兴儿落在了后面,公明回头忙催说:"怎么又落下了?"兴儿催马上前苦笑回答说:"早上起来没吃饭,肚子一

第二十七章　街头救困

直咕咕叫。"经兴儿这一说,公明一时也觉得饥肠辘辘。公明淡然一笑:"再坚持一下,前边不远处有一小镇,到那里让你吃个饱。"

"行!"听说能吃饱,兴儿一下来了精神,直起了腰杆,忙催马跟了上去。

小镇不远,不大一会儿工夫,公明和兴儿就来到小镇街头,见街头路边围着一大群人,公明一时好奇,就策马来到人群处,见圈内一年轻人在舞刀卖艺。公明就喜欢舞刀弄棒的人,一见有人在耍大刀就来了兴致,忙上前驻足看了起来。只见那年轻人手执一把明晃晃的大刀左抡右挥,虎虎生风。耍了一会儿,那年轻人放下大刀,又从地上捡起一杆长枪,舞了起来,那挥舞的银枪舞到精彩处,便看不见了那长枪,只见一团银光在闪耀……

"好!好!好!"公明看得高兴,拍手喝起彩来。在公明叫好声的感染下,围观的人群也纷纷报以热烈的掌声。

年轻人见人群喝彩,就势收回长枪,笑呵呵拱手说道:"小的献丑了。"言毕,那年轻人便放下手中的长枪,手捧盘子绕场收起银子来,他边走边苦笑说:"求各位慈悲,捧个钱场……"那年轻人所到之处,围观的人纷纷从怀中掏出碎银投入盘中。公明回头看了看兴儿,兴儿会意,忙从包袱里取出一锭银子,投入盘中,那年轻人惊愕,这锭银子少说也有十多两,忙抬头说:"多谢,多谢!"围观的人也向兴儿投去了惊讶的眼神。见一道道火辣辣的目光投向自己,兴儿一下羞红了脸,不自在起来。

见那卖艺人收摊,围观的人四散而去。公明上前笑呵呵拱手说:"年轻人竟有如此功夫,令在下敬佩。"卖艺人一愣,见那赠银之人就站在那打躬人身后,就明白了眼前之人一定是个懂武艺的大客商,上前纳头就拜:"谢谢大人赠银,小的在此替家父多谢了!"公明听出年轻人话中有话,忙上前去扶:"快快请起,你有啥难事就尽管言语。"说着,公明回头跟兴儿说:"快帮这位小爷把摊收了,咱们到饭馆边吃边说。"

卖艺人有点不好意思,忙说:"小的吃过了。"

"都快晌午了,你在哪儿吃的饭?不必客气,正好我们肚子也饿了,咱们一道儿到那饭馆去。"公明淡然说道。

卖艺人见公明一再邀请,就再没推辞,收完摊子,就跟公明和兴儿来到路边一饭馆坐下。待那卖艺人坐定后,公明又问道:"年轻人,刚才听你说替家父多谢了,莫非是你的父亲蒙受不白之冤了吗?"公明的话令那卖艺人吃惊,眼前这客官一定是位高人,要不他怎能从自己不经意的话中洞察出家父蒙受了不白冤情。他对自己如此垂爱,没准就是能帮自己的那个贵人。于是,那年轻人就把父亲是如何被抓进大牢,自己为了救父亲出狱上街卖艺筹集银子的事,跟公明诉说了一遍。公明听后甚是愤慨:"不就是要银子吗,我这里正好有十万两。"说着,公明回头跟兴儿挥了挥手说:"把那十万两银票取出来,给这位小爷去救父亲出狱。"兴儿惊疑地看了看公明:"要是把这……"见兴儿欲言又止,公明就知道兴儿要说什么,淡然说道:"这里离洛阳城不远了,咱们一到木场就没事了。"听了公明的话,兴儿忙从包袱里取出那张银票,交给了那年轻人,卖艺人接过银票,跪拜说:"小的日后定当报答恩公的大恩大德!"说着,卖艺人就"嘭嘭嘭"地磕起头来。见状,公明忙上前去扶:"区区小事,何言报答,快快请起。"卖艺人忙问道:"请问恩公大名,待家父出狱后,小的也好登门相谢!"公明淡然说道:"不必客气,帮困救难,是在下应该做的。"言毕,公明回头冲兴儿挥手道:"咱们这就走吧。"公明随即跟兴儿离座出门,骑马而去。

　　这卖艺人姓姚名少司,少司的父亲名叫姚琦,这姚琦轻功极好,会飞檐走壁,因而就多了个"鹞子"的绰号。姚琦是一位拳师,他在县城街上开了一家镖局,专门替人押送贵重物品。因他镖局里的拳师个个都武功高强,能飞檐走壁且有诚信,一些富豪都愿跟他的镖局打交道。

　　一日,一富豪来到镖局,对姚琦说他有一批价值十万两银子的贵重物品让他的镖局押送,姚琦拍着胸膛答应了押送的事,那富豪见姚琦欣然应允,就满意地走了。原本,这批贵重物品由姚琦自己亲自押送,没承想临走时,事有变故,姚琦的父亲病故了,作为孝子的姚琦要为父亲守灵,不能外出。无奈,姚琦就让镖局一位名叫王柳的拳师代自己出这趟镖。王柳受命,带了几个新手就上路了。

第二十七章 街头救困

　　这趟押镖的路上要经过一片山林,这山林上有一个胡塔岭,一伙强人在这胡塔岭上安营扎寨。山寨里有两位当家的,大当家名叫黄胜,因其面目黑,外号"黑老大",二当家叫贾明,因他为人奸诈狠毒,人们给他送了个"贾不正"的外号。他们两人狼狈为奸,专在此干那劫道的勾当。

　　一年,姚琦押镖路过山林,黑老大和贾不正便带一伙强人下山劫道,姚琦毫不畏惧,挥刀力战黑老大和那贾不正,一个鹞子翻身,腾空而起,手劈脚踢,把黑老大和贾不正全都打趴下了。一伙小山贼见姚琦竟如此骁勇,不敢再战,忙跪地求饶,姚琦大声吼道:"滚!"山贼们从地上爬起架起黑老大和贾不正,落荒而去。从此后,黑老大和贾不正学乖了,再也不敢劫姚琦的镖了。

　　这次,山外眼线得知姚琦让一个叫王柳的拳师押镖路过,忙给大当家黑老大禀报,黑老大还怕眼线的消息有误,自己乔装下山去打探。他来到姚庄,见姚琦门前挂着白纱灯,这才确信了眼线的话,欣喜地回了山寨。

　　当王柳押着镖,路过山林时,只听一声唿哨,山林中跃出一伙人来。王柳见状,暗暗叫苦,寻思一下来了这么多强人,自己带的人少,如何是他们的对手。不如亮出师父姚琦的牌子吓吓他们,没准他们会知趣而去。王柳故作镇静,喝道:"尔等听着,我是奉师父姚琦之命来押送这趟镖的,尔等知趣点放我们过去,我们还是朋友。"黑老大狠狠地瞪了一眼:"哎呀!你还拿你师父来吓唬我们,不过你说对了,若是你师父姚琦来了,我们就不劫他的道,但这次就另当别论了,今天这个镖我们劫定了。你们知趣点,把镖留下走人,要是不识相,就休怪我们手中的家伙不讲情面了。"说着,那伙山贼挥舞手中刀就拉开了架势,单等黑老大一声令下。王柳哪见过这阵势,早就吓得打起了哆嗦,忙求起情来:"求大当家手下留情,放过我们吧。"说着,王柳就把手中的刀撂在地上,自己先跑了,其余的人见王柳跑了,也撂下刀落荒而去。黑老大他们也不追赶,取了车上的物品,一路回山寨去了。

　　失了镖,王柳不敢再回镖局,寻了个地方躲了起来。

　　那富豪得知自己的镖被强人劫了,一张状子就把姚琦告了官,说姚琦私通强人劫了他的镖。县老爷接到报案,当即派衙役去姚庄锁拿了姚琦,姚琦

被抓进了大牢。

姚琦被抓,儿子少司一下急了,好在少司跟衙门里的刘师爷认识,还有点交情,便来到县衙跟刘师爷说明了原委,刘师爷也同情姚家的变故,跟县老爷说明了实情,县老爷法外开恩,才免了姚琦通匪的罪名,只要赔了人家十万两银子,就放姚琦出大牢。少司的家境虽然说还过得去,但这十万两银子可不是个小数目,怎么能拿出来呢?为了父亲早日出大牢,情急之下,少司就在街上摆摊卖艺筹钱了。碰巧的是,在街上遇上了好心人赵公明赠银十万两,才解了少司的燃眉之急。

少司怀揣十万两银票,出了饭馆,匆忙来到县衙见了师爷刘三,交上了十万两银票。见这么短时间,少司就弄到了十万两银子,刘师爷惊愕地睁大了眼睛:"小兄弟,你哪来这么多银子?莫不是那强人发善心,又把那银子送了回来?"

"哪是强人送回来的,是一个过路的客商听了我家的变故后,就送了小弟这张银票。"少司苦笑说。

"是吗?世上还有这么好心的人。咱们这就见县令大人去,好把你父亲放出来。"刘师爷道。

"多谢刘师爷!"少司忙拱手说。

"咱们都是兄弟,你还跟大哥客气啥?"刘师爷瞥眼说。

刘师爷上前拉住少司的手,去见县令大人去了。

少司把父亲接回了家,父亲姚琦惊愕道:"儿子,我记得上次你到牢里看我时,不是说县令大人说了,只要咱们赔人家十万两银子,就放我出大牢,你是怎么筹到这十万两银子的?"

"儿子在街上卖艺筹钱,是一个过路的客商听了儿子的诉说,就送了一张十万两银票,让儿子把你救出来。"少司苦笑说。

"是吗?那客商可是咱们家的大恩人,说啥也得好好谢谢他。"

"连他的名字都不晓得,到哪儿去谢呢?"少司看了父亲一眼,淡然说。

"啥?你咋这么粗心,咋不问问他的名字呢?"父亲瞪了儿子少司一眼。

第二十七章　街头救困

"儿子问了,可他就是不说。"少司忙分辩。

"那客商长啥模样?"姚琦思量片刻,又问道。

"人高马大,黑黑的,胖胖的,一副慈面善目的模样。"儿子少司说。

"说起话来,是不是声似洪钟一般?"姚琦忙插话说。

"是呀!他说起话来就跟洪钟一样洪亮。"少司忙点头说道。

"就是他!就是他!"父亲姚琦惊喜地说。

"他是谁,你认识他吗?"见父亲惊喜,少司又忙问道。

"他就是大善人赵公明,虽说我不认识他,但有关他的事我可听得多了。儿子,你可遇到贵人了,咱们可要好好谢谢他才是。"父亲越说越激动。

"还不知道这赵公明住在哪儿,到哪儿去谢人家呢?"少司愕然。

"那赵公明家就住在终南山下的枣林滩,他的木场就在村南殿子头镇上,明天你就跟老爹去那终南山枣林滩去谢谢他。"父亲姚琦笑呵呵地说。

"爹,你刚出大牢,身子骨还虚弱,就让儿子代你去吧。"

见儿子少司说得有道理,再说这儿离枣林滩路途遥远,自己刚刚出牢,身子是有点虚弱,怕路上吃不消,就让儿子少司去吧。姚琦点头回答说:"好吧,明天你就去报答他,我的身子硬朗着,就不必挂念了。"

于是,第二天一早,少司就辞别父亲姚琦,一路到终南山寻找恩公赵公明报恩去了。

151

第二十八章
少司报恩

少司的家到终南山少说也有两千多里地,少司昼行夜宿,一个月后来到一小镇,这小镇地处山坡下,风景特别秀丽,且又逢庙会,街上行人熙熙攘攘,一派热闹景象。少司兴致盎然,就跟随人流来到一座大庙前。见庙门院前围了一群人,少司一时惊奇,上前去看,见一年轻女子在场内冲围观的人拱手道:"贫道来自飞云观,只因飞云观年久失修,普善道长令观内弟子四处筹措银两。贫道来到贵地,求各位善人慷慨解囊。贫道武艺不精,在此献丑了。"言毕,那年轻女道一抱拳,从地上捡起两把长剑,前腿一弓,就拉开了架势,舞了起来。只见那把长剑在女道手中嗖嗖作响,寒光闪耀,犹如一条银龙在盘旋飞舞。少司练过剑,知道要是把剑能练到这个地步,可算是剑道高手。少司一时心热,一个鹞子翻身,便跳入场内,那年轻女道一见,就知道此人身手不错,忙收剑,瞥了一眼,随手把手中另一把剑扔了过去。少司会意,忙接剑到手,拉开架势,双方含笑点头,便开始比试起来。起初十多个回合,少司还略占上风。少司心里嘀咕,这女道功夫不怎么样,不过是花拳绣腿而已。于是,少司步步紧逼,那女道好像知道少司的意图,将计就计,故意使了个破绽,身子摇摇晃晃要倒的样子。见状,少司暗喜,这下女道可要栽在自己手上了。正当他脸上露出一丝得意时,只见眼前一道银光划过,地上的女

第二十八章　少司报恩

道便不见了踪影。"年轻人,贫道在这儿。"少司回头失色,忙收回长剑拱手道:"师父,多有得罪了。"见少司知错了,女道淡然说道:"我们习武之人应宽怀为本,切莫逞能。"少司自知羞愧:"师父说得是,弟子知错了。"女道淡然点了点头:"这就对了,人非圣贤,孰能无过,知错能改就行。"少司寻思,何不拜这女道为师?少司尴尬一笑,问道:"请问师父仙居何处,如何称呼,弟子也好认你做师父。"女道打量了少司一番,淡然回答道:"看小爷尘心未泯,就算了吧。"说着,女道仰头看天,脱口说道:"乌云蔽天,看来大雨就要来了,小爷快走吧,迟了可要遭受风寒的。"女道的话让少司纳闷,红日当空,哪来的乌云蔽天,这女道不是在说胡话吧?正当少司茫然时,突然雷声隆隆,霎时乌云蔽日,片刻间,大雨便下了起来。庙会上的游人纷纷四散而去,少司也慌忙向小镇一路跑去。见街头路边有一客栈,就一头闯了进去。

这突如其来的大雨,把少司浇了个透心凉,夜里少司就发起了高烧,迷迷糊糊中昏睡了过去。

店家见少司病了,赶忙请来大夫诊治,大夫见少司感染了风寒,得发发汗才是。于是,大夫就开了一服发汗药,店家送走大夫,就忙煎药,少司服了店家煎的药,不大一会儿烧便退了,他清醒了过来。三日后,少司告别店家要走时,只觉得眼前金光一闪,就扑倒在地。店家又忙请来大夫诊治,大夫检查后说,少司是感染上伤寒,一听"伤寒"二字,店家不由打了个寒战。店家明白这伤寒可是个难治的病,弄不好会要命的,得趁早告知他的家人才是。店家来到床前跟少司说:"客官,大夫说你的病不轻,你的家在哪儿,大叔让人去告知你的家人,也好接你回去治。"见问,少司惨然:"我家在洛阳,到这里少说也有两千里地,如何回得去?"店家愕然,这么远,来回跑一趟也得一个多月。店家冲少司苦笑了一下,又问道:"客官,在附近可有认识的人吗?"少司沉思片刻,忙回答说:"不瞒大伯说,我这次是到那终南山枣林滩寻找恩人赵公明的,没承想在这里就……"一听赵公明的名字,店家惊愕:"你认识赵公明咋不早说,这赵公明可是个仗义疏财的大好人,早些年他还在我的客栈住过。"说着,店家又扫视了少司一眼,继续问道:"客官,你刚才说那

153

赵公明是你的恩人,想必那赵公明救过你。"见问,少司就把先前之事跟店家细说了一遍,店家笑呵呵点头说:"这么大的恩德是得好好谢谢,小老儿这就去找那赵公明去。"少司面有难色:"这不好吧,又要给恩公添麻烦了。"店家瞥眼说:"这有啥麻烦的,赵公明是个重义气的人,他会来看你的。"见店家热心,少司点了点头,淡然一笑说:"那就多谢大伯了。"店主笑着说:"举手之劳,何言相谢,你就等着好消息吧。"言毕,店家就出了客房,出门一路到枣林滩找赵公明去了。

这日,赵公明正好回家看望父母,一见店家愕然道:"这不是青山张大叔吗?"店家点头说:"赵公好记性,都快十多年了,赵公还记得小老儿。"公明笑呵呵忙上前招呼:"那时我是大叔店里的常客,怎么会记不得呢?大叔快请到屋里坐。"店家跟着公明进屋,来到客厅,待店家坐定后,公明忙问道:"大叔,有何事,请讲!"店家就把少司卧病的事说给了公明听,公明听后拱手说:"多谢大叔前来传话,咱们这就去你店里看看那年轻人。"说着,公明回头跟一边的兴儿说:"兴儿,快到厨房去打个招呼,就说家里来了客人,让他们准备几个菜端过来。"听公明安排饭菜,店家忙摆了摆手:"不了,小老儿在镇上刚吃过了,就不麻烦赵公了。"公明瞪眼道:"咱爷俩儿都是老熟人了,大叔还跟我见生。吃过饭,咱们坐轿车过去就是了。"见公明热情,店家再也没言语,两人又说起当年那有趣的事来。

不大一会儿,饭菜上桌,公明招呼店家来到东屋吃饭,吃罢饭,就坐轿车一路去了青山小镇。

"少司,你看大叔给你把谁领来了。"店家领着公明一上二楼就忙跟少司打招呼。声到人到,少司一见公明就要下床,公明忙上前一把摁住:"兄弟,快躺下,快躺下!"少司激动得两串热泪从脸颊上滚落下来,公明拽住少司的手安慰说:"张大伯把兄弟的事跟我说了,大哥今天就接兄弟过去,调养一段日子就没事了。"说着,公明冲店家拱手说道:"多谢大伯照顾我兄弟。"说着,就从怀中掏出一锭银子,说:"大伯,来得仓促,没带多少银子,这是纹银五十两,您老就收下吧。"店家涨红着脸,忙推之:"赵公,你这不是羞煞小老儿

第二十八章　少司报恩

吗,小老儿怎么能收你赵公的银子呢?"公明回答说:"大伯是小本经营,也不容易。再说,小弟有病多劳大伯请大夫诊治,理应相谢,大伯的情是无价的,实在令人敬佩,大伯要是再不收这银子的话,晚辈就汗颜了。"说着,公明就把那锭银子往店家衣兜里塞。见店家执意不收,少司在床上激动道:"大叔,我大哥给你,你就收下吧。"店家苦笑说:"是你欠了小老儿的银子,怎么让赵公掏这个银子呢?日后要是你有了银子,大叔就不客气了。"公明见店家执意不收,点头说:"既然大叔把话说到这个份上,侄儿就不强人为难了。"公明回头跟车夫说:"五哥,扶少司兄弟,咱们回家去。"

"是。"王五应了一声,忙上前扶着少司下楼,辞别店家坐上轿车,一路回枣林滩去了。

赵公明把少司送回枣林滩,交予父母照管。这少司嘴甜,一口一个大伯大娘地叫着,叫得公明爹娘高兴,就拿少司当自己的儿子看待,每日煎药照管他。在公明爹娘精心调养下,约莫一个月下来,少司就康复了。

这日,少司跟公明爹娘说:"大伯,大娘,你们待我比儿子还亲,你们二老就是我的爹和娘。"说着,少司跪倒在地就拜了起来。公明爹和娘感动,忙上前扶起少司:"好!既然你拿我们当作你的爹和娘,我们就认了你这个儿子好了。"少司起身拱手说:"爹,娘!儿子的病已好,今天就去大哥的木场干活去,请二老多保重,儿子会时常回来看二老的。"

公明爹和娘含泪挥手说:"去吧,有空就回来。"

"儿子知道了。"少司点头回答说。

少司辞别公明爹娘,一路去了村南殿子头镇上公明木场去了。

公明见少司身体有点瘦弱,就让他干一些轻活,少司不干,说他有的是力气,干那轻活使不上劲。公明寻思,少司是个练武之人,思想单纯,就喜欢干那直来直去的事,就依了他。少司嘀咕,自己初来乍到,不愿让别人说自己是凭靠关系吃闲饭。他要靠自己的能力干事,取得工友们的信任才是。于是,少司就做了木场一名普通的转运工人,每日跟工友们做搬运木材、装车卸货的重体力活。起初,工友们还纳闷这个瘦弱的年轻人能不能干这个吃苦的活，但几天下来，工友们对少司刮目相看了，这年轻人不但干起活来精干利索，而且还为人热情厚道，工友们都愿跟他交朋友。

木场有一位上了年纪的管账先生，名叫张信。这张信原是一位坐馆的先生，公明木场没有识文断字的人，就把这老先生请了来，让他做了木场的账房先生。自从张信做了木场的管账后，公明发现这张信为人虽然正直，但堂口不清，账务上经常出错，不是多记了，就是漏记了。为此，公明寻思这样长久下去可不行，做生意就要精打细算，账总是不清不楚还不把家败了。到哪儿能寻个精明的管账的人呢？公明暗地里寻找了好久，也没有寻找到，为这事，公明心里甚是着急。

这日，公明又要去田谷厢寨，放心不下木场的事，他便让兴儿传来少司："兄弟，大哥明天要到厢寨去几天，要是哥走后，洛阳和开封的要来订货，你就代大哥把货单签了，烦劳兄弟你了。"少司嘀咕，公明大哥把这么重要的事交给自己干，说明公明大哥对自己信任，一定要做好大哥交代的事。少司不好意思地笑了笑："大哥，兄弟怕做不好。"公明笑呵呵地说："大哥几次签单，兄弟你不是都在场吗，没事，你放心去做就是了。"看着大哥公明信任的眼神，少司点了点头："好吧，兄弟就试试看。"

公明走后，果然洛阳和开封的客商就来了，少司忙把他们接进客厅。洛阳的马掌柜愕然："咋不见赵公呢？"少司忙回答说："我家大哥到田谷厢寨去了，他知道你们要来，让我姚少司代他接待几位掌柜的。"马掌柜见这个自称是姚少司的人文文静静，一脸幼稚之气，寻思这赵公明怎么寻了个孩子来代他办事，这是何意？少司察言观色，一看马掌柜脸色有点不悦，就知道这位马掌柜压根儿瞧不起自己，看自己有点嫩，可自己不能在气势上输给他。想到此，少司笑呵呵拱手道："二位掌柜，大哥公明临走时，跟我交代过了，让我代他跟二位把单签了，你们二位掌柜都是我们木场的老主顾了，虽然说今年的木材行情看涨，我们木场还让利二分给你们，二位掌柜你们看如何？"未等马掌柜言语，一边在座的开封客商王掌柜忙接上话题说："我看这个二分少了点吧，有人还跟我们让利三分呢。"说着，王掌柜给马掌柜使了个眼色，马

第二十八章　少司报恩

掌柜会意,忙接上了话题:"王掌柜说得是,我跟王掌柜一到镇上,就有好几家木场找问我们说,只要我们跟他们签单,就让利三分给我们。我们俩跟你家赵公是老交情,就先来木场商量,要不……"见马掌柜和王掌柜眉来眼去,少司就知道这两位掌柜在有意试自己的本事,决不能做出让步。少司淡然回答说:"二位掌柜说得也是,欺诈拐骗有的是,我们木场可是以诚信做事,货真价实,不欺不诈,想必二位掌柜是知道的。既然二位掌柜贪求多让利,我们也不强求,请二位掌柜自便吧。"见少司说话不温不火,话语软中带硬,不卑不亢,二位掌柜大为惊愕。马掌柜笑呵呵地说:"真是强将手下无弱兵,让老夫刮目相看了。"说着,马掌柜回头看了看王掌柜:"王掌柜,你看这事……"王掌柜会意,笑呵呵地说:"谁让我们是老交情,就按姚掌柜说的办就是了。"客厅一阵欢笑声。

公明从厢寨回来,听了少司的汇报,甚是欣喜,当即宣布认命少司做自己的助手,兼管账房事务。少司见公明大哥相信自己,也不推辞,以一颗报恩之心,兢兢业业为木场干事。

公明有了少司辅佐,如虎添翼,木场生意日益兴隆起来,十多年下来,公明木场生意遍及大江南北,公明也一跃成为名扬关中的大富商。公明与少司也成为事业上的好搭档,生活上的好兄弟。

第二十九章
恶少使坏

　　自从公明木场兴旺以后,有个人却嫉妒了,这个人就是马掌柜的儿子马旺。马旺是个记仇的人,对当年孩提时在学馆被公明抢白的事还耿耿于怀,再加上十多年前换厢头的事,被老爹臭骂了一顿,还不能释怀。公明的木场生意蒸蒸日上,而自己的木场却生意惨淡,他既眼红公明的生意好,又嫉恨公明家大业大。

　　马旺见公明在田谷建了厢寨,他也在田谷建了厢寨和木场,但自己的生意就是不如人家公明的生意好,他的心里又冒出了坏水,寻思着如何整垮公明的木场。马旺想起了发小黄善,黄善名善,但心却不善,尽做些欺男霸女的缺德事。这黄善原本是街上的一个小混混,一次群殴时,被人家扯烂了嘴,因而街上人给他送了个"黄烂嘴"的外号。黄烂嘴在街上混不下去了,就投靠了马旺,两人臭味相投,就成了一对要好的朋友。马旺就看上黄烂嘴心眼稠,点子多。马旺要使坏,首先就想到了这黄烂嘴。

　　这日,马旺一见黄烂嘴,就眉开眼笑:"黄哥,咱们兄弟好久没有在一起喝酒了,今天小弟做东下馆子去,咱哥俩好好喝上几杯。"听说下馆子,黄烂嘴就知这马旺又要跟他问计。在黄烂嘴眼里,马旺是个反复无常的人,事办好了不说,要是把事办砸了,他就立马翻脸不认人了,自己得提防才是。

第二十九章　恶少使坏

黄烂嘴摇了摇头："这两天身体不适,不能喝酒,谢谢兄弟好意。"马旺见黄烂嘴有意推辞,心里就明白是咋回事,忙笑呵呵地说:"黄哥,是不是又记仇了,小弟就是那个脾气,沉不住气,那次多说了黄哥几句,事后小弟也好懊悔。不是跟黄哥赔不是了嘛,怎么还记仇呢?咱哥们谁跟谁,你大人有大量,不要跟小弟一般见识。"说着,马旺就上前拉住黄烂嘴的手,黄烂嘴半推半就,就跟着马旺去了。

酒过三巡后,黄烂嘴盯着马旺问道:

"少掌柜,酒也喝了,你该说说究竟是什么事?"见问,马旺惨然道:"黄哥,他赵公明挤了咱们木场的生意,小弟心里就是不顺,他的生意咋就红火,咱们的生意就这么清淡。小弟知道黄哥的点子多,这次你得帮帮小弟,如何才能整垮这个忘恩负义的赵公明。"

"我当是啥难办的大事呢,这事小菜一碟。"黄烂嘴把烂嘴一撇说。

"黄哥,快说说,是怎样个整法?"马旺一下来了精神。

见马旺失态,黄烂嘴"嘘"的一声,扫视了一下周围,压低声音说:"干吗那么高声。"马旺自知失态,忙吐了一下舌头,不作声了。黄烂嘴挪了挪屁股挨近了,附在马旺耳边嘀咕了好一会儿,马旺不住地点头:"好!好!好!就按黄哥说的办。"说着,马旺又有点迟疑:"黄哥,这人的事……"马旺一开口,黄烂嘴就知道马旺的担忧,笑呵呵地说:"少掌柜,这事你甭管了,就等着瞧好吧。""行!有黄哥这句话,小弟就放心了,事后小弟绝对亏待不了黄哥。喝,今天咱哥们喝个一醉方休。"两人便又喝了起来。

酒足饭饱后,黄烂嘴告别马旺上街找人去了。

黄烂嘴这一去,十多天就不见人影儿了,马旺着急起来,忙让牛壮上街去找,碰巧,牛壮一上街就见到了那黄烂嘴:"黄哥,少掌柜让兄弟我找你,说是有事,让你赶快过去一下。"黄烂嘴点了点头:"好,我正好要去见他。"

黄烂嘴便跟牛壮一路来到木场,一见马旺就笑呵呵道:"少掌柜,一切停当,只欠东风。"

"什么东风西风的?"

见马旺愕然不解，黄烂嘴笑呵呵道："当年诸葛亮草船借箭，没有东风能行吗？"马旺点头说："黄哥的意思小弟明白，你说的是戏文里的事，我们如何晓得这风何时能来呢？"黄烂嘴瞥了马旺一眼，有点得意："大哥不才，也略懂得天象，昨天夜里月晕很重，大哥断定今天夜里定有大风来临。"

"是吗？这下可好了，天助我也！"马旺惊喜道。

这日夜里，果如那黄烂嘴所言，天色黑咕隆咚，伸手不见五指。黄烂嘴带着几个人借着夜色，越墙潜入公明的货场。这马旺的货场跟公明的货场仅一墙之隔，从一个角落越墙是件很容易的事。夜半时分刮起了上山风，黄烂嘴见时机已到，忙让人点着了挨墙的几间茅棚，茅棚干草一点就着，一时大火就吞没了茅棚。黄烂嘴见得手了，忙带人又越墙回到马旺的货场。正当黄烂嘴得意时，突然风向转了，变成了下山风，熊熊的火苗越墙窜向马旺的货场。一时风越刮越大，呼啸的下山风夹裹着火苗在马旺的货场乱窜起来，见这阵势，黄烂嘴吓呆了，暗暗叫苦，好好的上山风怎么突然就转了向，这馊主意是自己出的，这火又是自己带人放的，货场被大火烧没了，自己如何跟少掌柜马旺交代？还是一溜了之为好。于是，黄烂嘴撒腿跑出了货场，消失在夜幕中。

这天夜里，少掌柜马旺有意避了出去，到镇上一朋友家喝酒去了，当得知自己的货场被大火烧了个精光后，瘫坐在地上呼天喊地起来。

三日后，公明从开封回来后，少司跟他说了那场大火的事。少司说："大哥，少掌柜的货场被大火烧了，小弟仔细察看过了，这火是有人故意放的。从墙上的脚印看，有人从少掌柜货场翻墙进入咱们货场，把咱们货场后墙那几间茅棚点着了，没承想风向变了，茅棚的火苗窜到少东家的货场。"

一边的二娃子忙接上了话题："少司说得是，前几天我就见那黄烂嘴鬼鬼祟祟来咱们货场里转悠，我看八成是那黄烂嘴点了咱们货场那几间茅棚。"

"没有证据的事，可不要胡说。"

黑娃见公明瞪了二娃子一眼，就不再言语了。

第二十九章　恶少使坏

　　公明回头跟少司说："你去柜上支十万两银子，给少掌柜送去，也算是咱们一点心意。"听说是要给马旺送银子，黑娃一下瞪大了眼："他家货场被烧了，这火又不是咱们放的，凭啥给他家送银子呢？"少司也忙接话说："大哥，黑娃哥说得有道理，要是这时把银子送过去，人们会怎样说咱们呢？"公明淡然回答说："是同行，就得相互帮衬。就因为少掌柜过去跟咱们有过节，就视而不见吗？做人要厚道，再说老掌柜对咱们不薄，就冲这一点上，说啥我们也得帮帮他家。"少司觉得有道理，点头去柜上支银子去了。

　　货场失火，老掌柜就猜是儿子马旺使的坏，他寻思儿子马旺结交了一帮狐朋狗友，能学好吗？特别是那个黄烂嘴，是街上出了名的混混。儿子马旺跟他走得最近，没准就是这个黄烂嘴出的馊主意。老掌柜让人把儿子马旺叫回家，老掌柜一见儿子马旺，就劈头盖脸地臭骂起来："我问你，半月前有人见你跟那黄烂嘴下馆子是咋回事？咱家货场失火那天夜里，你又跑到哪儿去了？你们背着我都干了些什么见不得人的事？你得给我一个解释。"马旺见老爹连珠炮似的发问，一下焉了，心里嘀咕，看来是瞒不住了，只得照实说了，求老爹原谅自己。马旺扑通跪倒在地，扇打自己的脸："都是儿子鬼迷心窍，才干下这龌龊事……"老掌柜瞪眼道："够了，不要再演戏了。还有多少事瞒着我？"见问，马旺就把跟黄烂嘴在饭馆里如何密谋的事说给了老爹听，老掌柜听后连连叹气道："我咋就生了你这个不成器的孽障呀，这真是人害人害不死，天杀人不见刀呀！你这个孽子何日才能明白这个道理呀？"马旺跪地求饶说："儿子知错了，下次再也不敢了。"老掌柜愤然："你还有下次吗？木场被烧了个精光，要不是有这个老宅子，我跟你娘就流落街头了。"说着，老掌柜脸色铁青，大声吼道："你快给我滚，我不想再看见你。"马旺见老爹真的生了气，赶忙爬起，一股烟地跑了。

　　"马叔，我公明大哥看您老来了。"声到人到，老掌柜见是黑娃跟公明，忙上前让座："两位贤侄来了，快快请坐。"说着，老掌柜端过两把椅子，让公明和黑娃坐下。公明笑道："侄儿上午才回来，听说大叔货场失了火，侄儿就忙赶了过来。"说着，公明回头跟少司介绍说："少司，这位就是我跟你常提说的老掌柜马大叔。"见眼前这位叫少司的年轻人文质彬彬,一脸聪慧之气,老掌柜愕然问道:"好面生,家在哪儿?"见问,少司回答说:"小侄家住洛阳,公明大哥赐银十万两,救我父亲出了大牢,我是来这里报恩的。"少司的话让老掌柜感动,点头说:"好样的,做人就得学会知恩图报。"公明说:"大叔,我今天跟黑娃哥和少司兄弟来,一是看望您老人家,二是给您家送银子来了。"待公明话语刚落音,少司就从怀里掏出一张银票:"马叔,这是十万两银票,请您老收下。"老掌柜羞愧,忙推之:"我怎么能收你家银子,我那孽子……"老掌柜一开口,公明就知道他要说的话,忙摆手说:"不说了,那都是过去的事。大叔对我公明有恩德,你家遇到了火灾,侄儿怎能视而不见,咱们既然是同行,有了事,就得相互帮衬才是。"公明的话,说得老掌柜直点头:"贤侄说得是,贤侄说得是……"公明坐了会儿,便起身告辞,临出门时,又跟老掌柜说:"大叔,要是再遇到啥难事的话,别自己扛着,跟侄儿言语一声,我会让咱们商会里的人帮您的。"老掌柜感动地直点头:"那是一定的,那是一定的。"老掌柜目送公明他们远去,才回身进了府门。

　　公明走后,老掌柜按捺不住激动的心情,让家人把儿子马旺找了回来。这次马旺学乖了,一进门就跪倒在老爹跟前,低头不敢言语。老掌柜举着那张银票,瞥了儿子马旺一眼说:"这是一张十万两银子的银票,你没想到吧!这张银票可是人家赵公明刚刚送过来的。人家赵公明以德报怨,你有这个胸怀吗?你就知道算计人,这下可好,把自己给算计进去了。"听老爹说赵公明送来了十万两银票,马旺也感动得淌出了热泪道:"儿子知道错了。"老掌柜见儿子马旺有悔改之意,话语变温和了,说:"好,知错能改就好,你这就跟我到公明木场请罪去。"说着,老掌柜抬脚就走,儿子马旺爬起,忙跟了上去。

第三十章 出任会长

马旺在公明的感召下,懂得生财之道,要靠诚实守信,不欺不诈的行业道德。他悔过自新,跟公明倒成了一对最要好的朋友,老掌柜见儿子马旺变了,甚是欣慰。

见公明木场生意兴旺,小镇上的人也纷纷仿效,做起了木材生意,一时殿子头镇外木场星罗棋布。这不,就连那混混黄烂嘴和牛壮也开办起了木场。

木场多了,事也就来了,黄烂嘴为了多招来客商,他就让街上的一帮混混到街口去拉生意,别的木场也纷纷仿效,一时街头被这些人搞得乌烟瘴气。黄烂嘴见这个法子灵了,忙又打出了低价的牌子。马旺见黄烂嘴搅乱了木材行情,甚是愤然,要找他好好说上几句。这日,碰巧,黄烂嘴刚出门,就被马旺堵上了:"兄弟,咋就你鬼点子多,让混混上街拉生意不成,又亮出了杀价的牌子,有你这样做生意的吗?"黄烂嘴见马旺揭了他短,一脸的不高兴,但他也知道这马旺也不是个善类,不敢招惹他,便嬉皮笑脸回答说:"少掌柜,大家不都是这样做,你不去说别人,偏偏来说我。"见黄烂嘴油嘴滑舌,马旺气就不打一处来,狠狠地瞪了黄烂嘴一眼:"你不先做,别人能看样学样吗?你这样做非出事不可。"黄烂嘴白了一眼,低声嘟囔:"咸吃萝卜淡操心,关你的屁事。"黄烂嘴的嘟囔声被马旺听到了,马旺双眼圆睁:"你嘴在嘟囔啥,啥咸吃萝卜淡操心?"黄烂嘴自知失言,忙改口笑嘻嘻地说:"大哥,兄弟怎敢说你呢?"

"少掌柜快去看看,我牛壮哥跟人吵起来了。"马旺回头见是牛壮的弟弟牛才,忙问道:"牛才,你牛壮哥为啥事跟人吵起来了?"

牛才回答说:"我听那人说,以次充……"

"以次充好。"

"就是以次充好。我哥说那人故意找茬,于是,两人就吵了起来,我怕出事,就过来找少掌柜来了。"马旺回头瞪了黄烂嘴一眼:"你给我听着,我拿你当兄弟,要是别人我还懒得管。"言毕,马旺回头冲牛才摆了摆手:"走,看你哥去。"说着,马旺跟牛才一路匆忙向牛壮木场赶去。

这牛壮不是在马旺的厢寨做厢头,怎么又开办起了木场?说起牛壮,平心而论,这牛壮虽说心胸有点狭隘,但他脑子灵活,不甘屈于人下。他见赵公明的新木场几年下来就火爆起来,心里就萌发了给别人干,还不如给自个干的想法。他和马旺是发小,也是最要好的朋友,就把自己的想法跟马旺说了。马旺寻思,既然牛壮有了这个想法,就不能强留了,于是,牛壮就在小镇南头办起了属于自己的木场。

牛壮的木场是办起来了,但还没有知名度,生意比较清淡,他见别人的木场生意好,不觉心里就痒起来,见黄烂嘴雇人上街拉生意,觉得这个法子挺管用,并且还接了几个大单子。起初,牛壮还守信用,按订单发货,赢得了客商的信任。这不,一日,又跟一个客商签了一个大单子,那客商要得急,但木场的上等材不够,他就动了歪主意,来了个以次充好,把货发了过去,那客商收到货后,见有差误,就让人来查询,牛壮要赖不认账,于是,就跟客人吵了起来。

"牛壮,来了就是客人,有你这么对待客人的吗?还不快请客人到屋里坐。"见马旺来了,牛壮倒来了劲:"什么客人,他说我以次充好,糊弄他们。"马旺让牛壮请客人到屋里去,就是怕在外边嚷嚷,让人听见了不好,牛壮不

第三十章 出任会长

理解他的意思,还倒先嚷嚷起来。马旺忙给牛壮使了个眼色,牛壮不再言语了。马旺忙上前一把拉住来人的手,笑呵呵地说:"小弟不懂事,我是他的大哥,咱们有话到屋里说去。"说着,马旺就拉着客人的手进了屋,牛壮耷拉着脑袋,也跟进了屋。

待客人坐定后,马旺忙倒了一碗热茶,递给了客人:"兄弟,这可是我们这里上等的紫阳毛尖,请尝尝。"来人见这位大哥挺热情的,就不再说什么,接过茶碗就呷了一小口。马旺笑呵呵地说:"真是对不住了,近日发的货多,可能是一时疏忽发错料,你放心回去,明天我们就把货给你们发过去,要是再有差错的话,我们愿赔偿违约金。"

来人见马旺说话和气,点头说:"好吧,小的这就告辞,回去跟我家掌柜回话。"

"好好好,回去就跟你家掌柜说,改日我再登门赔罪。"

"赔罪就不必了吧,希望你们按订单办事就是了。"

言毕,那来人拱手而去。

目送来人走后,马旺就跟牛壮瞪起了眼:"你咋能这样,还想做生意吗?"牛壮自知理亏,羞红着脸:"都怪小弟一时糊涂,才做了这傻事,谢谢大哥提醒。"马旺见牛壮服软,瞥眼说:"谢什么?我这也是跟人家赵公明学的,做事就要诚实守信。你看人家赵公明为啥生意就那么红火,凭的是啥,不就是诚实守信吗,大哥我以前不也是目光短浅,只瞅着眼前利益,跟人耍心眼,结果怎么样,不是把自己耍了进去,自从那次火烧货场后,我从赵公明身上明白了一个道理,做人就得诚实坦荡,干事就要不欺不诈,生财有道。"马旺的一番话,使牛壮信服,连连点头:"大哥说得是,大哥说得是。"见牛壮明白了,马旺欣慰地挥了挥手:"好了,不说了,大哥我也告辞了。"言毕。马旺起身出门而去。

马旺来到街上,见不远处围了一群人,一时好奇,就走了过去,只见黄烂嘴的伙计小四,跟贾掌柜的伙计刘三扭打在一起,马旺高声喝道:"你们都给我住手!"说着,马旺上前把两人拉开了。见是少掌柜,小四跟刘三低头站在一边。马旺愕然问道:"你们俩为啥事打在了一起?"见问,刘三涨红着脸回答说:"前天,我在街上叫的客商,却被他拉走了,我问他,他还说是我抢了他的客商……"未等刘三说完,小四就瞪起了眼:"你胡说,那客商本来就是我们木场的老主顾,反倒被你拉了去。"刘三跟小四一开口,马旺就知道是咋回事,近日来,街上经常发生这样拦截客商的事,此风不杀,如何得了!马旺有意提高了嗓门:"成何体统,镇上近百家木场如果都像你们两家这样,外地的客商还敢来吗?快都给我回去,别在这里丢人现眼了。"

围观的人也七嘴八舌开了,一位中年人愤然说:"少掌柜说得是,这样下去如何了得。"

"可不是吗,一粒老鼠屎,可坏了一锅汤。"一老者忙接话说。

见众人你一言他一语斥责着,小四跟刘三低着头匆忙溜走了。

果如马旺所言,没多久,镇上木场的生意都冷清下来,一些小木场因没有客商订货,无奈关门了。同样面临倒闭的朱记木场掌柜朱熹有点不甘心,他寻思着如何能生存下去。

朱熹的木场起步晚,还不到一年就发生了变故,这不,重新开张没多久,又面临倒闭,他怎能甘心。

朱熹的媳妇秀秀,原本在镇上开了几间杂货铺,由于夫妻俩脑子活泛,且为人厚道热情,把杂货铺打理得红红火火,几年下来就赚了不少银子。有了家底,朱熹和媳妇秀秀的心也大了,他们见开办木场赚钱比经营杂货铺来得快,就眼红了,夫妻俩一商量,就做出了一个大胆的决定,由丈夫朱熹开办木场,妻子秀秀继续经营杂货铺生意。夫妻俩披星戴月,辛辛苦苦,终于打拼出了一方天地。朱熹的木场生意还算红火。

一日,朱熹又接了一个大订单,欣喜之余,又犯了愁肠,自己木场存货不多,收购木材还差两万两银子,秀秀见丈夫朱熹不悦,知道一定是又遇到了啥难事,忙问道:"相公,你不是说咱们木场的生意不错吗,怎么又愁眉不展呢?"见问,朱熹就把接单子的事跟秀秀说了。

秀秀惊喜道:"这宗生意做下来,能赚多少银子?"

第三十章　出任会长

"摊上十万两,一来二去,少说也净赚它二十万两。"朱熹眉开眼笑地说。

"是吗?这么多,咱们真的要发财了。"

见秀秀欣喜,丈夫朱熹瞥了一眼:"看把你高兴的,这差两万两银子从哪儿来呢?"秀秀愕然:"你不是说,咱们木场的生意好吗?怎么就连两万两都拿不出来,把挣的钱都干啥了?"丈夫朱熹苦笑说:"我的姑奶奶,你光知道挣了钱,那咱们木场里的货就不要钱吗?木场里的工人能白给你干吗?"经丈夫朱熹这么一说,媳妇秀秀这才明白了,这办木场跟开杂货铺一样,挣的钱让货占了。秀秀淡然一笑说:"说得是,我咋就连这个都忘了,这两万两银子也不是个小数目,到哪里去筹措呢?"夫妻俩低头不言语了。片刻过后,妻子秀秀不觉眼前一亮:"有了!"丈夫朱熹被媳妇秀秀突如其来的喊叫声吓了一跳,忙回头瞪了一眼:"又发啥神经了,一惊一乍的。"妻子秀秀眉开眼笑道:"赵公明家大业大,我们就跟他借去。"丈夫朱熹迟疑道:"人说同行是冤家,他能把钱借给咱们吗?"秀秀点头说:"我看能。咱们只是倒个手,不几天就还给他了。再说咱们镇上就数他仗义。"朱熹点了点头:"好吧,我就去试试看。"

朱熹抱着试试看的心情,来到赵公明的府上,跟公明说了借钱的事,公明二话没说,就叫来少司,领着朱熹到柜上去拿银子。

银子拿到手后,朱熹就进木料,给对方发了货。按照约定,收到货后,对方就要付清所有银两。按路程计算,半月后,对方就能回家,但一个多月过去了,还不见对方来人结账,朱熹一下坐不住了,忙按对方说的地址去找,结果那个地方压根儿就没那个人,朱熹知道自己上了当,无奈就回了家,一病不起。公明听说朱熹病了,忙带着少司提着重礼登门看望。

"兄弟,听说你病了,哥过来看你来了,看过大夫了吗?"

"大哥,我被人骗了,我去了趟山东,一问,就没有那人。"说着,朱熹就呜呜地哭了起来。

"赵大哥,是我们对不住你,一时半刻还拿不出那么多银子,请大哥宽限一段时日,待我们把那几间杂货铺卖了,再还大哥的银子。"床边秀秀也抹起

了眼泪。

"那杂货铺可不能卖,木场没了,要是再把那几间杂货铺卖了,今后你们如何生活呀?这两万两银子,大哥就不要了。"公明忙摆了摆手。

"我们非亲非故,怎么能让你赔了这银子。只要大哥能宽限时日,我们就感谢不尽了。"朱熹感动地说。

"明天我就托人把那杂货铺卖了,等拿到银子,我就还大哥。"秀秀哭着说。

公明见朱熹跟秀秀执意要还借的银子,淡然一笑问道:"你家有筷子吗?"见问,秀秀迟疑道:"是吃饭的竹筷子吗?"公明点头:"正是那吃饭用的竹筷子,取一双拿来。"秀秀不知公明何意,愣了一下,忙回答说:"有,我这就拿去。"片刻,秀秀从厨房拿来一双筷子,公明接过筷子说:"你家借了我两万两银子,还了我一双筷子,咱们这一顶一,互不相欠了。"说着,公明"咔嚓"一下,把那双竹筷折断了。

公明这突如其来的举动,把朱熹跟秀秀弄懵了,公明起身走时说:"兄弟,明天哥让少司兄弟再送几万两银子过来,不要泄气,把木场办下去,这银子就算是哥借给你们的,有了再还。"言毕,公明跟少司出门而去。

朱熹想到只有把镇上的木场组织起来,成立一个商会,制定一个约定,才能制止这种乱象的发生。这个商会得选一个德高望重的人来领着。朱熹把自己的想法告知了少掌柜马旺,马旺赞同,由马旺出面把镇上的木场掌柜召集在一起,大伙一致赞同推举赵公明做木场商会的会长。于是,赵公明受命于危难之际,担任了小镇第一任木场商会会长。

第三十一章 时疫乡里

自从小镇上有了木场商会，街上乱象也没有了，各家木场的生意又兴旺起来。

正当小镇欣欣向荣之时，突如其来的时疫，一下搅乱了小镇上的平静。四乡八村的百姓，一夜之间染上了一种怪病，眼红喉肿，内火攻心，高烧不退，轻者神志不清，狂躁不安，重者僵卧病榻，奄奄一息。外地客商听说这里有时疫，吓得不敢来了。往日千船停泊的热闹码头，一下变得萧条起来。外地客商少了，小镇上各家木场生意自然也惨淡了。

几位木场的掌柜来到赵府找会长赵公明，家人说会长赵公明一大早就出门了，让他们在客厅里等着。于是，几位掌柜坐在客厅里，边等边说起了时疫的事来。

老百姓感染上了时疫，公明看在眼里，急在心头，前天他刚从厢寨回来，听说很多村的百姓都染上了一种怪病，他就坐不住了，忙到山下村里察看，果然见四乡八村百姓的病症都是一个样。公明拜访了当地名医李郎中，李郎中说："这是一种时疫，如不及时控制，会迅速传染。"公明问有什么药可医治这时疫，李郎中说："要治这种时疫，得用大寒之药冰片来治。"听说有能治这怪病的药，公明甚是欣喜，告别李郎中，又回到镇上。

几位掌柜在客厅里坐了一会儿，还不见会长赵公明回来，无奈，便起身出了门，正好在门口见到了会长赵公明。马旺愕然："大哥，你到哪儿去了，我们几个在客厅里等候大半天，不见你回来。"公明回答说："是吗？有事到客厅里说。"公明招呼几位掌柜一路进了西院客厅。

进得客厅落座，马旺问道："大哥，听家人说，你一大早就出门了，有啥事就这么急？"见问，公明回答说："去厢寨了一趟，前天才回来，见街上冷冷清清的样子就感到有点不对劲，一问家人才知道咱们这里流行怪病，我一时着急，就到村里去看看，这不，今天一大早就去李郎中家里了。"

"那李郎中没说有治这种怪病的药吗？"见马旺着急，公明点头说："有。李郎中说，这时疫是燥热之症，得用大寒之药冰片来治。"

"是吗？那就告知那些患病人的家人到药铺里买冰片就是了。"一边的冯掌柜忙接上话说。

"兄弟我到药铺问过了，这冰片是个稀罕药，哪有存货呢？"公明惨然回答说。

"没有存货，这可咋办呀？总不能眼看这怪病传染吧？"冯掌柜一下瞪圆了眼。

见几位在座的掌柜大眼瞪小眼起来，公明淡然一笑说："兄弟我在回来的路上想好了，我带人进山寻找那冰片去。"马旺愕然："听人说这冰片可是深山老林大蟒洞里才有，这蟒洞在哪儿，谁也没见过，到哪儿去寻找呢？"一边在座的张掌柜忙摆手说："大哥不可贸然行事，我们尚且不知蟒洞在何处，就是知道了，那蟒是个冷血动物，能让你进洞割取冰片吗？我看咱们还是另想办法才是。"公明淡然回答说："那李郎中说，除了冰片，再无它药可代。兄弟知道，大家都是为我好。但兄弟我主意已定，明天我就带人进山去寻找那冰片。"几位掌柜见态度坚决，也不再说什么。马旺拱手道："大哥既然主意已定，就去吧！要是人手不够的话，小弟就让各家掌柜派人跟大哥去。"几位在座掌柜齐声说道："少掌柜说得是，明天我们也跟赵公一道儿进山去。"公明忙摆手说："就不烦劳各位掌柜了，我带人去就是了。"马旺跟几个掌柜使

第三十一章 时疫乡里

了眼色,大伙会意,都忙起身拱手道:"赵公明天还要进山去,我们就不坐了,告辞了。"言毕,几位掌柜出了客厅,回家而去。

第二天吃过早饭,公明就带着十多个家人一路进山,一过栗子坪,他们就分头一座山一座山地寻去。一晃十多天过去了,他们还没有发现大蟒的洞穴,公明没有泄气,带着家人继续一路寻找。

一日早晨,公明带着家人来到了四十里峡深处,见小道上行走着一女道,公明心里嘀咕,这大山深处竟还有女道出现,他好生惊奇,便让家人在一边等候,自己一人跟了上去。

女道三拐两转,一路来到一绝壁山崖下,山崖下有一棵歪脖子小树,小树下有一块石板,那女道来到那歪脖子小树下,就盘脚坐在那石板上,双手合十,口中喃喃自语起来。不大一会儿,就见那女道身子离开了石板,慢慢地上升,离开石板大约有十多丈高时,又慢慢地下降,降回到了那石板上。片刻过后,女道身子又离开石板,慢慢上升……见此怪异景象,公明不由心头一震,忙抬头向那山崖望去,公明心里纳闷,看去这山崖没有什么怪异,那女道如何能上升呢? 这事真有点蹊跷,看来得好好问问这位女道才是。

女道做完功课,又三拐两转回到茅棚,公明谎称是过路人,上前拱手道:"老师父,在下路过此地,想讨碗水喝。"女道住在这深山老林,很少见人,见有人来甚是热情,忙笑呵呵地说:"好的。"说着,女道舀了半瓢水递给了公明,公明接过水瓢喝了一口,就放下了水瓢,便跟女道聊了起来。

"师父要成仙了。"公明讨好地说。

"你咋知道?"女道瞪大了眼。

"不瞒师父说,在下刚才见师父在那歪脖子树下做功课,在练升降之术,在下全看见了。"

"你是何人,偷看贫道练功?"女道迟疑片刻道,又问道。

"师父休怒,在下也是修道之人。"公明见女道不悦,忙说。

"你师父是何人?"女道一脸严肃问道。

"我师父就是那飞云观普善道长。"公明不假思索回答说。

一听普善道长的名字，女道愣了一下，忙拱手笑呵呵地说："原来是普善道长的弟子来了，幸会，幸会！"公明见女道客气起来，忙趁热打铁说："看来师父还晓得我师父普善道长。"见问，女道笑道："普善道长是高道，小道怎能结识她。今日可有幸见到了小师父，烦小师父引荐。"女道见公明面有难色，一下急了："小师父，小道是不是有点唐突？"公明忙摆手说道："师父，在下不知道如何跟你说，我师父云游去了，还不知道何时回来。在下不才，略懂飞腾之术。"说着，公明身子一跃，跃上了棚顶之上，又一跃，就站在了女道眼前。见眼前之人竟有如此身手，女道扑通跪在公明脚前："师父在上，受徒儿一拜。"见状，公明忙伸手去扶："使不得，使不得！"说着，就扶起了女道。公明淡然说："在下怎能受师父如此大礼，师父有啥事，尽管言语就是了。"女道拱手说："谢谢师父！"公明瞥眼说："又来了，在下不是说了，有啥事就尽管言语就是了。"女道苦笑回答说："小道就是不明白，每日在那树下练飞腾大法已有一年多了，怎么就上不了天呢？是不是功夫还没有练到家，请小师父指点迷津。"公明也有点茫然，但装着一副无事的样子，一脸严肃道："刚刚在下没有看仔细，这样吧，明日师父你在那树下运足丹田之气，在下在一边再仔细观看，看问题究竟出在哪儿。"见公明肯给自己指点迷津，女道欣喜道："好的，小师父咱们这就说定了，今天夜里小师父就睡在西屋里。"公明点头说："行！今天天色尚早，在下到后山去转转，也好观察一下地形。"言毕，公明就告知随行的家人去了。

第二天，女道起了个大早，举步来到西屋门前叩门："小师父，功课时间到了。"其实公明夜里也难以安眠，他寻思着如何破解这怪异现象，寻思了大半夜，也没有寻思出破解之法来，一时觉得困倦，便和衣而眠。没承想刚迷瞪了一小会儿，女道就叩门了，公明忙翻身下床开了门，囫囵洗了脸，便跟女道去了后山。

女道一来到小树下，便盘膝坐在那石板上，双手合十，喃喃自语起来。公明隐藏在一棵大树后打着瞌睡。突然一股寒气吹来，公明不由打了个冷战，不经意间抬头向山崖顶望去，不看则罢，一看让公明倒吸了一口凉气。

第三十一章 时疫乡里

只见那山崖腰中碧绿处,伸出一巨蟒大头来。那巨蟒张着大口,再看那女道身子慢慢离开了石板,冉冉上升,不大会儿,女道又慢慢地下降,回到了石板上。公明惊喜,原来是这孽障在作怪。公明没有声张,待女道做完功课后,便跟着女道回了茅棚。

回到茅棚后,女道忙问道:"小师父,你看出名堂来了吗?"公明笑呵呵道:"看出来了,那是一条大蟒蛇在作怪。"一听大蟒蛇,女道失色道:"怎么是那孽障呢,小师父是不是没看仔细?"公明见女道迟疑,忙说道:"在下看得真切,怎能有假,幸亏那条大蟒蛇气力不足,要是气力足了,师父就没命了。"经公明这么一说,女道惶恐,双腿发抖起来,见状,公明忙上前搀扶住女道:"师父不必害怕,明天在下就去把那大蟒蛇给收拾了。""这就多谢小师父了。""不谢,师父安歇去吧,咱们明天见。"言毕,公明告别女道,回驻地去了。

回到驻地,公明将发现大蟒蛇之事跟家人们说了,并安排他们隐藏在草丛中,见机行事。

第二天一大早,公明和家人分头行动。公明扮作女道模样,怀揣一把利刀,一路来到后山歪脖子树下,盘膝坐在那石板上,双手合十,喃喃自语起来。不大一会儿,就觉得有一股引力把自己往上提。公明心里明白,这是大蟒蛇开始往上吸了。公明练过气功,运足丹田之气,借着那股引力,冉冉上升,不大一会儿,他就闻到了大蟒蛇的气息。公明心里明白,自己是快到大蟒蛇的大口了,自己得快速出击,要不然就会被大蟒蛇吞了。公明伸手从怀中抽出利刀,运足丹田气,一个鹞子翻身,便跳上了山崖,猛力向那大蟒蛇刺去,大蟒蛇猝不及防,被飞来的利刀刺中,惨叫一声。趁大蟒蛇回头之际,公明又快速向大蟒蛇颚下刺去,十多刀下来,那条大蟒蛇头一歪,倒了下去。

见那大蟒蛇躺卧在地不动弹了,公明蹲下身,在大蟒蛇身上擦了刀上的血渍,把刀揣进怀里,躬身进了蛇窟。一进那蛇窟就觉得冷风飕飕,寒气逼人。公明猫腰向洞中深处走去,惊奇地发现洞壁上凝结着厚厚的一层"冰",公明甚是欣喜,忙猫腰出洞,向山崖下挥手,这是公明事先跟家人约定好的,见公明挥手,就说明得手了。隐藏在草丛中的十多个家人,争相跃出草丛,从后梁来到崖顶,把事先准备好的绳子系在一棵大树上,个个拽绳而下。公明带家人们钻进蛇窟,洞壁上的"冰片"让家人们欣喜若狂,他们忙从怀中取出短刀割取。

冰片运回了小镇,公明让家人把这些冰片分发给四乡八村,患怪病的人得救了。

第三十二章 百姓感恩

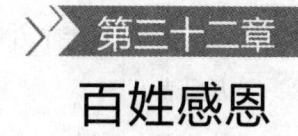

怪病没了，一时惶恐的村庄也恢复了往日的宁静，各家木场生意也有了生机。

公明拯救了百姓，四乡八村的人甚是感激，这不，这日，各村庄的乡老们又聚集在一起，商议着如何报答恩人赵公明的事。东村乡老李大按捺不住激动的心情，扫视了一下在座的乡老，首先开了腔："这次怪病得以控制，全靠赵公及时赐药，赵公是我们老百姓的恩人，我们要知恩图报，报答他的救命之恩。"

"赵公为了百姓寻找冰片这个救命药，亲自带着家人去了那深山老林，跟那大蟒蛇搏斗，杀了那蟒蛇，才从蛇窟里割取了那冰片。"李大的话刚落音，在座的西村乡老黄二忙接上了话茬。

"我也听说了，赵公为了到蛇窟里取宝，被那大蟒蛇从山崖下吸了上去，险些被那大蟒蛇吞吃了。"

"不是你说的那样，我的一个侄儿就在赵公木场干事，那次蛇窟取宝，他也去了，他亲眼所见赵公有轻功，身子一跃就上了那山崖，用刀刺了那大蟒蛇。"

见大伙七嘴八舌地说着，李大忙摆手说："大家不要再议论了，我们四乡八村乡老在这里，大家都说说如何报答赵公。"李大一开口，几个喋喋不休的人，自知失态，都低头不言语了。坐在一边的南庄村乡老刘爷，一进客厅就寻思着如何报答的事，大伙不言语了，他的法子想出来了。见李大发问，他笑道："不才小老儿倒想出了一个法子，不知是否可行？"见刘爷开了口，李大心头一震，他跟刘爷打过交道，刘爷心眼稠，脑子活，是个办事干练的人。他一开口一定会有好法子。李大笑呵呵地说："刘爷，谁不知道你是个能人，快说说是什么法子。"刘爷听不得人夸奖，脸一下涨红了。见状，李大急了："刘爷，是啥好法子，快说，还卖的啥关子？"刘爷一急，口吃起来："我的法子就是上……上……上……个万民……民……"

"万民表？"

"就是那个万民……表。"

李大惊喜，刘爷的法子跟自己的想法不谋而合，把赵公拯救百姓的事呈报官府，为赵公请功。李大笑呵呵地说："刘爷说得是，小老儿也是这样想的，正好让刘爷说出来了。"说着，李大扫视了一下在座的人，又问道："除了刘爷刚才说的这个法子，谁还有高见，说说看。"见问，黄二抬起头说道："除刘爷说的必须做到外，小老儿提议给赵公建一个生祠，好彰显赵公的功德。"黄二这个提议一出口，受到在座人的一致赞同。北村乡老杨吉笑呵呵地说："这个提议好呀，我赞同。"肖家庄乡老肖宏也点头说："我也赞同。"曹村乡老曹仁也忙表态："我赞同。李大哥，建这祠堂得多少银子，说个数，我们也好筹措。"李大见在座的人把目光都投向他，便扫视了在座的乡老，一脸严肃地说道："既然大家都赞同这个提议，咱们这就定了。一是为赵公上万民表；二是为赵公建生祠。至于生祠建在哪儿，建祠需多少银两，我得仔细做个估算，到时再商议，大家看如何？"在座的乡老齐声道："行，就按李大说的办就是了。"

经过一番紧锣密鼓的运筹，生祠的地址选定了，就建在东村的官道边，开工之日，在此举行了隆重的开工仪式。四乡八村的百姓听说给恩人赵公建生祠，他们的情绪高涨，纷纷捐钱捐物，以表达自己对赵公的敬重之意。

第三十二章 百姓感恩

公明为了拓展木材生意,带着少司去灵宝筹建木场,这一去就是三个多月,关于老百姓给他建生祠的事,全不知晓。这日,当他跟少司从灵宝回来,路过东村时,见官道边冒出了一座大庙来,公明纳闷,时疫刚刚过去,老百姓怎么有兴致建大庙呢?少司见大哥公明有点愕然,忙策马上前跟公明说:"大哥,我们走时这里还是空荡荡的,怎么又冒出来个大庙来?我们得过去看看,这庙里供奉的是哪路大神。"公明也有此意,经少司这一提说,便点了点头。于是,两人催马一路来到大庙前,庙门楣上"恩公祠"几个鎏金大字映入眼帘。公明愕然,这"恩公祠"是什么意思,想必这恩公一定是老百姓敬重的人,要不老百姓又为何给他建祠堂呢?

少司看了这"恩公祠"匾,也好生惊奇,这里除了大哥赵公明是个大善人外,还没听说过谁是胜过大哥赵公明的善人。少司回头看了看大哥赵公明,见有人从庙里出来,便翻身下马,上前拱了拱手:"请问大伯,这恩公祠里供奉的是哪位恩公?"见有人问话,那老者抬头迟疑地看了看少司:"客官想必是外地人吧?这祠堂里可供奉的是赵公明呀!"一边的老年妇人接话说:"赵公可是我们的大恩人,他为了治我们百姓的怪病,斩杀了大蛇精,取回了救命药,我们百姓就给他建了这祠堂。"听了老妇人的话,少司感动地直点头:"说得是,说得是!"见少司直点头,那妇人有点诧异:"想必小哥哥认识那赵公吧?"见问,少司指了指公明,笑呵呵地说:"不瞒大伯大婶说,这位就是我大哥赵公明。"老人见眼前之人果然是赵公明,扑通跪倒在地。公明见状忙上前搀扶:"老人家,使不得,使不得!折煞公明了。"言毕,公明大步来到庙门前,扬起马鞭向那门匾抽去,只听"哐当"一声,那块"恩公祠"门匾掉落在地上。公明回身上马,催马加鞭而去,少司见大哥赵公明催马而去,没敢怠慢,也赶忙上马跟了上去。

公明这突如其来的举动,把进庙上香的人弄懵了,他们七嘴八舌议论开了。

一老者瞪眼愤然说:"谁就这么大胆,竟把'恩公祠'牌匾给砸了?"

"这砸'恩公祠'大匾之人,莫不是哪个山头的响马吗?"一中年男子接话说。

"啥响马,那砸大匾的人就是恩人赵公明。"那跪拜的老妇人瞪了那中年男子一眼说。

"什么,他就是那赵公明?"

"那人就是恩人赵公,小老儿刚才见过了。"见那中年男子愕然,老者点头说。

东村乡老李大听说有人砸了恩公祠牌匾,正要出门去看,赵府家人刘喜上门来了,刘喜一见李大忙拱手道:"李大爷,我家老爷说是有事,让小的请大爷到赵府去一趟。"李大愕然,莫不是赵公明知道了有人砸牌匾的事,自己还没有弄清楚是谁砸了,若是赵公问起来的话,自己该如何跟他言说?刘喜见李大面有难色,迟疑看了看他:"李大爷,你有事吗?"刘喜的问话,才使李大回过神来,尴尬地笑了笑:"没事,没事!你先走,我换件衣服就过去。"见李大一脸惶恐的神情,刘喜愕然,回头走了。

刘喜走后,李大换了件衣服,匆忙出门去了赵府。在去赵府的路上,李大的心怦怦跳个不停,他忙用手捂住了胸口,才觉得不那么惶恐了。

李大老远就见少司在门前张望,李大那颗稍微平静的心又怦怦地跳了起来。少司一见惊疑道:"大伯,你是不是病了?脸咋这么苍白,额头还冒着汗呢。""没事,是走得急出汗了。"少司迟疑片刻,点头说:"没事就好。叔叔们都到了,不见大伯来,这不,我就出来看了,大伯快请进。"言毕,少司回身前边带路,李大忙跟了上去。

李大一进客厅,公明忙起身笑呵呵冲李大招了招手:"大伯,到这边坐。"见公明一脸喜悦之色,李大的情绪不再那么紧张了,挨着公明坐了下来。他快速地扫视了一下在座的人,四乡八村的乡老都来了,个个表情茫然,心里就知道事情的来由,自己是这次建恩公祠的倡导者和组织者,这恩公祠被砸,自己也脱不了干系,这个责任得由自己来承担。李大拱手道:"赵公,砸恩公祠匾的事,小老儿今天才知道,小老儿一定要严查这事,好给赵公个交代。"见李大诚惶诚恐的样子,公明就知道是李大误解自己的意思,忙接上

第三十二章 百姓感恩

话,笑呵呵地说:"大伯,是你误会了,这牌匾是我自己砸的,不关别人的事。"

"啊!"在座的人都睁大了惊讶的眼睛。

片刻过后,在座的乡老七嘴八舌开了。

"这是为啥?恩公有恩于百姓,百姓感激恩公的恩德,才建这恩公祠的,这也是百姓对恩公的敬重之情,恩公咋就……"李大一脸愕然之色。

"李大的话有道理,恩公拼着命斩杀了那大蟒蛇,进得蛇窟取了那神药,拯救了百姓的命,难道就不该尊敬吗?"

"是呀!那建'恩公祠'的事,是我们大伙儿自愿做的,不关赵公的事,赵公你怕啥呢?"北村乡老马才忙接上话。

"马兄弟说得是,官府要问的话,我们来回答他。"

……

乡老们你一言他一语,争相说着,公明甚是感动,忙起身冲在座的乡老拱手说:"在座的大叔大伯们,你们都是我赵公明的长辈,你们的好心侄儿在这里领情了。"说着,公明深深地鞠了一躬,"各位大叔大伯,听侄儿在这里说上几句,侄儿也是贫苦人家出身,祖父逃荒来到这里,多蒙乡亲们收留,侄儿能有今日的事业,全靠乡亲们的厚爱和支持。为乡亲们做事是侄儿应尽的职责,何言戴恩载德。乡亲们建这祠堂,是为了报答侄儿的恩情,依侄儿看,乡亲们是把我当外人看,要是一个做儿子的报答爹娘养育之恩,尽自己所能让爹娘住上好房子,过上好日子,难道爹娘就要感恩戴德吗?"在座的乡老们听了公明一番入情入理的话,甚是感动,不住地点头。

李大激动地起身说道:"贤侄不愧是有大学问的人,这动情的话真让小老儿折服。"

"赵公说得有道理,但这恩公祠都建起来了,我看就遂百姓这个愿吧。"

"刘爷说得是,就遂了百姓这个愿吧,要是拆了,百姓会有抱怨的。"西村乡老黄二也忙插上了话。

公明忙站起,一脸严肃:"大伯、大叔都不要再说了,这个祠堂一定要拆。"说着,公明跟身边的少司挥了挥手,少司会意,回屋里端出一盘银子,放在堂桌上。公明跟李大说:"大伯,这是两千两银子,就算是拆这祠堂的补偿,请大伯代我给大家发下去,侄儿对不住四乡八村的百姓了。今后要是地方上再有啥难事,就尽管言语一声,侄儿会全力支持的。今天侄儿略备薄宴,请各位赏脸。"公明刚言罢,少司笑呵呵招手说:"请各位大伯大叔到西花厅入席用餐。"乡老们见公明热情,也再没有推辞,就跟少司来到西花厅入席用餐。

这砸匾拆祠的事,让四乡八村的百姓对公明更加敬佩,恩公祠是拆掉了,但老百姓却在家里供奉起赵公来。

老百姓的举动,也更加激发了赵公明回报老百姓的热情,他出钱在小镇上建了一所学堂,让那些贫困人家的子弟来这里读书上学。他见河道堵塞了,就让人去清理。赵公明的善举也感召了商会的人,他们也仿效着赵公明争相为老百姓做善事。对他们做的善事,老百姓看在眼里,记在心头,东村的乡老李大又跟四乡八村的乡老相聚在一起,商议着给商会送"万民匾"的事来。

第三十三章 黑虎作怪

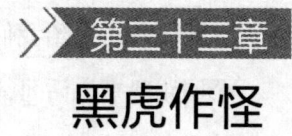

芒谷有一只黑虎在作怪,几个行人被黑虎吃掉,一时人心惶恐,都不敢再进出芒谷。

这下可急煞了殷老夫人,上个月女儿金花传来话说,要回家看望二老。这下可好,路上有吃人的黑虎出没,女儿金花难以回娘家,自己也出不去。殷员外见夫人整日哭哭啼啼,以泪洗面,安慰说:"夫人不必担忧,我已让家人殷嘉出山去,告知女婿赵公明,组织猎手剿杀那黑虎。"殷夫人抹了把眼泪,愕然说:"殷嘉是啥时走的,我咋不知道呢?"殷员外回答说:"我怕你担心,就没敢跟你说,等把那黑虎除了,我们一道儿出山看女儿去。"殷夫人见丈夫早有安排,也就放了心。

殷嘉也是猎户出身,他胆大,且为人忠厚,殷员外便请他看家护院。殷嘉奉了殷员外之命,出山去找姑爷赵公明传殷员外的话。殷嘉日行夜宿,三日后出山来到小镇赵府。殷嘉来过多次,赵府家人都认识他,看门人朱旺一见殷嘉,愕然道:"这不是殷嘉大哥吗,好长时间没见你过来。"殷嘉笑呵呵回答说:"我这不是又来了,姑爷在府上吗?"朱旺点头说:"在,老爷在书房里,我去禀报。"殷嘉摆手说:"不烦劳兄弟,我去见姑爷就是了。"说着,殷嘉进府门,径直向西院书房走去。见是殷嘉,公明惊喜道:"是殷嘉兄弟来了,快快请坐。"说着,公明起身倒了一杯热茶递上。待殷嘉坐定,公明忙问道:"员外爷跟夫人都好吗?"见问,殷嘉苦笑回答说:"员外爷和夫人都好,只是……"公明见殷嘉欲言又止,就知道一定有事,忙问道:"兄弟,是不是家里又出了啥事?"殷嘉见公明着急,忙笑道:"家里倒是没事,只是坪上出现了一只黑虎。"听了殷嘉的话,公明惊愕道:"这黑虎伤人吗?"殷嘉回答说:"这只黑虎凶残得很,已经伤了十多个行人,有两个猎人也被他活吞了。员外爷让我来给姑爷传话,让姑爷组织猎手将那黑虎给灭了。"

公明惊愕道:"是吗,那黑虎真有这么厉害?"

"大哥,你可要给我们帮忙呀!"

公明跟殷嘉说话间,马旺和几个木场的掌柜,一头冲进了书房。见马旺一脸惊恐的神态,公明忙招呼说:"几位大哥,又有啥事,坐下说。"马旺说:"大哥,芒谷黑虎把我的一个厢工吃了。"一边的刘掌柜带着哭腔说:"我的一位工人也被那黑虎咬了个半死不活。"李掌柜也忙插嘴道:"大哥,现在没人敢进山,我们都歇业好几天了。我们来找你,少司说你去了外地还没回来。听说大哥回来了,我们就赶了过来。大哥是会长,得给大伙儿做个主,除了那伤人的黑虎,要不我们就要关门了。"几位掌柜的话,使公明确信芒谷出现了伤人的黑虎。虽然说自己的木场不在芒谷,但芒谷里出现了黑虎伤人的事,自己怎能坐视不管,再说自己的岳丈家也在那坪上,说啥也不能袖手旁观。

公明忙作介绍:"想必大家还不认识吧?"说着,公明指着坐在一边的殷嘉说:"这是殷嘉大哥,殷嘉大哥从坪上来,跟我说了黑虎伤人的事,我还有点迟疑,几个大哥也来说黑虎伤人的事,小弟知道这事的严重性了。明天我就进山去会会这个孽障,看看它有多大的能耐。"听说公明只身进山,马旺一下急了:"兄弟,这黑虎可凶残啦,不能让你一个人去。"刘掌柜也忙说:"少掌柜说得是,赵公一个人去,我们也不放心。我看还是多组织几个猎手,跟你一道儿去。"公明微微一笑说:"没事,那年我把一只野狼都打跑了,还怕它黑虎不成。"马旺说:"这黑虎可比那野狼恶得多了,它可是兽中之王。"公明笑

第三十三章 黑虎作怪

呵呵地说:"要是大家不放心的话,明天就跟小弟一道儿去,看小弟怎么收拾这个孽障。"马旺点头说:"好,这就说定了,明天我们就跟赵公兄弟一道儿进山去,也好壮壮威。"言毕,几位掌柜告别公明回家去了。公明回头跟殷嘉说:"殷大哥,我们兄弟好久没见面了,今天晚上跟小弟睡,咱们兄弟好好聊聊天。"见公明热情,殷嘉点头回答说:"好吧。"于是,公明就跟殷嘉聊了起来。

第二天早饭后,马旺跟几位掌柜和十多个猎手来到赵府。这时,公明跟殷嘉也用过早饭,见少掌柜领着人来了,就出府门,一路向芒谷进发。

放下公明进山不表,且说三霄姐妹得知芒谷黑虎伤人的事后,也坐不住了,恰好三霄姐妹也在这一天进山会那黑虎,不过她们早公明一步进山了。

屈指算来,三霄姐妹潜心修道习武已有十个年头了,三姐妹在师父普善道长的精心教授下,已经熟练十八般武艺,虽然说她们姐妹出家为道,但时刻挂念百姓的安危。得知芒谷有黑虎伤人,就背着师父偷偷地下了山,到芒谷剪除那伤人的黑虎。

三霄姐妹除虎心切,日夜兼程。同样公明一行也是日夜兼程,一日一夜后,第二天早上,两拨人都赶到了坪上,三霄早大哥公明半个时辰来到山坳前。

被黑虎吓怕了,山坳这段路没有人敢走了。黑虎断食了十多天,肚子饿得咕咕叫,猛然见山坳小道上来了三个身着红装的女子,眼睛一下放起光来,猫在草丛中,等待这三女子走近。三霄凭着武艺在身,也不惧怕,大步向前一路走着。见三女子已到眼前,黑虎呼啸一声,身子一跃,就势猛扑上去。

三霄见黑虎扑将上来,不慌不忙拉开架势,一字摆开,一场三姐妹力战黑虎的恶战开始了。

说时迟,那时快,只见大姐云霄一扬手,一个锦袋脱手而出,袋口迎风张开,那只黑虎立刻被装进袋内,成为袋中之物。

原来大姐云霄修的是擒拿法,练的是口袋功,那只黑虎被顺顺当当地装进袋子里去了。

183

有道是道行不深,计难擒人,这云霄毕竟是修炼时间不长,道行不深。这黑虎高大凶猛,它在袋子里运了运气,四爪出动,"嘭"一下便破袋而出。黑虎抖了抖身子,一声呼啸,吼天震地,身子一跳,跃出数丈,前爪一刨尘土飞扬,眼前显出一个大坑。云霄猝不及防,被那黑虎扑倒在地。

碧霄见状,"嗖"的一下,从发髻上摘下一支银钗,随手一甩,那根银钗射在黑虎的前爪上,黑虎呼啸一声,扑倒在地上。碧霄见黑虎倒地,举剑就刺。突然黑虎跃起,两只后爪就地一蹬,飞沙走石。碧霄见黑虎绝处逢生,忙回剑一个转身,跳到一边。黑虎见碧霄败走,又是一声呼啸,腾空而起,扑向了碧霄,碧霄一个闪身,躲了过去。黑虎扑了空,见琼霄执剑而来,黑虎一个回身,扑向了琼霄。

在这三姐妹中,琼霄的武功最强,她见黑虎扑来,不躲不闪,只把手中的竹篮子往空中一甩,那竹篮子不偏不倚套在那黑虎的脖子上,黑虎的头一下被竹篮子卡住了。

黑虎一时急了,左冲右撞,想甩掉那竹篮子,但就是甩不掉,黑虎几个翻滚,竟把那竹篮子撞碎了。黑虎又抖了抖身子,昂头呼啸一声,使出了绝招。只见它两只前爪在地上狠狠地一按,跃起一丈多高,来了个"饿虎扑食",从空中扑将下来,琼霄眼尖手快,身子一闪,躲了过去。

那黑虎见没有抓着琼霄,又使出了它的第二招。只见它四爪着地,稳了稳身子,来了个"横扫千军",一堵墙似地掀将过来,琼霄眼见着黑虎压来,一个点脚,就跃上了一棵大树,吓得她额头上冒出了一串冷汗。

黑虎见第二招没有奏效,昂头呼啸一声,又使出了第三招。

黑虎把尾巴倒竖,以凌云之势,当空一剪。这一招不得了,只见那碗口粗的大树齐茬茬地折断了,树叶哗啦啦从树上飘落下来。

得意洋洋的黑虎,就地一蹲,瞪着三姐妹。

这时,三姐妹招数用尽,束手无策,呆立一旁,浑身瑟瑟发抖,脸色苍白。

三霄跟黑虎打斗时,公明跟马旺一行人正好来到山坳口,公明见与黑虎打斗的竟是自己的三个妹妹,正想上前去助她们一臂之力,刚迈步走了几步,又停住了。他心里嘀咕,三个妹妹修道习武十多年,今日可算派上用场。若是她们不敌那黑虎,自己再出手也不迟。于是,公明就远远地观起阵来。没承想这黑虎确实凶猛,三个妹妹被那黑虎破了法器,要是再不出手,她们就会有危险。

"孽障休得逞能,你家大爷来了。"声到人到,几个箭步,公明就来到黑虎跟前,一道金光过后,公明从天而降,长袖一拂,护住了三个妹妹,手中的九节鞭一扬,挡住了呼啸的黑虎。

黑虎见又上来一位黑脸汉子,又使出了三招式"扑、掀、剪",可是这三招不灵了。黑虎失去了虎威,就势把尾巴一扫,扫起漫天尘土,公明见黑虎要开溜,哪肯放过,他把手中的金鞭就势甩出,只听"啪"一声,九节金鞭击中了黑虎的头。

公明见黑虎扑倒在地,上前跨上虎背,从腰间抽出一条金链子,往黑虎脖颈上一套,做了一个项圈,黑虎就像只家猫一样,乖乖地匍匐在地上了。

见公明降服了黑虎,三霄才回过神来,忙捡起地上的剑,上前去刺那黑虎,见状,公明忙执金鞭挡住了刺来的剑:"妹妹且慢,这黑虎有灵性,就让它做大哥的坐骑吧。"见大哥发了话,三霄就各自收了剑。

三霄羞愧,修道习武十多年,自以为武艺高强,但连一只黑虎都降服不了,要不是大哥赵公明及时出手,就会被那黑虎活吞了。看来自己还是学艺不精,得回去再好好修炼才是。三姐妹告别大哥赵公明,回飞云观继续修炼去了。

第三十四章
一诺万金

公明自从降服黑虎后,名声大震,随着他大名远扬,他的木场生意越发红火起来。这不,他的生意又拓展到了西贡和南江。

这日,南江的沈掌柜带着十多辆大车,来到公明的木场提货,碰巧,洛阳的裘掌柜和西贡的毛掌柜也带着车队来拉货,货场里一时来了百十辆大车。货场发货人忙得跑前跑后,又是发货,又是指挥人装车,等发完了货,已是傍晚时分。

这日,公明回枣林滩看望父母,少司有事也出了趟门。办完事,少司回转木场。少司有个习惯,每日晚上要对账,自己几天没在木场,得仔细查对一下这几天的发货单,若是大哥赵公明问起来,也好有个说法。于是,少司来到账房:"孟阳,这几天来了几拨提货人?"见问,管账孟阳眉开眼笑地回答说:"二爷,这几天来了好几拨,有西贡的,南江的,还有几家老客户,少说也有三百多辆大车。"

听说客商盈门,少司也喜笑颜开:"是吗?让我看看发货单。"

"好的。"孟阳应了一声,随手拉出抽屉,取出一沓发货单:"二爷,这几天发货单全在这里,请查看。"少司接过那沓发货单,翻看起来。翻着翻着,眼神落在一张发货单上。少司问道:"我记得南江要的全都是上等木材,这怎

第三十四章 一诺万金

么是二等木材的发货单呢?"孟阳愣了一下,忙说:"咋可能呢? 这货是按那订货单发的。"说着,孟阳忙从另一桌抽屉里取出一沓订货单,"二爷,这是订单,你看看。"少司接过订单,翻出了南江的订单,少司一看订单,脸色一下铁青起来,抽出那订单,"啪"地甩了过去。孟阳惊愕,他从未见过少司发这么大火,见少司气冲冲的样子,吓得双腿哆嗦起来,手也不听使唤了,手颤抖着捡起桌上那张订货单,一看傻了眼,扑通跪地求饶:"二爷,小的该死,小的该死……"孟阳边求饶,边扇打自己的脸。见孟阳一副可怜巴巴相,少司顿生恻隐之心,口气变得温和了许多,"姑且念你是初犯,就不追究了,要是今后再出差错,休怪我无情。"见少司开恩,孟阳磕头如捣蒜,见孟阳额头磕出了血,少司不忍,忙上前扶起:"好了,起来吧。"言毕,少司拂袖愤然出了账房。

少司从账房出来,寻思着,出了这样的差错,该不该跟大哥公明言讲,若是说了,大哥公明是个守信的人,一定是会赔人家违约金的,若是不跟大哥说,南江那边若是发现了,大哥问起来,如何说? 少司思前想后,说也不是,不说也不是,他为难了。

"兄弟,你不是说出去十多天,怎么这么快就回来了?"公明洪钟般的声音,使少司一下回过神来,他尴尬地笑了笑道:"大哥,二老可好吧?"公明含笑点了点头:"都好着。"说着,公明惊疑地打量着少司,看得少司心里直发毛,心想还是把这个事跟大哥说了吧,要不就会毁了他一世英名。少司羞红着脸说:"大哥,小弟有事要跟大哥说。"公明见少司怪怪的,问道:"好,到书房去说。"少司低头跟着公明去了西院书房。

待少司坐定,公明忙问道:"兄弟,莫不是又想老父亲了,大哥真是粗心,兄弟好几年没回家了,是该回去看看老父亲了,明天……"

"大哥,小弟错了……"

"兄弟言重了,回家看望老爹这是做儿子的责任,何错之有?"未等少司说完,公明忙打断了少司的话。少司的脸更加涨红了,支支吾吾地说:"大哥,咱们木场发错了货。"少司的话一出口,公明一下变了脸色:"是哪天的事?"少司低头回答说:"前天的事,是咱们新结识的南江沈掌柜的那批货。"

公明问道："这批货是谁负责发的？"少司回答说："是那新来的，叫孟阳的年轻人发的。小弟刚才狠狠地训斥了那孟阳一顿，要不，小弟就把那孟阳叫过来见大哥。"公明忙摆手说："算了，事情已经发生了，把他叫来也没啥用了。"说着，公明看了少司一眼，又继续说道："兄弟，你去看看，那订单上的违约金是多少，查看了，过来跟大哥言语一声。"公明让他去查看订单，少司就知道大哥公明要赔人家违约金，一下急了，"大哥，小弟已经查看了那订单，得赔人家一万两银子，大哥你真的要赔这银子吗？"公明一脸严肃道："白纸黑字写着，怎能失信呢？你这就去账房支取一万两银票，明天我就去南江给人家沈掌柜送去。"少司知道大哥公明的秉性，不敢再多言语，应了一声，便出了书房，到账房支取银票去了。一夜无话。

  第二天吃过早饭，赵公明怀揣银票，带着家童兴儿出了府门，快马加鞭一路去了南江。

  这南江可在千里之外，公明跟兴儿一路日行夜宿，不几日就来到了一座小镇，兴儿忙问道："老爷，你看这天色将晚，今天咱们就在这小镇上住一宿，明天再走。"公明淡然说："这小镇离南江沈掌柜府上只有二三十里地，我们快马加鞭便就到了。"见公明发了话，兴儿努了努小嘴不言语了，忙催马一路跟了上去。

  从这小镇到南江要经过一段山林，这段山林树木茂密，山上有一土匪山寨，山上的土匪凭借这密林，经常出来干那劫道的事。公明不是这里人，当然就不知道这里有强人出没。

  公明赶路心急，快马加鞭一路向南江城赶去，不大一会儿就来到山林前。"老爷，你看那边有一伙儿人。"兴儿眼尖，忙叫了起来，公明忙勒住马，抬头望去，果然见不远处，有一伙人在拉拉扯扯。兴儿惊叫道："老爷，我们遇上强人了，你看那几个人在搜身。"公明见兴儿害怕，忙安慰道："别怕，你在这里等着，我去收拾这些强人。"说着，公明朝马屁股上狠狠地抽了一鞭，那黑鬃马腾空跃起，长嘶一声，向前一路飞奔上去，公明大声喝道："大胆毛贼，青天白日竟敢拦路劫道。"为首的一大汉愣了一下，回头瞪了公明一眼：

第三十四章 一诺万金

"此路为我开,要过此路就得留下买路钱。"说着,那大汉气势汹汹挥刀直向公明扑来。公明随手抽出金鞭迎了上去,那大汉怎是公明的对手,只听"当啷"一声响,大汉虎口震裂,撂下大刀,"呀呀呀"惨叫起来。几个强人见当家的被打,一起挥刀扑向了公明,公明见强人一哄而上,手中的金鞭挥舞起来,噼噼啪啪过后,几个强人栽倒在地。其余强人见状,吓得撂下刀枪,跪地求饶:"好汉爷爷饶命,好汉爷爷饶命……"

公明见路边几个发抖的人,就知道这几个人被强人劫了财。公明冲强人瞪眼道:"把抢的银子都拿出来,还给他们,要不然大爷我就不客气了。"说着,公明举起金鞭做出欲打的样子,强人们晓得公明手中金鞭厉害,吓得忙求饶说:"我们给,我们给。"说着,强人们把抢的银子和首饰,全都掏了出来,放在了地上。公明扫了扫几个发抖的人一眼道:"你们几个人过来,看哪些东西是你们的。"那几个人忙上前捡拾各自的东西。公明问道:"看谁少了什么?"那几个人齐声道:"不少,不少。"公明见强人服软了,也动了怜悯之心,厉声喝道:"给我滚!"众强人见公明发了话,都赶忙爬起,架着当家的上山去了。

见强人走了,被劫的几个人上前倒头就拜,公明忙上前一一扶起。一年轻人拱手道:"敢问恩公尊名大姓,府上在何处,小的也好登门相谢。"公明见这年轻人倒还有礼数,笑呵呵回答说:"区区小事,何言相谢。看来这伙强人不敢再出来了,你们几个放心走就是了。"言毕,公明回身上马,和兴儿一路飞马而去。

原来,那被强人所劫的年轻人,正是南江富商沈掌柜的大公子沈熙,沈熙奉父亲之命到县城收账,沈熙在县城里就听人说西岭有强人出没,就与几个人结伴同行,不料在那西岭密林处遇到了下山的强人,要不是公明出手打跑了强人,命已非也。沈熙甚是惊奇,这位恩公不图回报,只是淡然一笑,就驾马走了。沈熙望着公明远去的背影,喃喃自语:"奇人,奇人……"

沈熙刚刚涉世,哪经过这强人劫道的事,被那伙强人一惊一吓,精神有点恍惚起来。沈掌柜见儿子沈熙出去一整天了,眼看天就黑了,还不见儿子回还,甚是着急,忙出门去看。碰巧,在门前见到了儿子沈熙,沈掌柜惊愕道:"儿子,你脸色咋这么苍白,是不是病了?"

"没事,儿子好着呢。"

"啥好着呢?"沈掌柜是个经历过好多事的人,他见儿子沈熙这个模样,断定儿子一定是受到了啥惊吓,要不,他表情怎么会呆呆的,得问个明白才是。沈掌柜上前忙扶住儿子,进了府门。

第二天吃过早饭,公明就带着兴儿策马进城直奔沈掌柜府上。此时,沈掌柜正在二堂跟夫人说话,家人来到二堂禀报说一个叫赵公明的人求见,沈掌柜跟赵公明是新交的朋友,听说朋友来了,忙来到门前相迎。

"赵公来了,快到府里坐。"沈掌柜一见公明忙上前打招呼。一阵寒暄后,公明就跟沈掌柜来到客厅坐下。沈掌柜寻思这赵公明可是商界的奇才,让儿子沈熙见见他,没准日后生意上还用得着。于是,沈掌柜跟身边家童说:"聪儿,去把你家大少爷叫来,见见赵大叔。"

"是。"聪儿应了一声,退出了客厅,去后堂去了。

片刻,沈熙来到客厅。一进门,沈熙便惊叫起来:"这不是恩公吗?"

"爹,他就是解救儿子的那恩公。"沈熙回头跟老爹说。

"是吗,竟有这么巧的事!"沈掌柜拍手称奇。

公明也感到惊奇,荒山野岭所救年轻人,竟是朋友沈掌柜的大公子沈熙。见儿子沈熙还在一边站着,沈掌柜瞥眼道:"愣着干啥,还不快拜谢你赵大叔。"见老爹发了话,沈熙倒头就拜。公明忙上前去扶沈熙:"不敢当,不敢当!"说着,公明从怀中掏出一张银票放在桌上,继续说:"大哥,不好意思,我们木场发错了你几车料,小弟登门兑现承诺来了,这是一万两银子的银票,请查收。"沈掌柜一下羞红了脸,赶忙说:"赵公,你是我儿子沈熙的救命恩人,这个银子我们万万收不得。"公明见沈掌柜推辞,淡然一笑说:"沈兄,一码归一码,再说我赵公明怎能言而无信呢?这罚金你一定得收,要是不收的话,小弟有何颜面做人。"公明言辞恳切,沈掌柜一时难以推辞,只好将公明的银票收下了。

第三十四章　一诺万金

公明兑现承诺,自罚千金的事很快在南江城传开了,商家们夸公明诚实守信,都愿跟他交朋友、做生意。赵公明在南江城里的店铺门前车水马龙,生意很快兴隆起来。

第三十五章
结识九公

由于公明生财有道,他的木材生意又做到了洛阳。同时,他在洛阳城里又开办了几处字号。虽然说木场和字号都安排有人打理,但每年他都要去洛阳走一趟,一是了解行情,二是拜访一下新老朋友,三是也好借此机会好好休闲轻松一下。

一年秋后,公明带着家童兴儿,又去了千里之外的洛阳城,一到洛阳城,公明就忙着会客访友,接来送往,忙活了半个多月。

一日,忙里偷闲,便带着兴儿到城外去休闲一下。当他们策马路过护城河时,老远见一人在河岸一晃不见了,他就意识到这人是跳河了,忙回头跟兴儿说:"那边有人跳河了,咱们快去救人。"说着,公明和兴儿催马一路向河岸奔去。到了河岸,见那落水男子还在水中挣扎。兴儿翻身下马,跳入河中把那落水男子拉上了岸。公明见那落水男子肚子鼓鼓的,就知道那人喝了水,得把他肚子里的水倒出来。公明忙跟兴儿说:"快把这人扶到马背上去。"说着,公明便拍了拍马头,这黑鬃马好有灵性,便趴在地上,公明和兴儿忙把那男子托上了马背,黑鬃马站了起来,那男子张口,水从口里哗哗地流了出来。水倒了,那男子清醒了过来,公明忙跟兴儿搀扶那男子在一块石板上坐下。

第三十五章　结识九公

公明问道:"年轻人,有啥想不通的事,非要跳河轻生呢?"

见问,那年轻人便跟公明诉说了他的苦衷来。

原来,那跳河轻生男子名叫陈九公,因家穷,十岁那年,经人介绍到洛阳城里的一家珠宝店做了一名小杂役。三年后,铺台缺人,店主见九公伶俐,就让他上台跟大师兄黄三学做生意。九公聪慧好学,几年下来就学会了不少辨认真假珠宝的本领。大师兄黄三见九公绝顶的聪明,就心生嫉妒,心想凭九公的聪慧,很快就会超越自己,人常说一山不容二虎,这珠宝店里有他陈九公,就不会有他黄三的好日子过,于是,黄三便生歹心要陷害九公。

一日,黄三让九公把一颗夜明珠送到城西马员外府上去,他安排人半道拉九公下馆子去喝酒,趁九公解手之际,调包了那颗真夜明珠。马员外见九公送来的是一颗假夜明珠,便把此事告知了珠宝店刘掌柜,刘掌柜大怒,限九公三日归还真珠,如三日不还,就要告官抓人。九公明知被人陷害,可一时拿不出证据,无奈,才跳河轻生,一了百了。

听了九公的诉说,公明甚是愤慨,世上竟有如此心肠歹毒之人,他要为这个名叫陈九公的年轻人洗刷这不白之冤。

公明跟九公说:"兄弟,你暂且住在我木场,这事你就放心好了,我会弄清楚的。"九公便跟随公明回到城外的木场住了下来。

公明寻思着如何洗清九公的冤情,他思来想去,这个半道上拉九公下馆子喝酒的人,嫌疑最大,八成就是那人调了包。听九公说,这个人名叫刘章,因他是个斗鸡眼,街上人就给他送了个"刘歪眼"的绰号。这刘歪眼原本是街上的一个小混混。九公说,他鄙视这个人,那日是刘歪眼死皮赖脸拉他去下馆子喝酒,他拗不过就去了。九公又说,自从他出事后,去寻找那刘歪眼,那混混就不见人影儿了。公明觉得这事蹊跷,要破这个案子,就得先从这个刘歪眼入手。这个刘歪眼躲到哪儿去了,如何能寻找到他,公明一时茫然,情急之中,公明想起了张爽。

张爽是公明最要好的朋友,公明清楚地记得,九年前,他在街头结识张爽的那一幕。那年,他的木场在洛阳城刚建起,他来这里打理木场生意。一日到街上办事，见路边有一小伙在卖艺，一时心热就围了上去观看，见一年轻人耍着大刀。正当那年轻人耍到兴致时，突然一位大汉跳进场内，破口道："小小娃娃竟敢在大爷的地盘上卖弄，是活得不耐烦了吧！"言毕，那大汉从腰里抽出一条三节棍，直冲那年轻人脑门打去。那年轻人见大汉来势凶猛，忙横刀一架，只听"当啷"一声响，年轻人手中的大刀落地。那大汉见状，一声冷笑，又抡起三节棍砸将下去。公明见那大汉出手狠毒，一时恼怒，大声喝道："休得无礼。"说着，公明一跃跳进场内，冲那大汉脊背一点，那大汉一时站立不稳，扑倒在地。几个男子跳进场内，架起那大汉匆忙而去。那年轻人倒头就拜。见状，公明忙上前扶起了那年轻人，那年轻人就是张爽。武艺人爱武艺人，从此，公明就与张爽成了一对要好的朋友。后来，张爽进衙门做了捕快。公明每次来洛阳，他们俩都要在一起相互切磋武艺。

公明寻思，张爽在衙门做捕快，在街面上一定认识的人多，寻找那混混刘歪眼的事，应该不是多大的难事。于是，公明就备了一份重礼，带着家童兴儿去登门拜访好友张爽。正好，这日张爽在家侍奉老娘，听说公明来访，忙出门相迎。

"大哥，好长时间没见面了，小弟好想你。"

"这不是来了嘛，伯母身体可安泰？"公明忙问道。

"我娘可好着呢，前天还念叨着大哥你。"张爽点头说。

"是吗，咱们快去看看她老人家。"说着，公明就拉住张爽的手，进门去了后堂。

公明从后堂出来，张爽笑呵呵地说："大哥，咱们兄弟到客厅一叙。"公明点头说："好的，大哥正准备求你办件事。"张爽瞥眼说："大哥还跟小弟客气啥，有啥事到客厅里说。"张爽带着公明来到西院客厅，待公明坐定后，张爽问道："大哥，你说是啥事？"见问，公明就把九公的冤情和寻找混混刘歪眼的事说了，张爽笑道："小菜一碟，小弟明天就让人去寻找那刘歪眼。大哥今天晚上就不要走了，跟小弟好好聊聊。""谢谢贤弟好意，那九公还在木场里，我得回去安慰他才是。改日，咱们兄弟再叙。"言毕，公明告别张爽，带着兴儿

第三十五章 结识九公

出门回木场去了。

公明走后,张爽忙让人找来捕快瘦猴交代了寻找刘歪眼的事,瘦猴大嘴一撇说:"大哥,寻找那刘歪眼的事,不需要兄弟们去了,小弟一个人去就行了,那刘歪眼长什么模样,小弟全知晓。"

"是吗?这就烦劳兄弟了。"

"为大哥效力,还说啥烦劳不烦劳的,小弟这就走了,大哥你就瞧好吧。"言罢,瘦猴乐呵呵出门而去。

瘦猴未进衙门前,也在街面上混过,他对混混们的生活习性了如指掌,但他跟那些混混不同,他有主见,有正义感,有一身好功夫,混混们都拿他当大哥看。但是瘦猴鄙视他们,看不过眼时还训斥他们几句,混混们也不敢言语。自从瘦猴进了衙门干事,街面上的混混对他更加敬重了。瘦猴对这些混混睁一只眼,闭一只眼,毕竟这些混混在街面上熟,多几个人,就多几个眼线。

瘦猴一出张班头家门,来到街头,一个外号叫烟杆子的混混,一见瘦猴,嬉皮笑脸地凑了上来。

"大哥,用得着小弟的地方,尽管言语一声,小弟愿为大哥赴汤蹈火下油锅。"

"再甭贫嘴了,还下油锅呢,看你那眼睛成乌鸡眼似的,莫不是又撞墙了?"

烟杆子忙用手捂住了眼,支支吾吾起来:"小弟这不是……"

瘦猴笑哈哈地说:"兄弟,大哥今天高兴,请你下馆子喝几盅去。"

"好的。"听说又有酒喝,烟杆子屁颠屁颠地跟着瘦猴下馆子去了。

瘦猴不费多大工夫,就从烟杆子嘴里套出了刘歪眼藏匿的地方。原来刘歪眼在城外有个叫翠红的相好。刘歪眼拿了黄三的银子,就到那翠红家里快活去了。夜里,瘦猴带了两个捕快兄弟,来到城外翠红家门前隐藏起来。刘歪眼一出门就被人塞进了麻袋,扛走了。到了一个僻静处,取了麻袋,刘歪眼见是瘦猴,知道事已暴露,扑通跪倒在地连连求饶:"大哥,小弟该死,小弟该死!都是那黄三使的坏。"瘦猴瞥了刘歪眼一眼,厉声道:"我以前跟你咋说的?怎能干这伤天害理之事。"见瘦猴生了气,刘歪眼说:"小弟错了,再也不干那没良心的事了。"瘦猴见刘歪眼服了软,顿生怜悯之心,一脸严肃地说道:"你敢跟那黄三对质吗?"刘歪眼昂起头:"怎么不敢,我要当着大哥的面揭发他。""好,暂且委屈兄弟几天,待拿到了那黄三,就放了你。"见瘦猴发了话,两个捕快上前锁了刘歪眼,押着他一路走了。

第二天一大早,瘦猴就来到班头张爽家,禀报拿了刘歪眼的事,张爽大喜:"行呀!等这案子破了,大哥给你请功。"

"多谢大哥提携。"瘦猴拱手笑嘻嘻道。

张爽心里嘀咕,既然有了证人,就得趁热打铁,拿了那黄三,还九公个清白。张爽腾地站起冲瘦猴挥手道:"多带几个兄弟去捕拿黄三。"

"是,大哥。"瘦猴领命,忙回县衙召集捕快去了。

张爽带着一帮捕快冲进了珠宝店,刘掌柜见班头张爽带人冲进店里,一脸惊愕:"张爷,我们可是守法之人,可没有做过啥违法的事呀!"张爽冷笑说:"你刘掌柜是没有做违法的事,可你的店里有人做了伤天害理之事。"说着,张爽把大手一挥,厉声道:"把恶人黄三给我拿了。"见班头发了话,几个衙役上前锁拿了黄三。黄三挣扎着:"我犯了什么法要锁拿我,我要向县太爷告你们。"未等张爽言语,瘦猴忙接上话茬:"死到临头了嘴还硬,那刘歪眼在县衙里候着你哩。"一听刘歪眼的名字,黄三面如土色,一下蔫了下来。张爽跟刘掌柜拱手道:"大伯,这黄三嫉贤妒能,让人调包了夜明珠,才使九公蒙冤,对不住了,这黄三我带走了。"言罢,张爽跟捕快押着黄三出门而去。

刘掌柜这才明白,是自己中了恶人黄三的套圈,冤屈了陈九公。听人说九公住在赵公明那里,赶忙备了一份大礼,来到公明木场,一见九公就忙赔不是:"贤侄,都是大伯好坏不分,错怪了贤侄,大伯请你回店做大柜。"听了刘掌柜一番话,九公才知道是恩公赵公明找人破了这案子。虽然说刘掌柜为人厚道,但他耳根子软,好坏不分,给他干事让人费劲。九公苦笑说:"大伯,人心险恶,侄儿已经心灰意冷,不想再干了,您老就回吧。"刘掌柜见九公

第三十五章 结识九公

不肯回去,扑通跪下:"看来贤侄还不原谅大伯,大伯给你下跪了。"见状,九公忙上前搀扶:"使不得,使不得!大伯这是折煞侄儿了。"

张爽让人把捕拿黄三的事跟公明说了,公明甚是欣喜,忙来到西院告知九公,当他到门前时,听屋里有人说话,就忙侧耳听了起来,刘掌柜跟九公的对话,公明全听到了。公明推门而进,淡然一笑道:"这位大伯,莫不是珠宝店里的刘掌柜吧?九公有案在身,不便出去,刘掌柜请回吧。"公明的话说得刘掌柜无地自容,羞红着脸,出门而去。

九公留在木场,公明见九公是经营珠宝的奇才,在木场干事埋没了他的才能,实在有点可惜,于是,就帮他在洛阳城里开办了一家珠宝行。果如公明所言,九公的珠宝行的生意越做越大,十多年下来,九公就成了名满洛阳城里的珠宝巨商,富甲一方。

第三十六章
筹粮赈灾

一年,关中腹地干旱无雨,大田里吐穗的麦子,在太阳火辣辣的炙烤下,垂下了头,大河断流,小溪也露了底,官道上尘土冒出了烟,没几天工夫,田地里的庄稼没有了生机,百姓望田兴叹。正当人们痛心疾首时,天公垂怜,下起了蒙蒙细雨,人们脸上绽出了一丝笑意。夏庄稼没了,庄稼人把希望又寄托在秋苗上,他们又忙播种上了秋苗,没几天工夫,秋苗破土而出,庄稼人看着生机勃勃的禾苗,心里有了期盼和安慰。

好景不长,正当庄稼人脸上有笑意时,旱魔又来了,炙热的阳光烘烤着大地万物,眼看地里胖嘟嘟的庄稼苗一夜之间又瘦了许多。庄稼人一下急了,乡老们忙组织村上的人,到村外龙王庙求龙王开恩、降甘露,把村上属龙的娃娃组织起来透水道,如此折腾了十多天,也没折腾出一丁点儿雨来。地里的秋苗又干枯了,庄稼人又没有指望了。为了活命,四乡八村的乡老结伴去衙门,请求县大老爷开仓放粮。县老爷说没有朝廷的政令,不得开仓,无奈,乡老们又结伴去了赵府。

少司在府门前见到四乡八村的乡老,忙上前打招呼:"大伯、大叔,你们有事吗?"李大苦笑说:"我们百姓没法活了,来找赵公帮我们百姓想想法子。"李大一开口,少司就明白这些乡老是为粮食来的。连月来的大旱,让他

第三十六章　筹粮赈灾

也心焦。民以食为天,老百姓没有了粮食,他们怎么能活命呢? 但赈灾放粮是官府的事,自己一家小木场怎能管这事,就是有那个心,也没有那个力量。少司苦笑说:"不巧得很,我大哥赵公明昨天就出门了,还不知啥时能回来。请各位大伯大叔到府里坐坐。"李大忙摆了摆手:"既然赵公没在府上,我们就不进去了,待赵公回来后,你就跟赵公说有几个乡老有事找他。""好好好,我大哥回来,我一定跟他说。"少司目送乡老们离去。

山下大旱,旱枯了庄稼苗的事,让公明也寝食不安。他寻思眼下当务之急就是让百姓有饭吃。自己家里是有点存粮,但面对几十万百姓来说只能打个牙祭,解决不了啥问题。情急之时,他想到了官仓,县里有好几处官仓,要是把官仓里的存粮拿出来,也许能帮百姓渡过这个难关。但开仓放粮得有皇上旨意,地方官也不敢擅自做这个主。公明思前想后,还得去找县令赵兴说说。于是,公明就只身骑马去了县衙。门官张二认识公明,见公明到县衙门前翻身下马,忙上前打招呼:"赵公来了,我家老爷刚从外边回来。"说着,张二接过马缰绳,牵马到后院去了。公明是县衙常客,路熟,他知道县令赵兴没事就在书房里看书,一进门就径直去了东院书房。

县令赵兴也是武官出身,因爱好相投,两人也就多了些往来。他敬重公明的品德,待公明为座上客。

碰巧,赵兴这时正在书房院前练剑。

"好剑法!"

听到一声叫好声,赵兴收剑回头,见是好友赵公明,一脸惊喜道:"赵公见笑了,快到书房里坐。"说着,赵兴上前一把拉住公明的手来到书房。

落座后,赵兴忙问道:"赵公,你是大忙人,没有事是不会来的,说说吧。"公明笑了笑:"我是为开仓放粮的事来的。"赵兴惊愕道:"开仓放粮,这得有皇上的旨意,小弟可不敢擅自做这个主呀。"公明点头道:"我知道这个理,但也不能眼看着百姓饿肚子呀。"赵兴有点激动:"赵公,小弟已给府衙打了报告,说了这里的实情,我想皇上是会开恩的。"公明说:"我知道大人爱民如子,但你也知道这衙门的事,一级传一级,待传到皇上那里,少说也得一个多月。老百姓没粮发慌,能等到那时吗?"见公明说得有道理,赵兴不知如何作答。公明见赵兴面有难色,苦笑说:"大人,在下倒有个两全的法子,就看大人有没有这个胆量。"赵兴惊喜道:"赵公快说是什么法子?"公明不假思索说:"咱们俩来个双管齐下,兄弟我明天就让人组织车辆到没有灾情的地方去买粮,大人明天就开仓赈灾,等买粮的车回来后入库,以补出库的粮数,要是上边查下来也没事,就是要让大人担这个风险。"赵兴点头道:"行!为了百姓,这个风险算不了什么。"公明道:"好,咱们这就说定了,明天大人就开仓放粮,先稳定住百姓的情绪再说。""赵公放心好了,小弟决不会食言。"公明见县老爷赵兴言语中肯,便起身告别,出衙回府去了。

公明回府后,忙让家人去请商会几个理事到府上议事。会长传话,理事们知道一定又有什么大事,不敢怠慢,都忙来到赵府。少司扫视了在座的理事,跟大哥赵公明道:"大哥,几个理事都到齐了。"公明点了点头,淡然一笑说:"今天上午,我去了趟县衙,跟县太爷赵大人说了开仓赈灾的事,我们已经谈妥了,明天县令就开仓放粮……"马旺是个急性子,未等公明说完,就忙说:"是吗?没有皇上的旨意,他县老爷敢擅自开仓吗?"黑娃也愕然说:"少掌柜说得是,莫不是大哥跟那县老爷有啥承诺?"公明心想,黑娃看起来憨憨的,不过还真有点灵性,自己一开口就猜出了跟县令赵兴有承诺的事。公明淡然一笑说:"这下可让黑娃哥说着了,小弟正想跟各位理事说这事。没有皇上的旨意,他县令大人是不会开仓的。小弟跟他有一个协定,我们派人到没有灾情的地方去购粮,让赵县令先开仓放粮,我们再把购回的粮给他补上,县令赵兴才答应了开仓赈灾的事。"

马旺撇嘴说:"我就说呢,他县大老爷竟有那么大的胆量,原来是有大哥给他做后盾。"

公明淡然说:"话可不能那样说,这县老爷能答应这样做,也难为他了。"

马旺瞥眼说:"咱不说他县老爷难为不难为,那购粮的事你是咋安排的?"

公明不假思索说:"小弟是这样想的,出外购粮往返得十多天,我们各家

第三十六章 筹粮赈灾

先把家里的存粮拿出来,统一放在一处,要是购粮的车不能及时回来,就拿咱们的粮补上去,也好让县令大人放心。这外出购粮的事,我跟黑娃哥去,少掌柜跟几个掌柜负责把各家的存粮……"未等公明把话说完,马旺一下急了:"不行不行!大哥是商会会长,咋能让大哥去购粮呢,这跑腿的事还是让小弟去好了。"公明见马旺执意要去,就点了点头:"行,就让你去,我在家里收粮。明天走时,我让少司把买粮的银子给你送去好了。"

"好的。"马旺拱手告别,回去组织买粮的人和拉粮的车辆去了。一夜无话。

第二天一大早,县衙的官差分别通知四乡八村的百姓,到县衙官仓去领粮。听说县衙开仓放粮,老百姓欢呼雀跃,拿着粮袋到官仓去领粮。一时,县衙粮库门前聚集了好多前来领粮的百姓。

公明见马旺买粮的车队还不见回来,怕县老爷着急,就忙跟黑娃说:"少掌柜出去都五六天了,还没有个音讯,今天咱们就把这几十车粮送过去,也免得县大人着急。"

"行,我这就叫车去。"

不大一会儿,黑娃带着几十辆大车来到商会,把收的粮全都装上了车,黑娃带着车队一路去了县衙粮仓。县衙韩师爷见黑娃带着粮车来了,愕然问道:"咋这么快就回来了?"黑娃淡然一笑说:"我们怕县大人着急,就把商会收的存粮先拉过来,也好让你们放心。"韩师爷笑呵呵地说:"赵公说话算数,小弟敬佩至极。"言毕,韩师爷忙让衙役下车入库,车刚下完,马旺带买粮车队也赶到了粮库,望着满载粮食的车队,韩师爷脸上绽出了笑容。

第三十七章
再上西岭

公明在家里备了几桌家宴,慰劳马旺和外出买粮归来的人。突然县衙牛才来访。公明心里嘀咕,这牛才是县衙里的班头,他亲自登门,一定有匪情或地方上治安上的事。公明起身跟大伙拱手道:"请大家慢用,来了客人,我去招呼一下。"言毕,公明回身出了客厅,一路来到门前。牛才一见公明忙拱手说:"赵公,小弟有要事跟赵公说。"公明点头招手说:"请班头到书房说话。"公明前头带路,牛才跟着来到东院书房。

待牛才坐定后,公明忙问道:

"班头,又有啥要紧的事,请讲。"牛才压低了声:"昨天夜里李庄村的粮被人全抢走了。"

"啥?都是什么人竟如此大胆。"

"小弟接到报告,便带人去那李庄村查了,老百姓说,那些抢粮的人,都蒙着面,看不清楚。"公明瞥了牛才一眼,愕然说:"莫不是那芒谷黑风寨上的土匪?"公明的话提醒了牛才,牛才连连点头:"赵公说得是,但小弟还是不明白,土匪们都是些凶残之徒,到了村里,怎能不伤人呢?村里人说,那些人还算有良心,在各家里只拿走一半粮食就走了,难道土匪有这么好心肠吗?"公明点头说:"班头说得是,但也有好的,这就看那土匪头有没有良心。""什么

第三十七章 再上西岭

良心不良心,有良心就不去做土匪。"

公明见牛才是一根筋,淡然一笑说:"班头你误解了,那年,我为寻找三个妹妹,上过西岭山寨,那山寨大当家就是一个好人。"牛才愕然,"那大当家不是名叫张二锤吗?"公明点头说:"正是他,他这个人就不干那杀人越货、强抢良家女子的事。""咋可能呢?前几年,西岭寨上的人不是把三个女子抢上了山寨吗?"牛才道。公明淡然回答说:"是有这么一回事,可那件事不是他做的,是一个名叫山鹞子的二当家所为,为这件事,大当家张二锤还臭骂了那山鹞子一顿,并且让我把那三个女子送回了家。"牛才见公明说得有板有眼,绘声绘色,不觉有点惊愕,赵公是做生意的,怎么对这西岭山寨的事知道得这么细致,他顿生迟疑。"赵公,西岭山寨上的事,你怎么知道得这么多?"公明见牛才又误解了,忙实话实说:"不瞒班头说,那西岭山寨大当家张二锤是家父当年在镇上米店的同事,因他的妹妹被一个土财主抢了亲,妹妹跳了河,他一怒之下杀了那土财主,遭官府通缉,才被逼上了山寨。他手下一帮弟兄大多是附近庄户人家的子弟,也是因生活所逼,才上山落草做土匪的。"公明说得真切。牛才连连点头:"赵公说得是,赵公说得是。还是赵公识多见广,小弟敬佩,敬佩!"公明淡然一笑道:"班头过奖了。"

牛才又忙问道:"赵公,小弟只听你讲了故事,倒把正事给忘了,要真是那西岭山寨的人抢了百姓的粮食,他们要是再下山来抢的话,咱们如何跟百姓交代?你看这事……"见牛才欲言又止,公明就知道牛才跟他要主意,看他对这事的态度和做法。公明为了百姓的事,他也乐意掺和进来。

公明直言说:"要回被抢的粮食,劝他们下山改邪归正。"

"赵公,这咋可能呢,他们能听你的话吗?"

公明知道牛才怀疑他的能力,淡然说:"行不行,我也得去试一试。明天请班头跟我一道儿去那西岭山寨,会会那大当家张二锤。"

"行,小弟愿跟随赵公去山寨,也长一下见识。"

见牛才爽快应允,公明甚是欣喜,又回头跟牛才说:"班头,可要把这身行头给换了,扮作我的家人。"牛才笑呵呵地点了点头:"小弟照办就是了。"

言毕,牛才起身告辞,公明送牛才到府门外,两人相对拱手作别。

第二天早上,牛才在家吃过早饭,换了行头,一路来到赵府,一见公明就忙问道:"赵公,你看小弟这身行头,像不像一个小跟班?"公明点头说:"行头还不错,但不要把头扬得太高了。"牛才会意公明话的意思,点头回答说:"赵公说得是,做小人的就要有个小人的样子。"公明见牛才诙谐,忙点头说:"虽然话不是那样说,但也说的是这个理,咱们这就走吧。"说着,公明就要抬脚出门,牛才愕然问道:"赵公,就咱们俩去吗?"公明回头笑呵呵地说:"又不是去跟人家打架,要那么多人干吗?"牛才不言语了,忙跟着出了门。

送他俩的马车早就在府门前等候着,公明和牛才一出府门,就上了车。车夫王二一甩马鞭,马车就上了街头,一路向芒谷方向而去。约莫两个时辰后,王二驾着马车来到坪坝上,公明跟牛才下了马车,跟王二叮咛了几句,王二驾着马车顺着原路出山而去。

公明目送王二马车走后,回头指着西岭跟牛才说:"从这里进沟,再走十多里地,就是西岭,顺着山道上去就是那西岭山寨,咱们这就走吧。"牛才点头说:"好吧。"牛才跟着公明顺着小道一路而上。

这牛才还是平生第一次去土匪山寨,不免心里有点惶恐,他跟着公明一路走着,一路寻思着到了那山寨的情景,一群灰头土脸、龇牙咧嘴的土匪冲他狞笑着,仿佛土匪扭曲的脸浮现在他的眼前,那狞笑声在山谷中回荡着,挥之不去。牛才"哎呀"一声,身子晃了晃,公明惊愕地回过头来道:"班头,你咋了?"见问,牛才羞红着脸,忙掩饰说:"没事,被一石块绊了一下。"公明瞥了一眼,"是吗?是得小心一点。"言毕,公明回头继续往上爬去。牛才忙跟了上去。不大一会儿,他们俩登上了小山包,正当他俩小歇时,突然从草丛中钻出几个手持兵器的人。上次,公明也是在这儿遇到山寨上的人,公明明白这几个人是设在山包上的暗哨。公明并不惊慌,倒是牛才一见那几个大汉腿就哆嗦起来。一年轻汉子喊叫道:"这不是那赵爷吗?大当家说你今天要来山寨,让我们几个来接你,我们还不相信,果然是赵爷上山来了。"公明见那年轻汉子好生面熟,思量片刻,笑呵呵道:"你是大当家身边的小虎子

第三十七章 再上西岭

吧?"那年轻汉子点头回答说:"亏赵爷还记着小的,小的正是当年的小虎子。"公明愕然:"你们大当家啥时学会算卦了,他咋就知道今天我要上山来?"小虎子挤弄了一下小眼睛,诡秘地说:"算的呗!"公明上前拍了拍小虎子的头,瞥了一眼道:"鬼精灵,还不快带我们去见你们的大当家。""遵命!"小虎子扮了个鬼脸,忙上前领路,公明和牛才跟着一路上山。

一登上山寨,山寨上的人都跟公明打招呼,赵爷长赵爷短的叫得亲热,公明拿他们当兄弟看,也热情地跟他们打着招呼。大当家听了小虎子的禀报,乐呵呵地出门相迎。一见公明就忙上前拽住了公明的手:"果然是贤侄来了,快请到后寨一叙。"说着,一路有说有笑去了后寨。

一进后寨大堂,还未落座,公明就忙问道:"张叔,你啥时间又学会算卦了,咋就知道今天侄儿要上山寨来?"见问,大当家张二锤笑呵呵地说:"大叔压根儿就不会那个玩意,是大叔我瞎猜呗!"公明愕然,"瞎猜也得有个依据吧。"张二锤回答说:"贤侄说得也是,自从贤侄那年下山后,大叔一直惦记着贤侄,贤侄做的一桩桩善事,大叔都知晓。山下遭了大旱,百姓没有了收成,贤侄就说服县令大人开仓赈灾,为了稳住县令大人的心,贤侄拿自己的银两从外地买粮,补官仓空缺。贤侄的作为实在令大叔敬佩。大叔想见你,让人下山去找贤侄,去了好几次都没见到,无奈才想此下策。没承想,贤侄果然上山来了,让贤侄见笑了。"听了大当家张二锤一番话,公明哭笑不得,心想这土匪还有土匪的章法。想归想,但不能明说,公明淡然一笑说:"大叔用心良苦,还能想出这样奇特的法子来。"张二锤知道公明在取笑他,脸一下涨红起来,忙道说:"羞愧,羞愧!"说着,张二锤脸色变得严肃起来,公明见状,就明白张二锤必定有啥重要的事要跟他商议,要不他何必要冒这个险呢?公明淡然问道:"大叔,是不是山寨里缺粮了,要不过几天,侄儿让家人给送上几车来?"张二锤忙摆手说:"不不不!粮食不缺,大叔是为山上一百号弟兄……"公明见张二锤言语支吾,面有难色,又忙问道:"大叔,咱爷们谁跟谁哩,还跟侄儿不好意思,有啥难事,您老就尽管言语,只要侄儿能办得到的,一定去办。"张二锤昂起头,激动地说:"有贤侄这句话,大叔我可就说了,你

205

看大叔也老了,得为山上百十号弟兄着想,他们只因穷,才上山做了土匪,但不能在这山寨做一辈子土匪。他们大多数有家有室,得给他们寻个好出路,也好回家过日子。贤侄现在家大业大,也需要人干事,大叔是想让这些弟兄跟你干事,你看行吗?"听了张二锤一番肺腑之言,公明甚是敬佩张二锤的品德,当即点头答应说:"行!侄儿在来山寨的路上,也寻思着这事,没承想大叔也是这样想的,咱爷们可想到一块儿了。等会儿,我就见见山寨的弟兄们,问问他们,谁要是愿意到木场干事,明天我就带他们下山去木场。"张二锤一时激动,扑通跪倒在地:"贤侄,大叔在这里先替山寨的弟兄们谢了。"说着,就磕起头来。见状,公明忙上前搀扶:"大叔,使不得!快快起来,您老这是折煞侄儿了。"大堂里发生的一切,牛才看得真切,赵公确实是个大贤之人,他的品德感化了百姓,西岭山寨的土匪也被他的品德感化了,此行收获还蛮大的。

　　西岭山寨散了,山寨上的人背着铺盖卷下山,跟着公明到木场干活去了。公明把大当家张二锤请回了枣林滩的家,跟老爹做个伴,让他颐养天年。

　　这日,县令赵兴心情特别的好,他接到皇上开仓赈灾的旨意,忙让韩师爷去请公明到县衙议事。公明知道这事重要,不敢怠慢,忙坐马车去了县衙。县令赵兴一见公明便笑呵呵地说:"赵公,皇上开仓赈灾的圣旨到了。"见县令赵兴激动,公明也兴奋:"是吗,这下大人就没有后顾之忧了。"县令赵兴拱手说:"这圣旨是迟了一些日子,要不是赵公让本官及时开仓赈灾,还不知道百姓会成啥样子,本官在这里多谢赵公了。"公明回答说:"不敢当!为了百姓我乐意。"书房里传出了一阵欢笑声。

第三十八章 百姓拥戴

县令赵兴冒着风险,及时开仓赈灾,使百姓渡过了难关,老百姓甚是感激,这不,四乡八村的乡老又坐在一起,商议着如何感谢县令赵兴的事。

李大首先开口说道:"吃米不忘种谷人,我们老百姓之所以能度过荒年,多亏了县令赵大人,要不是他及时开仓赈灾,我们今天还能坐在这儿吗?"西村乡老黄二忙接话说:"李大说得是,赵大人给我们百姓发了粮,又发给我们种子,赵大人真是好官,爱民如子。"一边坐的南村庄乡老刘爷忙插上话说:"我们得给赵大人上万民匾,以表我们百姓对他的敬意。"

在座的乡老你一言他一语争相说着,见李大没有言语,就把目光又投向了李大。李大会意大家眼神的意思,淡然一笑:"县令赵大人在没有接到皇上圣旨的情况下,冒着性命危险及时开仓放粮,拯救了咱们老百姓,我们老百姓得知恩图报。刚才刘爷提议给赵大人上万民匾,小老儿也赞同这个提议,送万民匾,我们四乡八村的人都去,以壮声威,大家看这样行不行?"曹仁挥手道:"这个法子好呀,为老百姓做好事,咱们百姓就得这样敬重他。"李大扫视了一下在座的乡老,乡老们会意李大眼神的意思,齐声道:"就这么办。"李大笑着点了点头:"既然大家都同意,咱们着手就办。刘爷负责去制匾,需要多少银两,就报个数,按村庄大小来摊。"言毕,乡老们都起身回村准备去了。

三日后的一天，四乡八村的百姓聚集在一起，抬着万民匾，敲锣打鼓一路来到县衙。

这日，县令赵兴正在书房跟公明议事，衙役进门禀报："大人，衙门外来了好多百姓，说是来给大人送万民匾的。"公明见县令赵兴愕然，忙笑呵呵地说："这是好事呀！大人，咱们出去看看。"说着，公明起身上前一把拽住赵兴的手，就往外走去。公明和赵兴一出衙门，送匾的人哗啦一下全跪倒在地，齐声道："大人爱民如子，是百姓再生父母。"说着，就齐刷刷地磕起头来。县令赵兴脸一下涨红了，不知所措。公明忙低声道："百姓在谢大人呢。"公明这一声叫，县令赵兴才回过神来，忙上前一把扶起李大，扫视了跪拜的人，高声道："父老乡亲们，你们不要谢……"公明怕县令赵兴说漏了嘴，瞥了他一眼，忙插话说："大家都快起来吧，公明在这里替赵大人谢谢大家了。"说着，公明拉了一下赵兴低声说："百姓一片心意，可不要扫了他们的兴。"公明一句话提醒了赵兴："赵公说得是，说话得分场合。"说着，赵兴回头跟韩师爷低声交代说："师爷，你去跟东村的李大说，让他召集四乡八村的乡老们到县衙，说是本官有要事跟他们说。""是。"韩师爷应了一声，忙传县令赵大人的话去了。赵兴拉着公明的手，进府门，回了书房。

听说县令大人让他召集乡老们到县衙议事，李大一脸惊喜，从来没听说过县令大人跟一群乡村野老到衙门议事，这说明了这位县大老爷看得起咱老百姓。再说，县大老爷还让自己去召集四乡八村的乡老，这不也证明自己在县大老爷心里也有了一定的地位吗？这事一定要办漂亮，让县大老爷瞧瞧自己的能耐，没准还能跟县大老爷交上朋友呢。李大喜上眉梢，忙把韩师爷的话传给了四乡八村的乡老们。

李大带着乡老们来到县衙，韩师爷一见忙笑脸相迎："各位大伯、大叔，快到客厅里坐。"李大领着一群乡老们走进客厅，落座后，韩师爷忙让衙役敬茶。韩师爷笑呵呵地说："各位大伯、大叔请用茶，赵大人跟赵公正在议事，过会儿就过来了。"言毕，韩师爷回身便出了客厅。

韩师爷从客厅出来，一路来到书房，县令赵兴忙问道："乡老们都来了

第三十八章 百姓拥戴

吗?"韩师爷点头说:"他们已到多时,就等着大人。"听说有事,公明忙起身拱手说:"大人既有公事,在下就告辞了。"说着,公明抬脚要走,赵兴忙上前一把拉住了公明的手:"赵公今天是主角,没有你在场咋能行呢?"公明心里明白,县令赵兴要在乡老面前说明事情真相,故作惊愕道:"大人取笑了,我一个生意人,怎么就成了主角?"赵兴知道公明做人低调,做了好事还不愿意让人知道。面对万民匾,自己受之有愧,要是不跟百姓说明原委,自己心里难安。赵兴瞥了公明一眼道:"小弟让你去自有小弟的道理,不要再为难小弟了。"见县令赵兴把话说到这个份上,就不好再推辞了。公明淡然点了点头:"好吧,我去就是了。"见公明答应了,赵兴笑呵呵地说:"这不就对了。"说着,上前拉着公明的手出书房,一路说笑着向客厅走去。

一进客厅,赵兴笑呵呵地拱手道:"对不住了,刚才我跟赵公在书房说事,迟到了。"赵兴扫视了在座的乡老,淡然笑了笑道:"各位大伯、大叔,有点惊奇吧,县令大人怎么拉着一个商会会长来了,这是咋回事?"县令赵兴一开口,乡老们都把目光齐刷刷地投向了公明,看得公明不好意思低下了头。见大家茫然,赵兴道:"今天百姓给本官送万民匾,本官受之有愧。"说着,赵兴回头指了指身边在座的公明,激动地说:"赵公才是应该受百姓敬重的人。"县令赵兴就把事情的原委跟乡老们说了个明白,乡老们一下骚动起来,对公明纳头就拜,见状,公明失色道:"使不得,使不得!这是折侄儿的寿了。"说着,公明赶忙上前一一搀扶起乡老们。

赵兴把实情说了出来,心里感到轻松了许多。四乡八村的乡老们知道了事情原委,越发地对公明敬重了。

凡事都有两个方面,好事也会带来不好的事来,不好的事没准也会暗藏着好的事来。县令赵兴赢得了老百姓一块万民匾,正当他欣喜时,不知哪个多嘴的,把他提前开仓赈灾的事说了出去,这下可招来了朝廷密使前来调查。

原来事有来由,知府陈诚跟县令赵兴素来不和,见赵兴赢得了老百姓一块万民匾,就有点嫉妒,当得知赵兴在未接到皇上开仓赈灾的圣旨前就开了仓的事后,认为这是个整治赵兴的好时机。因为这开仓放粮是皇上的事,只有皇上恩准后,方可开仓赈灾。他赵兴未经皇上恩准,就开了仓,可犯的是欺君之罪,这欺君之罪可要杀头的。陈诚忙写奏章,让家人火速送往朝廷三司衙门,三司衙门把奏章呈送丞相,丞相阅后,再呈送皇上。这时左相闻仲负责奏章的批阅和呈送的事,闻仲接到三司呈送来的密奏,忙打开来看,原来是府官陈诚弹劾县令赵兴擅自开仓放粮的事。闻仲是三朝元老,他厌恶派系之争,于是,他就多了个心眼,把这密奏压了下来,派人先去了解一下,再做定夺。

　　朝廷的密使来了,韩师爷见县令大人惶恐,他想到了赵公明对这事最知情,只有他出来说话,兴许事情有转机。于是,韩师爷夜访赵府。少司见韩师爷一脸惶恐的神情,愕然问道:"韩师爷,你这是……"韩师爷苦笑说:"我有事跟赵公说,赵公在吗?"少司知道韩师爷夜里来访,必定有啥重要的事,忙说:"我家大哥在书房看书,师爷随我来。"少司领着韩师爷进了府门,一路径直去了东院书房。

　　公明听少司禀报说县衙韩师爷来访,忙出门相迎,待韩师爷坐定后,公明愕然问道:"师爷,又有啥事,烦劳你亲自来一趟?"韩师爷苦笑道:"赵公,出大事了,朝廷密使来查开仓放粮的事了,我见县令赵大人惶恐,就忙过来跟赵公说这事。"听了韩师爷的话,公明拍案而起:"来得好,我正愁着没地方说。"公明在外人面前有点失态,忙又坐下来,看了看韩师爷,淡然一笑说:"不好意思,让师爷见笑了。师爷回去就跟赵大人说,明天一早,在下就去见那密使跟他说明事情原委,让赵大人放心,要是有事的话,在下一人扛了,不会连累赵大人。"听了公明一番敢于担当的话,韩师爷心里窃喜,这下赵大人该放心了,有赵公明撑着不会有事的。韩师爷拱手说:"有赵公这句话,小的就放心了,小的在这里先替县令赵大人谢过赵公了。"说着,韩师爷冲公明深深地鞠了一个大躬。公明淡然说:"谢啥呢,这是在下应该做的事。"见事已办妥,韩师爷拱手说:"小的这就回到县衙跟赵大人说,也好让他放心。"言毕,韩师爷满脸欢喜而去。

第三十八章 百姓拥戴

第二天,公明吃过早饭,就来到县衙,韩师爷便领着他去驿馆见那密使。密使听说商会会长赵公明来访,甚是欣喜,他早就知道有关赵公明的传奇故事,没承想这赵公明竟登门来见自己。密使顾不得威严,忙出门相迎。一见公明忙上前一把拽住了公明的手,笑呵呵地说:"今日得见赵公,真是三生有幸,快到屋里一叙。"公明见这位密使和蔼可亲,也就没有了生疏感,忙回答说:"村野俗夫,让大人见笑了。"进得驿馆,落座后,公明开门见山地说道:"听说大人是为开仓的事来的,在下是知情人,就过来跟大人说明这事的原委。"于是,公明就把开仓的事原原本本跟密使说了个仔细。公明说得清楚,密使听得明白。听罢,密使暗暗敬佩公明的口才和叙事能力。还未等密使言语,公明又说道:"大人,今天在下带你去见见那四乡八村的乡老,也算是大人体察民情。"密使原本另有安排,公明一句体察民情的话,说得密使不好再推辞了,忙连连点头说:"那烦劳赵公带路,咱们这就去见见他们。"公明见密使答应得爽快,甚是欣喜,忙起身拉着密使的手出了驿馆,坐车下乡去了。

一场险情被公明三言两语化解了。县令赵兴经过这件事,感到公明是个有担当的人,更加敬重他的为人和品德。

密使回到京城,就匆忙来到相府求见左相闻仲,闻仲忙招呼他坐下,愕然问道:"咋这么快就回来了,事情查得咋样?"见问,密使忙回答说:"都查清楚了,不是那回事儿,是一位叫赵公明的人出银子买粮,让县令赵兴发的。""你见到那个叫赵公明的人了吗?"闻仲也听人说过终南山下有个仗义疏财的赵公明,早就想见见他,只因公务繁忙,不得脱身。听密使说公明为了拯救百姓,自己掏银子买粮,让县令去发,大为感动,这样爱民之人,就应该受到表彰。

闻仲当机立断说:"好吧,把你了解的详情写一折子,明天老夫上朝面奏圣上,给那赵公明请功。"

"是。"密使应声而去。

皇上看了左相闻仲的奏折,大加赞赏赵公明的善举,下圣旨,送去"万民楷模"牌匾一面,以示表彰。

县令赵兴接到朝报,说是朝廷送"万民楷模"御匾的钦差不日将来到,县令赵兴忙把此事告知了四乡八村的乡老们,乡老们忙组织百姓,到城外十里长亭去接送匾的钦差大人。

挂匾的那天,赵府门前车水马龙,一时热闹非凡。

公明欣喜皇上赐匾,经过这件事,老百姓知道了朝廷有一个洞察秋毫、明辨是非,名叫闻仲的好官。

第三十九章 千里劳军

　　蛮夷骚扰边疆,搅得百姓不得安生,朝廷先后派了好几拨大军前去征剿,但都因蛮夷骁勇善战,败北而回。帝辛想到了叔父左相闻仲,虽然说闻仲年过花甲,但他的英勇不减当年,而且是朝廷唯一没有打过败仗的将军。

　　一日早朝,常随官唱道:"有本奏上,无本卷帘散朝。"常随官话音刚落,右相比干出班,跪奏道:"老臣有本奏上。"见叔父比干出班,帝辛忙挥手道:"又是那蛮夷扰境之事吗?"比干点头道:"正是,边关又传来快讯,说是那蛮夷已入侵我边境二百多里,要是不及时出兵,那蛮夷可要长驱直入了。"帝辛瞥了太师闻仲一眼,他有心让太师闻仲率兵前去平叛,但有些于心不忍,太师闻仲年逾六旬,又是自己的叔父,要是出去有个闪失,自己如何面对他的家人。但又能派谁前去呢?几员虎将已去镇守边关,朝廷已无大将可派,只有让太师闻仲前去了。帝辛寻思叔父闻仲是个刚烈之人,不如用激将法,逼他出山。这也是无奈之举。帝辛苦笑道:"这蛮夷袁福通骁勇善战,有万夫不当之勇,我朝哪个将军是他的对手呢?"

　　"还未出征,圣上咋就断言我朝无人胜过那蛮夷袁福通呢?老臣愿出征荡平蛮夷,斩杀那袁福通贼子。"帝辛暗喜,这一招果然奏效,一下就把叔父闻仲激起来了。帝辛又故意说:"老太师不可,老年莫言少年勇,老太师毕竟是年过花甲之人,怎能敌得过那年轻气盛的袁福通,朕还是派别人去吧。"帝辛的几句话,听得太师闻仲七窍生烟,瞪了帝辛一眼,甩袖下了金殿。帝辛知道他的激将法又一次成功了,又假惺惺冲右相比干说道:"叔父,你快去替朕劝劝老太师吧,别让他干傻事。"

"是!"比干应了一声,忙跟了上去。

太师闻仲出殿后,便骑马来到校场,众将官见太师怒气冲冲的样子,就知道又有战事。"嗵嗵嗵"三声炮响,众将官知道太师升帐,不敢怠慢,都忙来到中军大帐,分立两边站定。中军官点卯,太师闻仲见众将官都已到齐,怒目道:"今有东海蛮夷袁福通反叛,长驱直入,斩杀我大将多名,本太师奉圣上旨意,挂帅出征,去荡平那蛮夷。余庆、吉立听令,本帅命你俩为正副先行,率五万人马,快速进发边关,挡住那蛮夷之兵。"

"遵命!"余庆、吉立出列领命,退立一边。

太师闻仲扫视了张钦、李凡一眼大声道:"张钦、李凡听令,本帅命你俩为后勤都尉,押送粮草先行。"

"遵命!"张钦、李凡出列领命,退站一边。

太师闻仲又大声道:"三日后祭旗开拔,不得有误。"

"是!"众将官齐声拱手,退出大帐。

三日后,太师闻仲披挂来到校场点兵,右相比干,率文武百官为太师闻仲壮行。祭旗后,随着三声炮响,太师闻仲下令出发。太师闻仲亲率二十万大军,一路直冲东海而去。

东海属蛮夷之地,蛮夷头领袁策归降商汤,被封为平灵侯。袁策去世后,他的儿子袁福通继承侯位,但这个袁福通年轻气傲,自称为平灵王。帝辛震怒,派大将前去清剿,但先后派去几员大将都不是那袁福通的对手,败北而回。袁福通见朝廷没有可敌之将,更加助长他的嚣张气焰,他便挥兵长驱直入。

蛮夷之兵所到之地,烧杀掠抢,肆无忌惮。余庆、吉立率大军到来,杀他们个措手不及,赤尔喀率残兵败将退回了天河岸边。两军在天河岸各自扎

第三十九章 千里劳军

下营寨。

三日后,太师闻仲率大军赶到,赤尔喀可是东海老将,他领教过太师闻仲的英勇。当年他是袁策帐下一名偏将,亲眼目睹过闻仲跟袁策对战,只一个回合,袁策就被闻仲一鞭打下马去。当他得知这次带兵之人竟是太师闻仲,就吓得双腿哆嗦起来,忙进大帐禀报,袁福通见赤尔喀神情惶恐,瞪眼道:"为何如此惊慌?"

见问,赤尔喀支吾道:"闻……闻……太师……来……"

"什么闻太师马太师的,不就是那个白胡子老儿吗,看把你吓成啥样子了。"

赤尔喀见袁福通不以为然,忙说道:"这闻太师可神勇了,当年老侯爷就是他用鞭打下马的。"赤尔喀真是哪壶不开提哪壶,他袁福通就不愿听人在他面前提说老侯爷被打下马的事。今天赤尔喀一急说出来了,气得袁福通双眼圆瞪道:"我倒要看看这个白胡子老儿有多大本领,明天就去会会他。"赤尔喀见袁福通瞪起眼来,知道自己失言,不敢再言语了。

第二天一大早,在三声炮响后,袁福通提刀上马,冲出营寨,来到阵前,挥刀跃马叫阵:"闻仲老儿,快快出来,让本王看看你有多大能耐。"先锋余庆听说袁福通骂阵,立即披挂上马,来到阵前,大声喝道:"蛮夷小儿,休得狂妄。"说着,就拨马上前执枪直冲袁福通刺去。袁福通见余庆枪快,忙一个镫里藏身,躲了过去。余庆恼怒,回马举枪又冲袁福通刺了过去,袁福通横刀架住了余庆刺来的长枪,两人相互拽住了对方的枪杆刀柄,跳下马来,又战在了一起,双方都怕自己的主将吃亏,都忙鸣锣收兵。袁福通见余庆神勇,也知趣地策马回了营寨。

原来,太师闻仲路上感了风寒,一到营寨就卧床不起,余庆怕太师着急,就没跟太师说袁福通骂阵的事,为避锋芒,就在营寨门上挂起了"免战牌",袁福通不知内情,也不敢轻举妄动,于是,两军就在河岸僵持下来。

话说两头。自从开仓赈灾那事后,公明对太师更加敬重,寻思如何报答他知遇之恩。当他得知太师闻仲率大军征剿东海叛贼袁福通后,就萌发了

劳军的念头来。公明将劳军的事跟少司说了,少司赞同他的想法。于是,公明就让少司从账房支出一千万两银子,购置慰问品,去前线劳军。

准备停当后,公明就把木场的事交给了少司打理,自己带着车队一路向东海进发。这东海可有数千里之遥,但公明毅然带领车队日行夜宿,长途跋涉,半月后,终于到达了东海前线。

先锋余庆正在巡营瞭哨,见远处尘土飞扬,心想粮草车队来了,忙驻足观望,待近前见一黑大汉跨着一黑虎,两眼炯炯有神,余庆觉得这人好生面熟,就是一时记不起来。正当余庆愕然时,公明道:"这不是那密使大人吗?你怎么也在这两军阵前?"经公明一点拨,余庆一下记起来了,忙点头说:"原来是赵公来了,你跨着黑虎,小弟差点就认不出来了。"说着,余庆愕然地看了看公明:"赵公,你这是……"公明见余庆诧异,笑呵呵说道:"听说太师征剿蛮夷,我特意劳军来了。"余庆望着满载货物的车队,眉开眼笑道:"赵公来得真是及时,军中现在正供需不足。走,咱们见太师去。"说着,余庆上前一把拉住公明的手,径直向中军大帐走去。

这日,太师闻仲身体有点好转,披衣在床上坐着,余庆进帐拱手道:"太师,那赵公明劳军来了,在大帐外等待求见。"太师愕然:"哪个赵公明?"余庆说:"就是终南山那个富商赵公明。"太师闻仲听说那有情有义赵公明劳军来了,忙摆手道:"快请赵公明进帐,我要见见他。""是!"余庆应了一声,退出了大帐。

"贤士,请坐。"太师一见赵公明就忙让军士上茶。太师闻仲仔细打量眼前这个黑脸汉子,见他身体伟岸,双眼有神,脱口道:"赵公不但有胆有识,而且还生就一副神勇之相。"公明不好意思道:"太师过奖了,草民一村野俗夫能得到太师抬爱,真是三生有幸。"公明见太师闻仲声音低沉,愕然问道:"太师,这战事如何?"见问,太师叹了口气道:"老夫一到军中就病了,蛮贼袁福通天天骂阵,要与老夫决战,气杀老夫了。"公明见太师愤然,忙跟太师说:"太师,草民明天借火麒麟一用。"闻仲愕然道:"你要火麒麟有何用?"公明淡然一笑道:"到时,太师就知道。"

第三十九章　千里劳军

那晚,公明在余庆的带领下,借着夜色,悄然出了营寨,仔细观察了地形,随之摆下了"八卦乾坤阵"。

第二天一早,袁福通又来到阵前骂阵,余庆跃马冲出营寨,袁福通见还是那余庆,瞥眼道:"又是你这个小儿,咋不见闻仲那老儿出来,难道他又成了缩头乌龟不成。""哈哈哈哈,闻仲老儿是缩头乌龟,闻仲老儿是缩头乌龟……"又是一阵起哄声。见袁福通甚是嚣张,余庆怒然道:"蛮夷贼子休得张狂,你看那边。"袁福通回头看去,见不远处,有一骑火麒麟之人。余庆见袁福通愕然,又忙激将道:"我家太师在那里摆下了八卦乾坤大阵,你敢去吗?"袁福通傲气,最听不得有人说他胆小怕事,一下就被激怒了,瞪眼道:"休拿这玩意儿蒙本王,本王就不信这个邪。"言罢,袁福通跃马挥刀一路直向那骑火麒麟的人冲去。

那骑火麒麟的人,见袁福通跃马扑将过来,连忙拨马就走,那袁福通一心想拿太师闻仲,见他就在眼前,哪肯放过,又跃马追了上去。只见那骑火麒麟的人,在一片小树林前一晃,就没了踪影。袁福通忙策马去寻找,一个人影儿也没看到,三转两拐,倒寻找不到出来的路了,一时急得袁福通在阵里瞎撞起来。半晌下来,已是气喘吁吁。

"嗵嗵嗵"又是三声炮响,从一小树林中飞出一队人马,未等袁福通缓过神来,吉立的大刀就到了,只见一道银光一闪,袁福通的人头就滚落在地上。

原来,这是公明的疑兵之计,他知晓那袁福通一心要跟太师闻仲决战,就会不辨真假,他假扮太师闻仲引诱那袁福通,再经余庆用话一激,袁福通就不假思索追了上去。待袁福通迷阵,体力不支时,再让虎将吉立快速出击,就可杀那袁福通性命。

公明用计谋斩杀了叛贼袁福通,蛮夷将士见主帅已死,不战而散,余庆率大军乘胜追击,把蛮夷赶出了边界。

太师闻仲得知公明用计谋斩杀了袁福通,甚是欣喜,即刻把公明请进中军大帐。"赵公真乃是旷世奇才,本太师要向圣上推荐赵公做公侯,你可愿意?"公明推辞说:"多谢太师抬爱,在下一介草民,乐在田园,无心仕途。再

217

说家有高堂,不得远离。既然蛮夷袁福通已除,在下就告辞了,回我的终南山去了。"太师闻仲见公明执意要走,再也不好强留,就点头同意了。但他还是寻思着,把公明劳军和献计破敌之事,如实跟圣上面奏。

>> 第四十章
枣林喜庆

"大哥,你看谁来了?"公明正在书房前练剑,听少司叫他,忙收剑回头一看,惊喜道:"这不是赵大人吗?"

赵兴淡然一笑:"赵公好雅兴,一大早就在这里练剑。"

"几天没练了,生疏多了,快到书房里坐。"说着,公明忙上前一把拽住了赵兴的手,一路进了书房。

一进书房,赵兴扑通跪拜道:"大人在上,容小官一拜。"

见县令大人行此大礼,把公明也弄糊涂了,愣了一下,说:"使不得,使不得!你这不是折煞在下了,快快请起。"说着,忙上前一把扶起了赵兴。

公明迟疑道:"赵大人,莫不是那开仓的事又……"

见问,赵兴笑呵呵说:"圣上赐赵公上大夫之职,小官是给大人贺喜来了。"

"啥?圣上赐我大夫之职,怎么可能?在下何德何能,圣上就赐我官做,大人不是在取笑在下?"说着,公明的脸一下涨红起来。

见公明愕然,赵兴忙问道:"赵公,你是不是到东海前线去劳过军?"

公明不假思索回答说:"是呀!有这么一回事,大人你是咋知道的?"

赵兴笑呵呵点头说:"这就对了,你摆下了八卦乾坤阵,斩杀了叛贼袁福

通,平了蛮夷之乱。"

公明愕然道:"赵大人连这个都知道,是谁告诉你的?"

赵兴笑道:"是我的恩师商容丞相告知小官的,还说圣上赐赵公大夫之职,宣旨的钦差不日就要到来。小官激动,就忙来府上给大人报喜来了。"

县令赵兴说的没错,奉旨的钦差已在来终南山下枣林滩的路上。事情原来是这样的,太师闻仲平定了东夷,班师回朝后,就修了一道奏章,帝辛一看惊愕地问道:"这赵公明是不是朕赐'万民楷模'御匾的那个赵公明?"太师闻仲忙回答说:"回圣上的话,正是那个赵公明。"帝辛愕然,"这个赵公明真的如你奏章上说的吗?"闻仲见帝辛有点迟疑,忙回答说:"这奏章上写的都是实情,没有半点不实之言。这赵公明不但骁勇,而且还有谋略,他可算是一位难得的将才。"帝辛道:"是吗?太师何不把那赵公明留下来,好为朝廷效力。"太师闻仲回答说:"老臣跟那赵公明说了,但赵公明说他是个商人,志在乡野,老臣见他无心为官,也不好强人所难,就随他去了。老臣想,这样忠于国家的义士,应该受到嘉奖,恳求圣上赐他大夫之职,以示皇恩浩荡。"见太师闻仲言之有理,帝辛笑呵呵点头道:"太师说得是,本王就赐那赵公明上大夫之职,位列九卿,烦劳太师差人前往终南山枣林滩宣读圣旨。"闻仲见帝辛准奏,甚是欣喜,跪拜道:"圣上英明。"言毕,太师闻仲起身,退出了大殿。

太师闻仲回王府后,当即召来爱将余庆,余庆一见太师闻仲,忙拱手说:"太师传小将来,有何吩咐?"

太师闻仲冲余庆招手道:"坐下说话吧。"

待余庆坐定后,太师闻仲笑呵呵地说:"将军,烦劳你再去终南山枣林滩一趟。"

余庆愕然道:"太师,又是那开仓放粮的事?"

见余庆误解了他的意思,太师闻仲瞥眼说:"你又想到哪儿去了,今天早朝,圣上准了我的奏章,赐那赵公明上大夫之职,老夫让将军前去宣读圣旨。"

"这是好事呀!明天小将就前去那终南山枣林滩,太师还有啥交代?"

第四十章 枣林喜庆

闻仲见余庆恭敬,摆了摆手说:"去吧!告知那里的知府跟县令,务必把这事办隆重一点,让百姓都知道皇恩浩荡。"

"是!小将知道了。"言毕,余庆起身,回家准备去了。

听说朝廷派钦差来嘉奖赵公,四乡八村的乡老又都聚集在一起,商议着如何迎接朝廷钦差的事来。

李大开口说:"大家听说了吗?朝廷的钦差就要到咱们这里来了,宣读圣上的旨意,咱们商量一下,如何迎接钦差的事。"

南庄村的刘爷接话说:"朝廷钦差来咱这里,这可是件大喜事,得热闹隆重才是。"

一边在座的曹村乡老曹仁说:"刘爷说得是,我看咱们四乡八村的人到城外十里长亭去接朝廷钦差才是。"

说着,曹仁扫视了一下在座的乡老,淡然一笑说:"各位乡老,小老儿还有一个想法,不知该说不该说?"

肖家庄的肖宏见曹仁又神叨起来,瞥眼说:"看,又卖起关子来了,有啥话就说,干吗神秘兮兮的。"

李大怕曹仁吃不住,忙打圆场:"兄弟,咱们这不是在一起商量,有啥话就说,说对了就采纳,说得不对也没关系,就当是水牌上话就抹了。"

曹仁见李大开了口,又看了看在座的乡老说:"听人说赵公的爹和娘年岁都花甲了,不如趁着这个大幸事,把赵公爹和娘的寿宴一并办了,看可行吗?"

"我看行,这不是喜上加喜的事嘛。"声到人到,在座的乡老见是县令赵大人进了门,都忙站了起来,李大笑呵呵地说:"赵大人来了,快请坐!"

说着,李大忙拉过一把椅子,请县令赵兴大人坐了。李大愕然说:"大人,你咋知道我们几个乡老在这儿呢?"

见问,县令赵兴淡然说:"本官也是为这事来的,在门前我听大伯大叔们说得热闹,就没敢打搅,你们说的话我全都听到了,接朝廷钦差的事就不烦劳大家了,大家把一件事办好就是了。"

未等李大开口说话，一边在座的曹仁快言快语说："是什么事，请大人吩咐。"

县令赵兴回答说："就是刚才曹大叔你说的给赵公父母过寿诞的事。"

县令赵兴回头又看了李大一眼："大伯，给赵公父母过寿诞的事，一定得办得热闹，请大戏班子唱上几天，至于花销费用，由县府来出，你们尽管筹办就是了。"

见县令赵大人开了口，李大笑眯眯点头说："行！只要有大人这句话，我们这一帮小老儿就知道咋办了。"

说着，李大就跟在座的乡老们分起工来。

乡老们热情高涨，说干就干，经过一个下午的装扮布置，寂寞的枣林滩张灯结彩，披上了节日的盛装。

做事一贯低调不爱张扬的赵创业，见四乡八村的乡老为自己张罗过寿诞，就坐不住了，还以为是儿子公明让人这么干的，立马让家人套车去镇上见儿子公明。

对县令赵兴的安排，公明还不知情，傍晚时分，他还在书房里看书，少司禀报说："老爷子来了。"还未等公明出书房相迎，老爹就来到书房。公明笑道："爹，有啥事就言语一声，还让您亲自跑一趟。"

老爹瞪眼说："明知故问，我问你，那东村的李大带人在村子里张罗，说是给我跟你娘过寿，这是咋回事？"

老爹的话让公明愕然，"是吗？儿子也不晓得。"见儿子公明矢口否认，老爹一下就火了起来："啥？这事不是你安排的那就奇怪了，你跟我回村去看看……"

"大哥，赵大人来了。"

说着，县令赵兴就进了书房门，一见公明爹惊喜说："这不是大伯吗？"

见公明爹愕然，赵兴笑呵呵地说："大伯，去年咱们还见过面，我是县令赵兴呀。"

经赵兴这一点说，赵创业记起来了，忙点头回答说："原来是县令赵大人

第四十章　枣林喜庆

来了,今天这身打扮还真让大伯我认不出来了。你们有公事,大伯我就不打搅了。"

说着,赵创业起身就要出门,赵兴忙笑道:"大伯且慢,刚才我去府上,府上人说您老到镇上来了,这不,我就忙赶了过来。请坐,侄儿有事跟您老说。"

于是,赵兴就把钦差奉旨前来的事跟公明爹叙说了一遍。

公明爹惊喜道:"赵大人,既然朝廷派钦差大人来宣旨,咱们也就少不了礼数,但不能借着这个事张扬,我看给我们过寿的事就免了吧,也免得给别人留下口实。"

见公明爹说得有道理,赵兴点头说:"还是大伯想得周全,我让人告知李大他们就是了。"

公明爹见县令赵兴点头了,才算一块石头落了地,笑呵呵地说:"这不就对了,做人还是低调些好。你们说你们的事,我这就回去了。"言毕,公明爹起身出了书房,赵兴跟公明把老爹送出府门外,目送老爹轿车远去,才回身进了府门。

第二天一大早,县令赵兴就带着县衙一班官员出城一路来到十里长亭,接朝廷奉旨的钦差大人。左候右等,眼看快晌午了,还不见钦差到来,正当他们着急时,见远处尘土扬起,刘师爷惊喜说:"来了,来了!"

不大会儿,过来了十多名骑马的人,赵兴见为首一人有点眼熟,还未等他开口,那马上之人拱手说:"赵大人,我们又见面了,幸会,幸会!"一听声音,赵兴一下醒悟过来:"这不是上次密使大人吗?"赵兴忙跪拜说:"小官见过钦差大人。"

余庆见县令赵兴跪拜,赶快翻身下马:"赵大人不必多礼,快快请起。"说着,余庆上前一把扶起赵兴。

赵兴说:"大人一路劳顿,请到驿馆安歇,待明日小官陪大人到那枣林滩去。"

余庆笑呵呵说:"今天尚早,我跟赵公一别也有好长时间了,我还挺想念

223

他的,咱们这就去那枣林滩。"

赵兴忙点头说:"既然大人现在就要去,小官陪着前去就是了。"言毕,县令赵兴拨马前头带路,余庆随后,一路直向枣林滩而去。

镇上的乡绅和四乡八村的乡老也早早来到赵府门前,恭候着钦差大人的到来,晌午时分,随着钦差大人的到来,村庄欢腾起来。钦差余庆见百姓如此热情,甚是感动,在马上拱手致谢。

来到赵府门前,见赵府门前摆好了香案,公明也在香案前站着,余庆忙翻身下马,来到香案前,掏出圣旨高声道:"赵公明听旨。"公明忙上前跪下。余庆大声念道:"赵公明千里劳军,精神可嘉,且献计破敌,斩杀了叛贼袁福通,平定东夷之乱,功不可没,朕赐封其为上大夫之职,位列九卿,敕建牌坊,万民敬之。钦此。"

宣读完圣旨,余庆上前忙扶起公明:"赵大哥,兄弟好想你呀!"公明抹了把热泪说:"大哥也好想你呀!太师他老人家可好?"余庆点头说:"太师安好,他让小弟代问你好。"公明淡然一笑说:"多谢太师还惦念着我。"公明松开手,不好意思地说:"只顾说话,把礼数都忘了,请钦差大人快进府里坐。"余庆瞥眼说:"啥大人不大人的,大哥还跟小弟客气啥。""这不是说习惯了嘛。"公明拉着余庆的手,一路有说有笑进了府门。

枣林滩出了个大官的事不胫而走,四乡八村摇了铃,人们三三两两结伴来这里看热闹,见百姓兴致高昂,县令赵兴就让人请来大戏班子和杂耍助兴。这个原本名不见经传的小村庄,也就有了赵大村的大名来。

余庆在赵府住了一宿,第二天吃过早饭,说是皇命在身,不便久留,便告辞回朝了。公明感太师恩德,两人依依不舍,挥泪而别,余庆辞别公明,回朝复命去了。

第四十一章 武王起兵

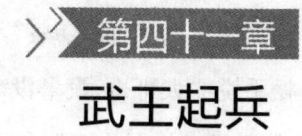

自从姬昌继承西伯之位后,建国于岐山下,积善行仁,政化大行,国人称颂。虞、芮让畔,使西伯昌仁德声名鹊起。

黄河北岸有一个百里小侯国,名字叫"虞",它的国君叫虞君。在虞国西边,紧挨着个小侯国,叫"芮",它的国君叫芮君。虞、芮紧邻,多年相处倒也安宁。但是,随着国君的更替,不愉快的事终于发生了。问题出在两国交界处的一块多年来未定归属的土地上。这块土地方圆十多里,树木葱茏,一马平川,加之土质肥美,季季丰收,这使两国新主垂涎欲滴。他们都在千方百计寻根找据,企图证实这块土地属自己所有,应当自己征收赋税。这件事一直争执多年,悬而未解。后来,一位在西岐地方经商的虞国人,了解到二君之争的原因后,便跟他们说:"西岐有个周国,周国有个很有声望的国君西伯昌,他办事公道,老百姓都很敬佩他。如果二君听从劝告,可去找西伯明辨是非,了却此事。"虞、芮二君商定,去找西伯昌评判曲直。

虞、芮二君渡黄河,过潼关,向西进入周国境地,他们边走边看,发现这里的天格外的蓝,水格外的清,山格外的翠,空中飞翔的鸟叫声也格外的好听。起初,他们还以为刚到一个新地方感觉不适应,才出现这种错觉。但是,当他们眨眨眼睛,揉揉耳朵,整理一下情绪,再观察周围一切时,发现感觉器官并没有欺骗自己。路两旁正在耕地的百姓,在田块与田块之间都留下宽宽的田塍。待耕甲下犁杖对耕乙说:"老兄,你往这边犁,为什么留下这么宽的田塍,那上边可种上你的庄稼。"耕乙生气说:"老兄,你真啰嗦,我之前就说过,那是你家的地,应种上你家的庄稼,别再说了。"虞、芮二君站住脚,看看田塍,听听二位耕人的让执,相互示意说:"这大概就是传说的西岐地方'耕者让其畔'之所指吧?"二君乘辇继续前行,但见路上行人彼此礼让,绝没有人夺路而行。在一个村落附近,有位年轻人因事急奔跑,把一个小孩撞倒在地,年轻人急忙上前去扶,小孩不等人扶就急忙爬起一瘸一拐地忍着疼痛往家跑,年轻人喊:"小弟弟,你摔疼了,对不起,我背你回去!"小孩回头摆手说:"大哥哥,没事没事,请你放心。"这种行者让其道,路人相怜惜的情景,让两位国君大开眼界了,西北姬昌难道真把周人治理得这么有礼数、有秩序吗?

在一个水池休息洗漱后,他们进入一座城邑。这里的景观更加迷人,城池纵横,男女老幼各行其是,练兵习武杀声不断,打造兵器锤声铿锵。街道上,乡人行走,男在左,女在右,老年人和年轻人同行,总是年轻人提着东西,搀扶着老人走。这一切真叫人大开眼界。两位国君在车辇中说:"在自己的国家里,这种'男女有其别,须白不提挈'的景象,实在是太少了。"他们自感不如。当他们进入周国的都城,他们更加注意留神观察,同时产生一种侥幸心理,绝对不能相信,周国的一切都是那样令人感叹不已。但是又一件意外的路遇,把他们这个念头彻底推翻了。

傍晚,留宿客栈,就寝时,他们准备关好房门,谁知里里外外找了好几遍,也没有找到门闩,无可奈何,他们就去求问店家,店家告知:"西岐这地方由于社会安定,人人以礼貌为上,从未发生过失盗现象,因此夜里睡觉,向来不关门,门上都无门闩。"二君一夜怀着忐忑的心情,直到鸡叫头遍,才进入梦乡。正在睡梦中的他们,忽然被叫喊声吵醒。睁眼一看,天色大亮。原来他们住室的后窗正临一条大街,一位中年妇女手里拿着一根银簪子,站在街旁正在喊叫着寻找失主,她逢人便打问,失主找不到,她一直不离开。"夜不

第四十一章 武王起兵

闭户,路不拾遗"这次教育更深刻了。虞芮二君扪心自问:"自己身为国君,难道还不如周朝的平民百姓?为争一块界田,一直口角多年,实在不该。"

虞芮二君来到周国的事,被西伯昌知道了。西伯昌早就知道他们二国为一块界地的事争执不休,想必他们这次是来找自己评判的。他们微服来访,没有声张,自有他们的道理,既然他们来到自己的国都,说啥也得尽地主之谊。于是,西伯昌也微服来到这家客栈,在店家的带领下,来到虞芮二君住的房间,一进房门,西伯昌忙拱手笑呵呵打招呼说:"见过虞芮二君。"

虞芮二君愕然道:"你是谁,怎么认得我们两人呢?"

未等西伯昌开口,身边的店家笑着忙介绍说:"这位就是我们的西伯。"

听说眼前之人就是负有盛名的西伯昌,虞芮二君忙跪倒就拜:"见过西伯侯。"

西伯昌见状,惊愕道:"使不得,使不得!"说着,忙上前扶起虞芮二君。

西伯昌笑呵呵说:"二位国君,今天正好我们议事,请两位国君前去听听,给我们也献献策。"

听说西伯昌要他们去参与国事会议,虞君忙摆手说:"你们君臣议政,让我们去不好吧?"

芮君也忙接话说:"虞侯说得是,你们君臣议事,若是我们去了多有不便。"

未等西伯昌言语,店家忙接了话茬:"这有啥不方便的,我们周国议事,西伯还请我们百姓去参加哩。不瞒二位国君说,小老儿还去了好几次哩。"

"是吗,还真的有这回事?"

见虞芮二君惊愕,店家摇头晃脑说:"难道小老儿说话有假,西伯今天就在,你们问问他,看小老儿是不是在撒谎。"

虞芮二君回头愕然地看了看西伯。西伯笑呵呵点头说:"店家说得是,又不是什么军国大事,怎么就不让百姓参与呢?百姓是我们的衣食父母,我们对他们要尊重才是。"

"说得好,说得好!"虞芮二君激动地拍起手来。

227

西伯拱手说:"请两位国君赏脸,跟我到朝堂去坐一坐。"

虞芮二君见西伯昌热情,且是实心实意邀请他们俩,就点头应允,便跟西伯昌离开客栈,坐上轿车一路向朝堂而去。

步入朝堂,只见文武百官,人人彬彬有礼,个个温良俭让,士让大夫,大夫让卿,君臣等级分明。办理朝事,进进出出,有条不紊。在国事议政会上,虞芮二君看到大殿里在座的官员外,还看到了不少布衣也列席了会议。他们没有贵贱之分,都席地而坐,共同商议着国家大事。看看他们个个相互谦让的样子,二位国君彻底醒悟了,他们不约而同地叹道:"吾之所争,周人所耻,不可以履君子之庭。"

同政议事结束后,西伯昌请二君到他的书房小坐,西伯昌笑呵呵说:"二位国君,让你们见笑了。"

二君忙说:"这才是圣君之策,何言见笑。"

芮君说:"不瞒西伯说,我们两国为国界一块地争夺了好多年,听人说西伯办事公道,我就跟虞君来找西伯评判,当我们踏进你们周国,就见耕者让其畔,行人彼此相让,男女有其别,斑白不提挈,所见现象,对我们触动很大,我为我们的行为感到耻辱。"

芮君刚说完,虞君忙接上了话题:"芮君说得是,我们这就回去,把那块界田弃为闲田。"

西伯昌见虞芮二君受到了教化,笑呵呵地说:"你们这么想就对了,做事就得以'和'为贵。"

"西伯说得是!"言毕,虞芮二君辞别西伯昌,各自回国去了。

虞芮两国让畔的事感化了许多诸侯国,他们有事不去找朝廷,反而来找西伯昌评判。这件事却给西伯昌带来了麻烦,北伯崇黑虎嫉妒,便来到朝歌,向帝辛进谗言。

"臣见近来不少诸侯国的国君都往西伯那儿跑,这显然是他西伯在笼络人心,图谋不轨,请圣上明察。"

听了崇黑虎的话,帝辛心里嘀咕,自己早就听人说过,十多个诸侯国的

第四十一章 武王起兵

国君跟西伯昌走得很近,大有孤立自己的意思。今天北伯崇黑虎前来密报,看来这个事非同小可,得提防点才是。帝辛看了看北伯崇黑虎,故作惊讶说:"是吗,本王对他西伯不薄,他怎么能这样呢?"

崇黑虎见帝辛迟疑,又忙进言说:"人心叵测,不得不防。"

帝辛说:"好吧!本王派人召他西伯昌进京。"

崇黑虎又进言说:"他西伯拥兵自重,要是不来怎么办?"

帝辛沉思片刻说:"这个无妨,本王派人带大军前去宣召,他若是不听召,本王就剿灭他。"

崇黑虎见帝辛早有准备,就放了心:"圣上英明!"

张桂芳率十万大军,来到西岐宣召,说是圣上请西伯昌到朝里议事。西伯昌见大军压境,心里就明白,是有人在帝辛面前诬陷了自己,帝辛怀疑自己谋反,要是去了,一定会凶多吉少。若是不去的话,看这阵势,免不了一场恶战,自己数万军队怎么能敌得过张桂芳十万大军。再说,一旦要是打起来,西岐城里的百姓可就遭殃了。他思前想后,还是决定以自己一个人的安危,来换取全西岐城里百姓的平安。于是,西伯昌辞别了国人,跟着张桂芳到朝歌见天子帝辛去了。

西伯昌一到朝歌,就被帝辛囚在了羑里,这一囚就是七个年头。这下可急坏了西岐公子姬发和众文武大臣。

这一日,公子姬发召来南宫适、散宜生、闳夭等智囊大臣商议怎么营救父亲西伯的事。公子姬发惨然说:"父亲被帝辛所囚,已经七年了,我们已经给帝辛送了好多宝器,也没有个结果,这如何是好?请几位来帮我想个法子。"

见公子姬发愁眉不展,南宫适道:"公子说得是,我们给那昏君每年都送不少宝器,那昏君照收不误,就是不说放西伯回国的事。"

一边在座的散宜生沉思了一会儿,抬头说:"老臣倒是有一个法子,看是否可行?"

听说有救父亲的法子,公子姬发眼里一下放出了光,说:"散大夫,是什

么好法子,快让大家听听。"

见公子姬发激动,散宜生忙说:"我是想,这帝辛不是淫乱吗,我们不如投其所好,给他多送几个美女,没准他一高兴,就会把西伯给放了。"

南宫适惊喜道:"我咋就没有想到呢,我看这个法子一定管用。"

说着,南宫适叹了口气:"可是到哪儿去找美女呢?"一边的闳夭忙接上话题说:"把这事交给老臣就是了,那虞地尽是美丽的女子,何言没有呢?明天老臣就去虞地。老臣家里还藏有几件稀世之宝,拿出来也献给那帝辛就是了。"

公子姬发感动道:"我在这里先替父亲西伯谢过闳大夫了。"说着,公子姬发就冲闳大夫深深地鞠了一个大躬。

闳夭淡然说:"公子不必客气,为西伯办事,老臣乐意,老臣这就告退了。"

公子姬发起身相送。

这一日,优辈带着十个美女,和几件稀世宝物,来到帝辛寝宫,优辈跪拜道:"圣上,今有西岐公子姬发给圣上献上十个绝色佳人,还有几件宝物,请圣上笑纳。"

帝辛听说有美女,眼睛一下放出了贼光:"是吗?快让朕瞧一瞧。"见帝辛高兴,优辈随即拍了拍手,一群美如天仙的少女飘进了寝宫。

帝辛惊喜道:"此物足也,何须那几件宝物,就送与爱卿吧!"

优辈欣喜,忙进言说:"圣上,那西伯昌的事……"

帝辛见了美女,什么也不顾了,忙挥手说:"就由爱卿去传朕的口谕,放那西伯昌回去就是了。"

"遵旨!"优辈抱着几件宝物,乐呵呵地退出了寝宫,传帝辛口谕去了。

西伯昌终于被放出来了,七年的牢狱之灾,更加坚定了他推翻殷商的决心。他广招贤能,寻找能帮自己完成大业的人。

一日,公子姬发跟父亲西伯说:"父亲,儿子听说渭河岸边有一个垂钓的老头,有人见他用直钩垂钓。""是吗?还有这回事,看来这老头也算是一位奇人吧!"当时,西伯昌对儿子的话也没太在意,随口说说而已,过后就把这事给忘了。

又一日,西伯昌来了兴致,跟儿子姬发说:"今天天气晴好,你随父亲出去狩猎去。"见父亲有雅兴,姬发点头道:"是,孩儿愿陪父亲狩猎去。"说着,公子姬发带领十多个随从,陪着父亲西伯昌出了王府,一路直奔南岭而去。

初春季节,风和日丽,西伯一行从南岭下来,见渭河河面波光粼粼,就来了兴致,让随从原地歇息,自己翻身下马,沿着河岸一路观赏着,见不远处有一头戴斗笠的人在垂钓,就走了过去。来到近前,见垂钓之人原是一位白发的老者。西伯昌正要打问,老者回头"嘘"了一声,又专心致志地垂钓起来。见老者认真,西伯昌也没敢言语,就坐在一边看了起来。见那水中的浮子动了几下,老者忙提起了鱼竿。

西伯昌愕然道:"老哥哥,你的鱼钩怎么是直的,这能钓上鱼吗?"

见西伯不解,老者笑呵呵地说:"鱼钩曲直无关紧要,这就叫愿者上钩。"

老者的话,听起来是有点不靠谱,但仔细一琢磨,这话倒颇有哲理,不如再试试他的才能如何。西伯昌淡然一笑问道:"老哥哥,请问何为治国之道?"

老者回头看了看西伯昌,点头说:"王者之国,使百姓富裕;霸者之国,使士人富裕;仁者之国,使大夫富裕;无道之国,使国库富裕;此谓之上溢而下。"

"老哥哥说得好!"西伯昌脱口叫起好来。

西伯昌跟老者言语投缘,不知不觉夕阳西下。老者的话正中西伯昌的下怀。西伯昌心里嘀咕,这老者是旷世的奇才,若是有他来辅佐自己,自己一定能完成大业。西伯昌双膝跪地道:"不瞒大哥说,我就是西伯姬昌,愿老哥哥帮我成就一番大业。"见西伯昌行此大礼,惊愕道:"侯爷,快快请起,小老儿答应你就是了。"说着,老者忙上前一把扶起西伯昌。西伯昌见老者欣然应允,甚是欣喜,忙冲不远处的儿子姬发招手说:"快把那轿车赶过来。"姬发见父亲发了话,忙让车夫把轿车赶了过去。西伯昌拉着老者的手,同上轿

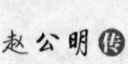

车,一路回王府而去。

原来,这老者姓姜,名尚,字子牙。这子牙满腹经纶,精通文韬武略,但就是生不逢时。他曾在朝歌宰过牛,在黄河边上的孟津卖过酒,但他不会做买卖,亏了本。后来听说西伯昌爱惜人才,招贤纳士,想前去投奔他,一展自己的才能,但又转念一想,自己一个布衣,且年岁大了,若是这样去找他,说自己有才能,他会相信吗?于是,他就想到了这个直钩垂钓的主意,等候西伯昌寻访他。

西伯昌拜子牙做了相国,子牙帮助西伯昌整顿政治军事,对内发展生产,使人民安居乐业;对外征服了部族,开拓了疆土,削弱了商朝的力量,先后打败了犬戎、密须等部族,并且吞并了属于商朝的崇国。在崇国的地盘上营建一个丰城,把势力扩充到了长江、汉水、汝水流域。这时,西伯昌去世,儿子姬发见时机成熟,就自立为武王,打起了替天行道、除暴安良的大旗,亲率大军直向商都朝歌进军。

第四十二章
伯叔拦道

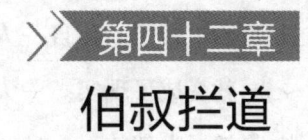

北疆有一个诸侯小国,名叫孤竹国。说起这个孤竹国的来由,还确实有一段传奇故事。

传说殷商时期,卢龙这个地方有一个小村庄,庄里有一户人家,仅有母女二人相依为命。一天,母女二人在家习针线,忽听有人呼唤,母亲令女儿出门去看,原来是一道士上门化缘。这女儿豆蔻年华,妙春芳龄,身段窈窕,眉清目秀。道士一见,不说化缘的事,便呆呆地盯着女娃娃,将女子看得羞答答,忙退回家中,说与母亲得知。母亲出门去看,不见了道人。只见门上留下一首诗,墨迹未干。母亲急唤女儿出来观看。写的是:

眉目清秀赛天仙,
配夫却不在人间。
前世墨胎丹桂子,
孤竹成人尔心欢。

姑娘看罢,似懂非懂,总觉得这道人对自己有调戏之意。她生怕别人看到门上留的诗,急忙用手拭抹。岂料字迹越抹越明显。姑娘急得身上出汗,

满脸通红，急中生智，伸出舌头去舔。没想到，这样一舔，干干净净，墨迹全无。

过了十个多月，未出嫁的姑娘，生下了一个胖小子，母女二人，说不清是喜是悲。二人生怕别人知道此事，商量之后，就把刚出生的小男孩埋在自己家中的后花园。

几年后，后花园埋孩子的地方，长出一株枝叶茂盛的竹子，不育别枝，孤独生长。

又过了几年，姑娘的母亲去世了，姑娘成了中年妇女。她知道自己丢了丑，也不再嫁了。独自一人，孤孤单单地生活。家里遇到困难，只要她心里一想，就变成了现实。一天，她闭上眼睛，心里想吃一条红烧鲤鱼。她睁开眼，果然桌上就放着一盘红烧鲤鱼。她香香地吃下肚去。其中奥妙何在，她百思不得其解。一天，她心里又想：我想要一面铜镜，照照我的颜面。想完闭上眼睛，只听桌上"砰"的一声响，睁开眼，见一个长得眉清目秀的男孩站在她面前。她上去一把拉住不让他走，拿上镜子，照照自己，再看看孩子，这个孩子很像自己长相。于是她问："你是哪里人，姓甚名谁，为何送我东西？"

青年人说："我本姓墨，名叫孤竹，又名初，字子朝，住在咱家后花园。我是你的心血养成的，你的心和我的心相通。只要你心里一想，我就知道了，不敢怠慢，赶紧孝敬。"

她把当年道士在门上化缘留诗，自己用舌头舔墨，生孩子，孩子埋在后花园，生长出孤竹的事细细想了一遍，方才恍然大悟。她向站在眼前的年轻人惊讶地说："哟！你是我的儿子，从今不许再走了。"青年双膝跪下，口称母亲，两人抱头痛哭。

墨孤竹行孝出了名，以后做了地方的君主。

一晃百年过去，亚微成了孤竹第八任国君，人称孤竹君。孤竹君生有三个儿子，长子允字公信，次子慧字公望，三子智字公达。长子公信忠厚，次子公望干练，三子公达聪慧。在这三子中，孤竹君就最看好三子公达的聪慧。一日，在家宴上，孤竹君笑呵呵地跟王妃说："王妃，你看咱们公达虽说年纪

第四十二章 伯叔拦道

小,但他聪慧过人,若是让他做国君的话,咱们的国家一定会强盛起来。"虽然说是饭桌上一句无意的话,作为长子的公信却牢记在心上。十多年后,父亲孤竹君去世了,按照惯例,长子应继承王位。于是,国人便拥立长子公信做新国君,公信说:"父亲欲立三弟公达为国君,我不能违背父亲的意愿。"于是,公信就逃国了。国人又立三子公达为国君,公达也推辞说:"我如果当了国君,与兄弟不义,与礼制不合。"于是公达也逃国了。

公信与公达在路上相遇了,哥哥公信跟弟弟公达说:"咱们先到东夷去,听说那里人烟稀少,没有争端。"弟弟公达点头说:"小弟听从哥哥安排,咱们就到那东夷去好了。"于是,兄弟俩就一路去了东夷。

公信和公达兄弟俩在东夷住了一段日子,觉得东夷这个地方虽然僻静,但他们兄弟适应不了那里干燥的气候。后来,他们听说西岐国君特别尊重老年人,且爱护孩子,感到那里是个养老的好地方。兄弟俩一商量,就便离开了东夷,一路向西岐走去。他们兄弟俩一到西岐,见路边有一农人,哥哥公信忙上前拱手问:"请问老哥,周国的都城怎么走?"见问,那农人惊奇地打量着眼前两个人道:"客官,看样子你们是从外地来的吧?"未等哥哥公信言语,弟弟公达接上了话:"老哥说得是,我们兄弟是从孤竹来的。"那农人惊愕,忙回头冲地里扶犁犁地的老者大声道:"国君,这两位客人是从孤竹国来的。"听那农人招手喊国君,兄弟俩不由愕然,哥哥公信心里嘀咕,国君是一国之君,怎么跟农人一样在地里扶犁犁地呢?公信不解,忙问道:"国君?什么国君?"农人见客人愕然,笑呵呵说:"国君见我犁地辛苦,就让小老儿在地头小歇,他就帮我下地了。"说话间,西伯昌来到地头,一见公信和公达兄弟,忙拱手说:"想必二位就是孤竹让国的两位王子吧。"弟弟公达惊愕道:"西伯怎么知道我们兄弟俩就是孤竹国的王子呢?"西伯昌笑呵呵地说:"两位王子气度不凡,一看就知道是出身国君之家,再说,你们兄弟让国的事成为天下人的美谈。今天见面,真是有缘,请二位王子到我的王府一叙。"说着,西伯昌就扶着公信和公达兄弟上了路边的轿车,一路回王府去了。

来到王府后,西伯昌待公信和公达兄弟俩为座上宾,邀请他们兄弟参加王府会议,参政议政。公信和公达兄弟也拿西伯昌当兄弟,陪西伯昌到西岐城外农家去走走,顺便帮农人干干活。兄弟俩在西岐闲居,虽然说生活是清苦了点,但他们兄弟却觉得这样的日子过得特别愉快舒心。

一晃十年过去了。一日,哥哥公信跟弟弟公达说:"听人说,终南山下枣林滩有个仗义疏财的赵公明,我们不如前去拜访一下他。"弟弟公达点头说:"小弟也听人说了,这个赵公明不但仗义疏财,而且还喜欢交朋友,小弟也想见见这个人。"于是,公信和公达兄弟跟西伯昌说了要去那枣林滩见赵公明,西伯昌点头说:"好呀!我也仰慕那赵公明的人品,两位王子代我向赵公问好,跟赵公说,方便的话,我也去看他。"公信和公达便告辞西伯,坐车去终南山下枣林滩,见那赵公明去了。

这日,公明在家侍奉老娘,家人禀报说有两位老者求见,公明忙出门相迎。出门见两位老者在门前观看"万民楷模"御匾,忙上前拱手说:"两位大伯来了,请到府里一叙。"公信和公达忙回礼说:"你就是赵公吧,小老儿打扰了。"公明见两位老者彬彬有礼,忙回礼说:"言重了。"说着,公明把客人请进了府里,忙让家人呈上热茶。公明问道:"两位大伯有点面生,你们从何处来?"见问,公信不好意思道:"恕我们兄弟唐突,小老儿叫公信,这位是我的弟弟叫公达,我们兄弟……"未等公信说完,公明惊喜道:"原来是两位王子光临寒舍,失敬,失敬!"公信见公明认识了自己,也不再客气,便说明了来意:"赵公仗义疏财天下有名,令我们兄弟敬佩。"公明不好意思道:"王子过奖了,为百姓办事,我乐意。"公达接话说:"赵公说得好,我们兄弟就是慕名而来的,就想结识像你这样的朋友。我们兄弟来时,西伯还让我们兄弟代他问你好,说是方便的话,他还来拜访你。"公明惊喜道:"好呀!我也闻听西伯贤名,治国有方,我也想见见他。""行!我们回去就跟西伯说。"公明看了看公信和公达说:"两位王子,请你们在我府上多住些时日,我父亲也好陪两位王子四处转转。"见公明热情好客,公信也不推辞,一口应允:"行!既然赵公不嫌弃,我们兄弟就多住些时日,轻闲一下。"于是,公信和公达兄弟就在赵府住了下来。

236

第四十二章 伯叔拦道

忽然一日,村上人纷纷传说西伯昌去世了,他的儿子姬发自立为王,起兵要攻打朝歌了。公信和公达兄弟惊愕,忙告别公明爹,回西岐去看。在回西岐的路上,碰巧见到了姬发率大军正在行进,兄弟俩愤然,忙上前叩马而谏说:"父死不埋葬,就动起武来,这能算作孝吗?以臣子身份讨伐君主,这能算作仁吗?"未等武王姬发言语,一边的亲兵大声喝道:"好你个老儿,竟敢跟武王这样说话,你活得不耐烦了吗?"说着,那亲兵举刀就要砍杀公信和公达兄弟,见状,子牙大声喝道:"且慢!他们俩都是讲义气的人呀!对他们不可无理。"说着,子牙忙翻身下马,上前把两王子拉到一边,姬发才率大军走了过去。望着姬发率大军远去,两王子喃喃自语"反了,反了",跟跟跄跄一路而去。

第四十三章
闻仲被困

  姬发起兵的事,很快地传到了朝歌,帝辛震怒,忙派太师闻仲率大军出征围剿。

  太师闻仲奉命来到校场,"轰轰轰"三声炮响,众将官依次进入大帐,分站两旁。太师闻仲扫视了一下众将,一脸严肃道:"西岐姬发举兵反叛,圣上命老夫前去征剿,晁天、晁雷听令,命你们二人为先锋,率领五万大军前去拦堵西岐叛军。""遵命!"晁天、晁雷兄弟出列领命,退出了大帐。

  太师闻仲又扫视了一下众将官说:"各自回家去准备,三日后跟随老夫前往西岐。""是!"众将拱手领命,退出了大帐。

  由于战事紧急,晁天晁雷兄弟不敢怠慢,立即率领大军,日夜兼程,一路奔西岐而去。

  子牙率西岐大军正在行进,忽然见前方尘土飞扬,子牙忙勒住马头观望,前哨军士禀报,朝歌大军已到。子牙心里嘀咕,没料想,朝歌大军这么快就来了,看来这次带兵将领一定是熟悉兵法之人,兵贵在神速,自己应该慎重才是。子牙正在寻思时,晁天晁雷率兵已到。晁天一见子牙愕然道:"这不是那个在朝歌城外宰牛的老头吗?几日不见,小老儿倒做起西岐的军帅来了。"子牙见来将好生面熟,就是一时记不起来,既然他知道自己的底细,

第四十三章 闻仲被困

先前一定跟自己打过交道。见子牙愕然，一边的散宜生低声跟子牙说："军帅，这说话的叫晁天，身边的是他的弟弟叫晁雷。"经散宜生这一提说，子牙一下记起来了，这晁天和晁雷兄弟俩曾跟自己有过交往，他们还请自己到军营宰杀过一匹老马。这晁天和晁雷兄弟可是太师闻仲帐下两员虎将，不可等闲视之。子牙拱手笑呵呵地说："原来是晁天晁雷二位将军，老夫眼拙一时没有认出来，失敬了。"未等哥哥晁天言语，弟弟晁雷拨马上前，大声喝道："好你个子牙老儿，反叛朝廷可是灭族之大罪，看在我们往日的交情上，快快下马受降，可免老儿死罪，从轻发落。"子牙见晁雷出言不逊，拱手说："将军言之差也，帝辛无道，残害忠良，祸害百姓，人神共愤，我们这是替天行道。我劝将军弃暗投明，不要再为这无道的昏君卖命。请将军……"未等子牙说完，晁雷就瞪起了眼，大声道："子牙老儿休要花言巧语，拿命来！"说着，晁雷就跃马挥刀直冲子牙而来。武吉赶忙催马上前用双枪架住了飞来的刀，子牙趁机拨马就走，双方将士就交起战来。子牙见晁天晁雷兄弟来势凶猛，为避其锋芒，忙令军士鸣锣收兵。

双方在渭河岸边扎下了营盘，对峙下来。

夜里，子牙在中军大帐召来了南宫适、散宜生、闳夭议事。子牙说："朝歌内线报告，这次帝辛派太师闻仲挂帅出征，太师闻仲命晁天和晁雷兄弟做先锋。晁天和晁雷兄弟为人耿直，对帝辛早有不满之心，如果晁天和晁雷兄弟为我所用，那就好了。"散宜生接话说："军帅说得是，但这晁天和晁雷兄弟性情刚烈，且又是太师闻仲的帐下，我们如何劝降他们？"一边的闳夭说："不妨让我前去试试看。"南宫适愕然，"这能行吗？他们能听你的话吗？"见问，闳夭淡然一笑说："这个无妨，在朝歌时，我跟晁天和晁雷兄弟有过来往，这晁天和晁雷兄弟最讲义气，就是劝降不成，他们也不会为难我，今天夜里我就去面见他们，请军帅放心就是了。"子牙知道闳夭足智多谋，点头说："这样甚好，闳大夫你跟那晁天和晁雷兄弟言说，要是他们愿意的话，老夫派人去朝歌城接他们的家属到西岐来。"闳夭点头说："还是军帅想得周全，我这就去了，军帅在大帐等候好消息就是了。"言罢，闳夭退出了中军大帐，径直去了晁天的营寨。

夜里，晁天和晁雷兄弟正在大帐议事，听中军禀报说，营寨外有人自称是故人来访，晁天不由心里咯噔了一下，心里嘀咕，深夜有人来访，一定是有什么重要的事要说，不然他何必自称是故人呢？晁天看了看弟弟晁雷一眼，冲中军挥手说："快领那人到中军大帐来。""是！"中军应了一声，领命而去。不大一会儿，中军领着一个人来到中军大帐，晁天一见惊愕，忙冲中军挥了挥手，中军知趣地退了出去。

见中军出去了，晁天忙上前一把拉住了闳夭的手："闳大哥，快请坐。"待闳夭坐定后，晁天问道："闳大哥，咱们朝歌一别，有好多年了吧？"闳夭不假思索道："六年多了。"坐在一边的晁雷愕然问道："闳大哥，你怎么来西岐了？"见问，闳夭淡然一笑说："自从那年离开朝歌后，听人说西伯招贤纳士，于是，我就来了西岐，西伯让我做了大夫，参与国事。近几年来，朝歌好多人都投奔西岐来了。两位贤弟何不弃暗投明，干吗还要为那无道的昏君卖命呢？"晁天瞪眼说："西伯让一个宰牛的老头做军帅，能成什么大事？"晁雷冷笑说："大哥说得是，我看那姜子牙也是一江湖术士罢了，能成什么大事？"闳夭笑呵呵说："二位贤弟，言之差也，你们是小看那姜子牙了，虽然他年过花甲，但他通晓文韬武略，料事如神，西岐兵强马壮都是他治军有方。""是吗？"见晁天晁雷兄弟迟疑，闳夭继续说："子牙是没有超群的武艺，但他有谋略，有运筹帷幄决胜千里的魄力和胆识。"听了闳夭一番话，晁天说："照闳大哥这么说，那姜子牙是个有大能耐的人了，恕小弟眼拙。"见晁天对子牙有了好感，闳夭忙趁热打铁说："二位贤弟，军帅跟我说了，要是你们愿意的话，军帅让人把你们的家属接到西岐去。"晁天沉思片刻说："这事重大，容小弟再想想。"晁雷是个急性子，忙接话说："还想什么，要是太师来了，那就走不了了。"闳夭接话说："晁雷贤弟说得是，当断不断，反遭其乱。"见弟弟晁雷言之有理，晁天点了点头道："好吧！"说着，晁天跟闳夭耳语了起来，闳夭点头说："好，就按贤弟说的办就是了。"晁天让亲兵护送闳夭从后门出了营寨。

子牙听了闳夭的禀报，甚是欣喜："好好好，我给闳大夫记头功。"闳夭淡然一笑说："多谢军帅提携，夜已深了，军帅也早些安歇吧。"子牙点头说："闳大夫也辛苦了，快回帐安歇去吧。""是！"闳夭告别，回自己营帐去了。

第四十三章 闻仲被困

三日后,太师闻仲率大军来到渭河岸边,晁天晁雷忙出营寨相迎。太师闻仲带领众将来到中军大帐,晁天和晁雷忙进帐参见,太师问道:"今日战事如何?"晁天进前一步,拱手回答说:"只因西岐兵多将广,末将不敢贸然行动,等候太师大军到来,再做计议。"太师闻仲又问道:"西岐主帅不知是何人?"晁天说:"西岐主帅名叫姜子牙,是个年过七旬的老头子。""是吗,是不是那个用直钩垂钓的姜子牙?"晁天回答说:"回太师的话,正是,太师也知晓这事?"太师淡然一笑说:"朝歌城都传遍了,老夫有何不知,听说这个姜子牙精通文韬武略,是有点能耐。"晁雷不以为然道:"不过是一个宰牛的老头罢了,能有多大的本领,明日,末将就见识一下他的能耐。"太师闻仲说:"切不可轻敌,明天老夫会会他,再做计议。你们俩回营帐歇息去吧。""是!太师一路劳顿,也得好好休息才是,我们巡营去了。"言罢,晁天和晁雷退出了中军大帐。

第二天一大早,随着三声炮响,殷商营寨门开,太师闻仲带领众将冲出营寨,骑马来到阵前,西岐子牙率将也来到阵前。子牙一见太师闻仲,忙拱手说:"太师,老夫这里有礼了。"太师闻仲愕然道:"莫非你就是那个能掐会算的姜子牙吗?"子牙淡然一笑回答说:"老夫正是姜子牙,让太师见笑了。"太师闻仲一脸怒气说:"听人说你是个有大学问的人,不为朝廷效力也就罢了,怎么又为虎作伥,给叛贼姬发小儿做起军帅来了?"见问,子牙从容回答说:"太师言之差也,帝辛无道,残害忠良,国人怨声载道,我主西伯忠厚,被人陷害险些惨死牢中,我们这是替天行道,怎么能说是为虎作伥呢?"太师闻仲瞪眼说:"子牙老儿休要诡辩,只要你下马受降,本太师网开一面,可放老儿一条活命。"未等子牙言语,一边的武吉挥刀说:"闻仲老儿,休要逞能,拿命来!"说着,催马直冲闻仲而来。闻仲怎容一个无名小将羞辱,双眼圆睁,催马挥鞭,晁天见时机已到,忙上前说:"太师休怒,待末将前去收拾这个狂妄的小儿。"见晁天骑马上前,太师闻仲忙勒住了马头。晁天上前就跟武吉打了起来,十多个回合后,晁天一个破绽,被武吉一刀打下了马,晁雷见状,忙上前去救哥哥晁天,也被武吉一个鹞子翻身,一刀砍伤了马腿,战马受惊,嘶叫一声,前蹄扬起,把晁雷摔了下来。太师闻仲见一瞬间,连失二将,大惊失色,不敢再战,忙令军士鸣锣收兵。

太师闻仲刚回到中军大帐,中军官禀告,说是张桂芳在帐外求见,太师闻仲惊喜,正愁没有战将呢,这张桂芳就来了。虽然说太师闻仲瞧不起那张桂芳的人品,但在两军阵前他张桂芳可算是一员虎将,在这用人之际应该待他亲善些,好让他为国效力。太师闻仲亲自出帐相迎,闻仲一见张桂芳,忙上前一把拉住他的手,苦笑说:"张将军你可来得真及时呀!快请到大帐里坐。"张桂芳见太师闻仲突然对自己热情起来,感动得热泪盈眶:"能为太师效力,这是末将最大的荣幸。"闻仲点头说:"说得好,说得好!"说着,闻仲拉着张桂芳的手,走进帐内。

进帐落座后,张桂芳忙问道:"太师,末将一到营寨就听将士说,今天阵前,晁天和晁雷兄弟被西岐擒拿了。"见问,闻仲惨然说:"可不是嘛,还未决战就失了先锋将,真是让人闹心。"见太师闻仲不悦,张桂芳把大嘴一撇道:"太师,不必担忧,胜败乃是兵家常事,明天末将前去一马踏平那西岐营寨。"闻仲淡然一笑道:"将军神勇,明天就看将军的了。将军的大帐已准备停当,快去安歇,养好精神,明天好出战。""是!"张桂芳退出了大帐,在中军的带领下去了自己的营帐。

第二天吃过早饭,随着三声炮响,双方主帅各自带着将士,来到两军阵前。子牙见张桂芳眼生,回头看了看身边的散宜生,散宜生会意,忙低声说:"军帅,那站在太师闻仲身边,豹头环眼之人便是大将张桂芳,这张桂芳十分骁勇,得提防才是。"听说是张桂芳,子牙心里嘀咕开了,听说过其人,但没有见过面,一见其面,就知道此人不是个善茬。未等子牙问话,张桂芳横刀立马,大声喝道:"嗨!那白须老头,想必你就是那子牙老儿吧,听人说你有点能耐,末将今天想见识见识如何?"子牙不气不恼,笑呵呵地说:"要是老夫没有猜错的话,将军就是那威震四方的张桂芳吧?听人说将军骁勇善战,能力战十多人,今天让老夫长个见识。"张桂芳敬佩子牙的话不温不火,但却句句狠毒,他明知子牙用的是激将法,要是不答应,别人会说自己虚有威名,张桂芳硬着头皮说:"好呀!今天你就把你的能员上将都派出阵,末将也不畏惧,让你老头也好好长长见识。"子牙笑呵呵地说:"好!将军果然是爽快人。"子牙回头挥手道："你们几个一起上。"见军帅发了话，西岐将领一齐拨马挥刀而上，见西岐将领一齐出列，张桂芳也不示弱，催马挥刀迎了上去。

十对一打了起来，只见那张桂芳左挡右砍，进退自如，百十个回合下来，还难分胜负，子牙暗暗感叹，这张桂芳果然是一员虎将，见自己几个将军渐渐不支，怕有个闪失，忙令军士鸣锣收金。张桂芳见对方收兵，高声道："子牙老儿，怎么又成了缩头乌龟？"子牙笑呵呵说："将军休怒，今天不是还未分胜负，明天再战吧。"张桂芳点头道："好，明天再战。"言罢，张桂芳把大嘴一撇，策马回营寨而去。

夜里，西岐中军大帐里，子牙跟南宫适、散宜生、闳夭、武吉几位将军商议着白天阵前的事。武吉说："这张桂芳果然骁勇，挥起大刀来虎虎生风。"南宫适接话说："说得是，这张桂芳武艺实在是高强，要是能降服他，可壮我西岐军威。"闳夭摇头说："不可，这张桂芳虽然说是一员虎将，但这人反复无常，是个势利小人，收了他是个后患。"子牙点头说："闳大夫说得是，此人留不得，我们一定要杀掉他才是。"武吉面有难色，"咱们十多个人都不是他的对手，怎么杀掉他？"南宫适见武吉愕然，笑呵呵地说："你这就不懂了，兵不厌诈，打仗不光是要武，还得有谋略才是。"子牙捋了捋胡须点头说："还是南将军懂得兵法，武吉你还得跟南将军好好学学才是。"子牙的一句话，说得武吉羞愧地低下了头，不再言语。

"他张桂芳不是高傲气盛嘛，就利用他这秉性，用激将法激他独自出战，设陷坑捕杀之。"设计好方案后，子牙又仔细做了安排。一夜无话。

第二天吃过早饭，三声炮响后，双方人马来到阵前，张桂芳立马横刀，大声喝道："子牙老儿，今天是怎么个战法，是一挑一，还是一起来？你来定好了。"见张桂芳摇头晃脑洋洋得意的样子，子牙暗暗骂道，真乃勇夫也。子牙淡然一笑说："张将军，十多个人围在一起跑来跑去地打，看不出谁的刀法精湛，让人一时眼花缭乱，我看今天咱们还是单个上，你看如何？"张桂芳把大嘴一撇，点头说："行！就按老儿说的办。"子牙见张桂芳一口应允，心里暗喜，这一招奏效了。子牙忙回头冲武吉挥手说："徒儿，你先上，让师父看看你近来枪法可有长进？"见师父子牙点了他的名，武吉拱手说："徒儿遵命！"

言罢,武吉出列,拨马提枪直冲张桂芳。太师闻仲见张桂芳就要拨马上前迎战,忙回头低声说:"将军,小心有诈。"张桂芳瞪眼说:"末将倒要看看子牙老儿耍什么花样。"说着,就拨马挥刀迎了上去。武吉一见张桂芳挥刀而来,忙虚晃一枪,一个镫里藏身,躲了过去。武吉不跟他正面交手,只是跟他兜圈子,气得张桂芳火冒三丈,哇哇直叫。见武吉拨马又转了回来,张桂芳忙上前挥刀就砍,武吉一个转身,就佯装不敌,拨马就走。散宜生拨马上前接住了张桂芳的刀,两匹战马扬蹄昂头嘶叫起来,散宜生回马就走。张桂芳紧追不舍。"扑通"一声响,张桂芳连人带马栽下陷坑。无数弓箭手从草丛中冒了出来,万箭齐发,齐射向陷坑,可怜张桂芳还没弄清是怎么回事,就死于乱箭之下。太师闻仲见状,大惊失色,忙带众将退回了营寨。子牙也不追撵,命军士鸣锣收兵。

　　子牙回营后,传来南宫适、散宜生和晁天晁雷兄弟,欣喜地说:"今天我们斩杀了张桂芳,太师闻仲一定会搬救兵的,下一步是什么战法,老夫想听听几位的意见。"南宫适接话说:"依末将看,打不如不打,先调集军队,把太师的营寨围起来,围而不打,困住他,待他们没有了粮草时,再歼之。"散宜生接话说:"商营将士士气低落,我们应快速出击,打败他们才是。"子牙点头说:"散大夫说得是,用兵贵在一鼓作气,贵在神速。但是从敌我双方的实际情况来看,虽然说商营连失三员大将,但元气未伤,再说我们的兵力还不足,要是硬碰硬打起来,我们还没有必胜的把握。围而不打的招法,我看是可行的。大家再仔细想想,看还有啥好的法子?"见军帅子牙分析得有道理,众将拱手齐声道:"军帅说得是,我们就给他来个围而不打。"

　　没有几天工夫,子牙又从西岐调来五万大军,把商营团团围住,动弹不得。

第四十四章 余庆搬兵

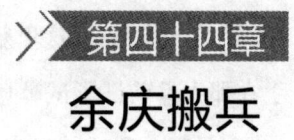

阵前失利,太师闻仲大为恼火,刚撤兵回寨,余庆押着粮草就进了营寨,闻仲忙召余庆进帐议事。

余庆听将士说,前天出战,晁天和晁雷兄弟在阵前被西岐军擒拿了,今天一进营寨,就见将士们衣衫不整而回,感到情况有点不妙,八成又是吃了败仗。听说太师召他到中军大帐议事,他就知道一定有要事让他去做。他不敢怠慢,忙来到中军大帐。太师闻仲招手苦笑说:"余将军辛苦了,快一边坐下,本帅跟你有话说。"余庆拱手说:"太师有何吩咐,请讲就是了。"太师闻仲惨然说:"想必你也知晓,前天出战,西岐军擒拿了晁天和晁雷兄弟,今天出战,西岐军又斩杀了张桂芳将军。""是吗?那张桂芳不是骁勇善战,怎么就被西岐军斩杀了?"见余庆惊愕,太师闻仲愤然说:"这都是那张桂芳骄横,不听劝阻,才中了子牙老儿的奸计。"说着,闻仲摇了摇手,"不说他了,叫将军来,是有一重要的事交给你去做。你跟那赵公明熟悉,本帅就让你速去那终南山告知赵公明,西岐兴兵反叛,我军被困,请他招募兵勇,前来破敌。"余庆愕然道:"子牙老儿有那么厉害吗?末将明天去会会他,看他有何能耐。"闻仲苦笑说:"将军不可,子牙老儿已调来五万大军,要合围我军,今天不走,待明天恐怕就走不了了。"余庆见太师的话有道理,拱手说:"末将遵命!""好

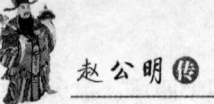

吧,今天夜里,你一个人悄然出寨,日夜兼程,不可怠慢!"余庆说:"请太师保重,末将这就告辞了。"言罢,余庆退出了中军大帐。

余庆借着夜色作掩护,骑着一匹快马,悄然出了后寨门,快马加鞭,一路直向终南山赶去。

余庆日夜兼程,三日后来到一小河岸边,余庆见河水湍急,猛一加鞭,战马受惊前蹄腾空,随着一声嘶叫,踏河而过,余庆猝不及防被重重地摔到地上,昏死了过去。不知过了多长时间,余庆清醒了过来,站起来刚跟跄走了几步,头一仰,又重重地摔倒在地上,失去了意识。

"弟弟快来看,这里躺着一个人,还有气息。"一个路过的老者忙上前用手在那人鼻前试了试鼻息,回头向不远处的人打招呼。

"是吗?我这就过来了。"不远处的老者忙一路小跑了过去。

"我看这人是从马上摔下来的,你看这马还在他身边守护着。大哥你把这人扶到我背上,背他到咱们茅屋里去。""行!"哥哥应了一声,忙把余庆扶到弟弟背上,两位老者把余庆背回了茅屋。弟弟跟哥哥说:"大哥,快端碗水来,给这年轻人喝了。""好!"哥哥应了一声,忙到里屋端来一碗水,但怎么也灌不下去。哥哥伸手摸了摸余庆额头,惊叫说:"哎哟,好烫呀!这样下去可要烧坏的。小弟你在家瞧着,大哥上山采药去。"弟弟点头说:"行!天色快黑了,大哥上山小心才是。"大哥点头道:"大哥知道了,拿手巾在他头上擦擦,兴许还会退烧的。"说着,哥哥拿上一把小铲出门上山采草药去了。

大哥刚走,余庆就喃喃自语:"赵公……赵公……赵公……"见余庆开口说话了,弟弟问道:"赵公是谁?"余庆闭嘴又不言语了。不大一会儿,哥哥采药回来,弟弟跟哥哥说:"大哥,你走后,此人一直喊着'赵公',小弟问他这赵公是谁,他却不言语了。"哥哥惊喜道:"这赵公不就是那赵公明吗?""对呀!小弟咋连这都给忘记了。我看这年轻人一定是有啥要紧的事,我们得赶快去告知那赵公明才是。大哥在家里看着这年轻人,小弟腿脚利索,我这就去找赵公明。"哥哥愕然:"天都这么黑了,路上不好走,待明天去吧。"弟弟淡然一笑说:"大哥,没事,小弟又不是没走过夜路,大哥放心就是了。"说着,弟弟

第四十四章 余庆搬兵

就出茅屋,一路到枣林滩找那赵公明去了。

咋就这么巧,余庆过河被摔下马,就有人过来救。原来这两个老者不是别人,正是从孤竹国逃国的公信和公达,听说西伯的儿子姬发起兵反叛,两位王子拦道叩马进谏被赶后,就再不愿回西岐去了,便来到这荒山野岭,搭了一间茅屋住了下来。这日,碰巧他们兄弟路过,见河岸边躺睡着一人,便把那人背回了茅屋。说来也是凑巧,两位王子知晓那赵公就是赵公明。

当公达到赵府门前时,已是午夜时分。听到叩门声,车夫赵大开门,一见公达惊愕道:"这不是公达王子吗?这么晚了,有啥事?"见问,公达苦笑说:"赵公在吗?我有事要跟赵公说。"赵大寻思公达王子深夜来访,一定有要紧的事,忙回话说:"王子,老爷在书房里睡着,你跟小老儿来。"说着,赵大回身领着公达进府门,径直一路去了西院书房。

听了公达的言讲,公明有点愕然,心里嘀咕这年轻人到底又是谁呢?他既然知晓自己的名字,看来一定是认识的人,得赶快去看看才是。公明淡然一笑说:"多谢王子报信,我们这就去见那年轻人。"说着,公明回头跟赵大说:"大哥,快去套车,拉我跟王子去见那年轻人。"

"是!"赵大应了一声,忙出门套车去了。

第二天早上,赵大赶车来王子的茅屋门前。听见有人说话,公信知道弟弟公达领着公明回来了,忙出门相迎。一见公明和弟弟惊喜说:"醒了,醒了!那年轻人醒了!"

"是吗?"公达拉着公明的手进了茅屋。

一见床上的年轻人,公明一脸惊喜道:"这不是余庆贤弟吗?"

余庆见是公明,激动地坐了起来:"公明大哥,你可来了,太师他……"

见余庆欲言又止,公明心里明白,屋里有两位老者,怕说了有妨碍,公明忙跟余庆作介绍:"贤弟,你知道这两位老人是何人,他们就是被人们传为美谈的孤竹国让国的两位王子。"

听说是两位贤人,余庆忙跪拜说:"小将愚钝,不知两位恩人是大贤之人,多有不敬。"

247

见状,公信忙扶起余庆说:"使不得,使不得!折煞小老儿了。"

公明又跟两位王子介绍说:"这位年轻人就是太师闻仲帐下爱将余庆。"

公明看了看余庆,问道:"贤弟,太师他怎么样了?"

余庆惨然说:"太师被困,让小弟前来请大哥来了。"

公明见事情重大,回头冲公信和公达说:"两位大伯,我这就带余将军回府去,告辞了。"

公信和公达点头说:"既然赵公有正事,就快回去吧。"

公明搀扶着余庆出门上车,一路回府去了。

第四十五章 招募乡兵

赵府大厅里,公明正在跟商会里的理事们议事。公明一脸阴沉地说:"今天请大家来,我要跟大家宣布一件事……"

未等公明说完,黑娃瞥眼说:"兄弟,有啥事就说,干吗这么严肃。"

一边的少掌柜马旺也插嘴说:"就是的,大哥有啥事就说,兄弟们照办就是了。"

见公明一脸惨然,刘喜低声问道:"大哥,究竟发生了啥事,你跟兄弟们说说,我们都会帮你的。"

黑娃接话说:"就是的,你快说嘛!"

公明扫视了众人一眼:"我要辞去这商会会长之职,再不做生意了。"

黑娃愕然道:"啥?你不当商会会长了?不是干得好好的,咋说不干就不干了,这是为啥?"

马旺接话说:"就是的,是不是有人为难大哥了?"

公明见大家愕然,苦笑一下说:"大家误解了,昨天太师爷派人来说,朝廷大军被困,要我带兵前去解围,你们说我这生意还能做吗?我寻思过了,把木场和字号都变卖了,招兵买马,到前线为国家效力去。"

听了公明的解说,屋里的人都七嘴八舌起来。马旺接话说:"大哥说得

是，国家有难，匹夫有责。大哥是朝廷的大夫，义不容辞，为国家效力，小弟愿拿出一半家财捐给国家。"

朱熹接话说："我把儿子交给大哥，上前线去杀敌。"

见在座的理事情绪激奋，公明拱手说："多谢各位兄长、兄弟支持。"说着，公明起身，冲大家深深地鞠了一个躬。

公明寻思要让父老乡亲信服，自己就得先做个表率，开完商会后，公明就回枣林滩的家，说服妻子金花让儿子大喜报名参军。

公明跟妻子金花生有三个儿子，大儿子取名大喜，二儿子取名二喜，三儿子取名三喜。大喜比两个弟弟年长好几岁，他从小就喜欢舞枪弄棒，三霄姑姑见侄儿大喜聪慧，就手把手地教他，没有几年工夫，大喜就学会了十八般武艺。父亲公明忙着做生意，很少回家，大喜在爷爷和奶奶的呵护下长大，爷爷和奶奶视孙儿大喜如掌上明珠一般，于是就有了一种割舍不下的情感。

在回家的路上，公明一路寻思着，该如何跟爹和娘说让儿子当兵的事。老爹不说，老娘肯定是不会答应的，这如何是好？他思来想去，觉得还是先得把妻子金花的思想做通才是，金花思想通了，再让她去跟爹和娘说，才会水到渠成。

"啥？你要让咱们儿子去当兵，这怎么能行呢！儿子长这么大，你管过吗？这时你就成了他们的爹了。"公明一开口，就遭到妻子金花一顿抱怨。妻子金花说得是，自己只顾做生意，很少回家，从情感上是欠了金花和孩子们，要不是国家有难，自己也舍不得让儿子上前线冒这个险。但为了让乡亲们信服，这也是没有办法的事。公明相信妻子金花是个明白事理的人，只要动之以情，晓之以理，金花是会支持自己的。公明淡然一笑说："说句心里话，我也不愿意让咱们的儿子去当兵打仗，但你想想，圣上那么器重我，又赐我做了朝廷的大夫，咱们要知恩图报。再说，如果国家都破了，咱们这个家还能有吗？只有平叛了反贼，保住了国家，我们这个家才是家。"妻子金花抹了把眼泪说："理是这个理，但是，我还是想不通，儿子大喜跟你去了，万

第四十五章　招募乡兵

——……""呸呸呸,乌鸦嘴!你就不会往好处想吗?"金花瞥了丈夫公明一眼:"本来就是嘛,我是实话实说。"公明点头苦笑说:"不是还有我在嘛,儿子是不会有事的,你尽管放心就是了。"妻子金花是个明白事理的人,丈夫公明是朝廷的大夫,国家有难,理应效力,若是自己再扯后腿,就有点不明事理了。金花看了看公明,迟疑说:"就是我答应了,我看咱爹和咱娘也未必会应允的。这事你跟咱爹和咱娘说去。"公明扑通跪在妻子金花面前,金花愕然道:"你这是干啥?还不快起来,让人看见笑话。"公明说:"咱爹和咱娘就信服你,求你跟咱爹和咱娘说说。"金花苦笑说:"你这不是强人所难吗?你快起来说话。"公明苦笑说:"你要是不答应,我就这么一直跪着。"金花无奈,挥手说:"真是拿你没办法,你起来,我答应你就是了。"见妻子金花点了头,公明才站起来,到上房跟爹和娘请安去了。

果如公明所言,金花在公公和婆婆跟前晓之大理,老爹和老娘就答应让孙儿去报名当兵。公明甚是欣喜,来到上房感谢爹和娘,老爹一见儿子公明,苦笑说:"我跟你娘也不是不明事理的人,你既然决定了,就依你说的去做就是了。但是你要答应我跟你娘一件事,在战场上可要保护好我的好孙儿大喜。"公明点头说:"请爹和娘放心,儿子会保护好他们的。"言罢,公明欣然出了上房,告别了妻子金花,回镇上去了。

就在这天夜里,朱熹家里也发生摩擦。朱熹白天在商会当着众理事的面表态说,自己愿意拿出一半家财支持公明招兵买马。朱熹原以为跟妻子秀秀一说,秀秀就会答应的,但没料想,秀秀冲他瞪起了眼。"你说啥?你要拿一半家财给他,你是不是发烧说胡话,咱们家有今天的日子容易吗?我跟你没日没夜地干,你一句话就把一半家财散了出去,这怎么能行呢?"见妻子秀秀冲他瞪眼,朱熹气就不打一处来,也瞪眼说:"我看你是好了伤疤忘了疼,那年咱们家借了赵大哥家两万银子,他没要,让咱们给他一双筷子了结了此事,又给咱们家送来五万银子,要不是他家那五万银子做本钱,咱们这个木场早就完了,还能有今天这好日子吗?"见丈夫朱熹生了气,妻子秀秀瞥了丈夫朱熹一眼,低声嘟囔说:"他是给咱们家五万银子,后来咱们还他了,不是早就两清了吗？"见妻子秀秀辩解，朱熹愤然说："是两清了，但赵大哥对咱们家的恩情你能清吗？"丈夫朱熹的一句话，说得妻子秀秀没词了。秀秀心里明白，欠人家的钱是可以拿钱来还得，但只有这个"情"，才是无价的。见妻子秀秀低头不语，朱熹知道自己的话说到点子上了，合家过日子，还得相互尊重和谅解才是，仔细思量起来，自己也有不对的地方。于是，朱熹的语气变得温和起来："今天是我不对，不该跟你发脾气，你给个话，人家赵大哥也不缺咱家那几个钱，你要是不愿意的话，咱们就不给了。"见丈夫朱熹突然变了话，秀秀一下急了，"我也不是那不明事理的人，赵大哥对咱们家的恩情，我记着，你说咋办就咋办，我没意见就是了。"见妻子秀秀点头答应了，朱熹笑呵呵地说："这不就对了，你把咱那几张银票拿出来，明天我就给赵大哥送过去。""行！"说着，妻子秀秀乐呵呵回屋里取银票去了。

就在这天夜里，黑娃家里也不太平了，黑娃跟媳妇小凤说了送儿子家喜当兵的事，媳妇小凤也冲黑娃瞪起了眼："咱们就这么一个儿子，你就忍心让他去当兵吗？亏你还能想出这个馊主意。再说家喜是咱们两个人的儿子，你让儿子去当兵，你跟我商量了吗？"黑娃淡然一笑说："我这不是在跟你商量嘛。国家有难，匹夫有责……"未等黑娃说完，媳妇小凤瞥了一眼道："还匹夫有责呢，你算哪根葱，国家给了你多少好处？"黑娃接话说："难道国家没有给咱们家好处，国家有难，咱们就不管了吗？"媳妇小凤瞪眼说："既然国家没有给咱们家好处，咱们凭啥去给他效力呢？在外边是谁给你灌了迷魂汤，回家就尽说些不着边的话。"黑娃见媳妇小凤蛮不讲理，瞪眼说："人家公明贤弟要把木场卖了，招兵买马，到前线去为国家效力，我们就不能有一点表示吗？"小凤冷笑了几声："你还想跟人家赵公比，人家赵公可是圣上封的大官。再说，为国效力，那是当官人的事，咱老百姓瞎掺和个啥？只管把咱们的木场经营好就是了。"见媳妇小凤风言冷语，黑娃也火了："国家都快没有了，还能有咱们这个小木场吗？"小凤见黑娃瞪了眼，瞥眼说："我不跟你说了，我没有你那么多大道理，只要赵公明能让他的儿子吃粮当兵，我就送咱们儿子家喜去报名。要是他赵公明家让自己的儿子去当兵打仗，我便同意

第四十五章 招募乡兵

儿子去。"黑娃见媳妇小凤终于松了口,心里暗喜,他知道公明兄弟的秉性,他一定会让自己的儿子带头报名的。黑娃淡然一笑说:"这话可是你自己说的,明天咱们就到街上去看报名榜,要是榜上有公明的儿子的名字,你可不要反悔嘞!""好,咱们这就说定了。虽然说我是个妇道人家,但说话从来算数。"

第四十六章
豪杰响应

小镇街头,摆放着一长溜招兵报名的桌子,招兵告示贴出来了,街上的行人好奇地围看起来。

告　示

大夫赵公明变卖家产,招募家乡子弟,上阵杀敌,为国平叛。但凡家里有应征的子弟,每户发给白银三百两,以做安家之用,特此告知。

围观的人七嘴八舌议论开了。百姓甲愕然说:"又要打仗了,咱们老百姓的日子可咋过呀?"百姓乙接话说:"可不是嘛,打起仗来,又要征收粮草税了。"百姓丙瞥眼说:"说啥呢,要是国家都没有了,咱们这个小家还能安宁吗?你看人家赵公,为了国家,把自己的木场都变卖了,咱们还有啥舍不得的。"百姓丁点头说:"说得是,咱们应该支持赵公才是。"这时,小凤也在告示前围看着,围看人说的话,她全听到了,她的脸一下羞红起来,忙回身出了人群,抬头见公明的媳妇金花,带着儿子大喜一路走了过来。因黑娃跟公明是好朋友,小凤也认识金花,一见金花,小凤忙笑着上前打招呼:"这不是金花妹子吗?你们这是……"金花见小凤欲言又止,心里就明白小凤要问的事,

第四十六章 豪杰响应

淡然一笑说:"我带大喜来报名的。"小凤愕然道:"大喜还比我家家喜小一岁,能成吗?"金花淡然说:"是小一岁,不过我家大喜生月大。再说,他爹招兵,他怎么能不去呢?"金花的话说得小凤感动地直点头:"妹子说得是!妹子真是个明白事理的人。"言毕,小凤羞红着脸,匆忙一路回家去了。

街上的人见公明的媳妇金花带儿子大喜来报名,纷纷仿效,没有几天工夫,就招收了一万多名家乡的子弟。

远在千里之外的陈九公,得知大哥赵公明变卖家产,招兵买马,为国效力的事后,他也坐不住了,跟妻子赛花说:"大哥赵公明要带兵到前线去为国家效力,我得去助他一臂之力。"赛花惊愕道:"啥,你也要去打仗,那咱们的珠宝店不办了?"九公淡然一笑说:"不是还有咱们的儿子陈喜吗?"赛花瞥了丈夫九公一眼说:"没有了你,儿子陈喜能担起这个家当吗?我看咱们还是给公明大哥多送些银子作为军费,不也是为国家效力吗?"见媳妇赛花推三阻四,九公就冲她瞪起了眼:"公明大哥为了国家,把家产都变卖了,他是为了啥?要是国家没了,还能有咱们这个珠宝店吗?"见丈夫九公真的生了气,赛花低头嘟囔说:"我这不是担心你嘛。"九公见媳妇赛花服了软,也不再冲她瞪眼了,"这有啥担心的,大不了血染疆场,为国捐躯就是了。""呸呸呸!还没上战场就血染呢,怪吓人的。"九公知道媳妇赛花心疼自己,淡然一笑了之。

从后堂出来,九公当即让店里的几个伙计分头去传江湖上几个要好的朋友来家里共同商议为国家效力的事。

九公啥时有了一帮江湖上的朋友?要知原由还得从那年蒙冤时说起,九公寻思要不是公明大哥有一帮江湖上的朋友,没准自己的冤屈还没法洗清。从那时起,九公心里就想自己要跟公明大哥一样,多结交一些江湖上的朋友。说来也是巧缘,一日,公明在洛阳城外结交了一位名叫黄贵,外号"草上飞"的人,这黄贵为人正直,性格和善,深受武林界的敬重,朋友遍天下。这黄贵得知洛阳城里来了个做木材生意且仗义疏财的赵公明,就慕名登门拜访。一来二去,两人就成了忘年交。又一日,黄贵又来跟公明切磋武艺,在木场见正在干活的九公眉目清秀,一表人才,便记住了此人。这黄贵膝下无子,只有一个聪慧乖巧,名叫赛花的女儿。赛花已长大成人,黄贵想给女儿寻个如意郎君,自己也好有个期盼,便处处留意,乍一见九公就喜欢上了。他便跟公明打听起九公的人品,公明明白黄贵的心思,自己也去过黄贵的家,见过赛花,心里嘀咕,这九公跟赛花郎才女貌,还挺般配的,要是能成全他们俩人的婚事,也算是功德一件。在公明的热心撮合下,九公便与黄贵的女儿赛花喜结良缘。赛花在父亲的熏陶下,从小就喜欢舞枪弄棒。老岳父是武林界高手,且又有个爱武艺的媳妇,家里就少不了有一帮练武的朋友,于是,九公也就喜欢起练武来,还甭说,这九公还挺有悟性,没几年工夫,就练就了一身好武艺。

武林朋友接到九公的请帖,知道一定有重大的事商议,不敢怠慢,都如约来到陈府。

待大家坐定后,九公淡然一笑说:"今天把各位兄弟请来,小弟有一件重要的事跟兄弟们商议。咱们的赵公明大哥变卖了家产,招兵买马,要上前线为国效力。"

"是吗,又有战事了?真是多事之秋,刚消停没几年,又要打仗了。这真是……"

未等九公说完,一边在座的李强忙插上了话:"这次朝廷是派谁挂的帅?"

见问,九公说:"听说是太师闻仲。"

李强接话说:"太师闻仲是常胜将军,要是他挂帅前去,一定会旗开得胜的。"

九公苦笑说:"听人说太师这次出师不利,阵前损兵折将,被困住了。"

一边的刘新惊愕道:"是吗,还真的有这回事?"

九宫惨然点头说:"是真的,要不公明大哥怎会变卖家产,招兵买马,上前线为国家效力呢?"

马通接话说:"九公贤弟,国家有难,匹夫有责,咱们咋办,你说句话。"

刘强也忙说:"马兄弟说得是,公明大哥为了保家卫国,变卖了家产,我们兄弟虽然没有钱,但我们有一颗报国的心,上前线去杀敌。"

见大伙你一言我一语,激情高涨,九公甚是欣喜,笑说:"好,既然兄弟们

第四十六章 豪杰响应

都愿意为国效力,我看我们兄弟就去投奔公明大哥,跟随他到前线报效国家。兄弟们意下如何?"

大家齐声道:"好,就依九公兄弟说的办就是了。"

见大家齐刷刷地赞同,九公忙起身说:"既然兄弟们没有异议,就这么定了,今天回去准备一下,三日后来小弟这里集合,咱们兄弟一同去那终南山,投奔公明大哥。"

"好的。"大伙告别,各自回家准备去了。

三日后,各路兄弟早早来到九公府上,九公给各位义士准备了快马。九公从珠宝店里支取了一百万两银子,辞别妻子赛花,带着众家兄弟,快马加鞭一路奔向终南山。

话分两头,再说三霄姐妹,三霄姐妹听说大哥赵公明突然变卖了家产,大为不解,忙来到镇上向大哥问个明白。

三霄姐妹来到赵府门前,守门的马二一见三霄,忙上前打招呼:"三位姑娘回来了。"

未等大姐云霄说话,一边的琼霄忙问道:"是,大伯,我大哥在府上吗?"

马二忙回答说:"老爷刚到街上去了。三位姑姑到府里小坐,小老儿上街去找老爷。"

"这就烦劳大伯了。"

"没事。"

言毕,马二转身上街找公明去了。

这时,公明正在街头招兵桌前了解情况,见马二一路急匆匆的样子,愕然问道:"大伯,你这是……"

马二忙说:"三位姑娘回来了,让老爷回去。"

"是吗?"

公明听说三霄妹妹来了,心里明白,一定是为自己变卖家产的事来的。她们来得正好,自己就把爹和娘托付给她们,自己走了,也就放心了。公明跟马二说:"大伯,你回去让她们等会儿,就说我办完事就回去。"

"是。"马二应了一声,回府去了。

公明安排好招兵的事,就带兴儿回到府上。一见三霄妹妹忙打招呼:"妹妹,大哥正要到你们那儿去,你们几个就来了,真是巧得很。"

琼霄瞥眼说:"是吗?大哥还记得我们三个,我当你早就把我们给忘了呢。"

碧霄接话说:"是呀,你咋忽然记起我们来了?"

公明见妹妹们话里带刺,就知道妹妹们误解了自己,忙笑呵呵地说:"今天你们几个说话这么冲,是不是大哥又做错了啥事?"

云霄一脸严肃道:"我问你,卖家产是咋回事?"

公明笑呵呵回答说:"我当是啥事,原来是为这事。太师闻仲被叛军困了,让大哥前去解围。大哥是朝廷的大夫,深受皇恩,今国家有难,不能坐视不管,为了筹集招兵费用,大哥就把家产变卖了。因为事情紧急,没有告知妹妹,请妹妹多多谅解才是。"

云霄听了大哥公明的解说,不好意思地低头说:"妹妹们不是一时着急嘛!"

琼霄忙说:"大哥,我们也要去为国效力。"

云霄也接话说:"三妹说得是,大哥带我们去,到了两军阵前,我们兄妹也好有个照应。"

公明忙摆了摆手道:"不可!家里有咱爹和咱娘,要是都走了,谁来在二老跟前尽孝呢?再说咱爹和咱娘年岁大了,也得有子女在跟前照管,有你们在,大哥就放心了,你们说是不是这个理。"

琼霄见大哥不让去,一下急了:"家里不是还有金花嫂子吗?留大姐和二姐在家,我跟大哥去就是了。"

公明见小妹琼霄执意要走,忙安慰说:"小妹不愧为女中豪杰。大哥是这么想的,等大哥去了前线安顿好后,派人来接妹妹们就是了。"

琼霄见大哥答应了,眉开眼笑地说:"大哥说话可要算数。"

"大哥啥时说话不算数了?"声到人到,公明见是好兄弟陈九公,一脸惊喜,忙上前拽住了九公的手,回头跟三妹妹作介绍:"妹妹,快见过九公哥哥。"

三霄虽然说没有见过陈九公,但听大哥公明常提说。三姐妹忙上前施

258

第四十六章 豪杰响应

礼道:"见过九公哥哥。"

九公也忙回了礼。云霄见九公远道而来,一定有大事要跟大哥说。云霄含笑说:"九公哥你坐,妹妹下厨做饭去。"

言毕,云霄回头扫视了两个妹妹一眼,碧霄和琼霄会意,便跟大姐云霄退了出去。

见三个妹妹走了,公明上前一把搂抱住了九公:"兄弟,大哥好想你!"

九公感动地说:"大哥,小弟也好想你。"两人紧紧地搂抱在一起。

公明松开手,忙说:"贤弟,快请坐,快请坐。"

待九公坐定后,公明问道:"小弟,你这是……"

九公激动地说:"小弟是来跟大哥到两军阵前为国效力去的。"

公明愕然道:"贤弟,你是咋知道大哥要上前线去呢?"

见问,九公淡然一笑道:"大哥变卖家产,招兵买马,报效朝廷的事在洛阳城都传遍了,小弟怎能不知,咱们那些江湖兄弟听说了大哥的事,他们都愿意跟随大哥为国家效力,小弟把他们也带来了。"

"是吗?咱们快去看看。"说着,公明拉着九公的手,一路去了西院客厅。

一进客厅,九公笑呵呵道:"兄弟们,看谁来了。"

正在喝茶的江湖兄弟回头见是公明,都忙起身,拱手齐声道:"大哥好!"

公明忙回礼说:"各位兄弟们好,都快请坐。"

待各位江湖兄弟坐下后,公明激动地说:"兄弟们来得真是及时,明天就要开始操练新兵,各位兄弟就是教习,赵某在这里就拜托各位兄弟了。"

众人起身拱手道:"愿听大哥吩咐,同心协力,共赴国难。"

见众武林豪杰个个慷慨激昂,公明一时感动,眼眶里滚出了一串热泪,随手抹了把泪说:"多谢众位兄弟信任。"说着,他回头又跟身边的少司说:"快去吩咐厨房准备酒菜,今天晚上为众兄弟接风洗尘,一醉方休。"

"是!"少司应了一声,出门安排去了。

第四十七章
十里相送

听说赵公明要操练新兵,四乡八村的人都早早赶到练兵场外等候着。

随着三声炮响,赵公明全身披挂,胯下骑着一只黑虎,手执一面杏黄令旗,站在高台中央,少司和九公也全身披挂骑着大马,分站公明两边。台下新兵分成数十个纵队,每纵队前站立着一名教习,随着公明令旗一摆,台下就舞动起来,喊杀声响彻云霄。从来没有见过这阵势的百姓,一见这整齐壮观的练兵场面,都报以热烈的掌声。场里场外一派热闹的景象。

公明见教习们教得认真,新兵娃娃个个学得扎实,甚是欣喜,忙让家人杀猪宰羊犒劳新兵娃娃。乡亲们也送来了瓜果让娃娃们消暑解渴。如此操练了半个多月,老百姓也热情了半个多月。

这日,公明请四乡八村的乡老到赵府议事。公明扫视了在座的乡老们,淡然一笑说:"今天把大伯、大叔请来,想拜托在座的几件事,太师被困,三日后大军就要开拔。第一件事是,我事先想得不周,不少新兵娃娃是家里的独生子,要是在战场上有个闪失,我可担当不起,我跟几位将军商议后决定,凡是独生子的全都退回去。我这里把各村独生子列了个名单,烦劳各位大伯、大叔,分头告知他们的家里,明天来军营把自己的儿子领回去。第二件事是,烦劳大伯和大叔,了解一下哪些当兵的孩子家里有困难,做个统计,到柜

第四十七章 十里相送

上来每户支取三百两银子,要是那户再有困难的话,可另当别论。"

听了公明掏心掏肺的话,乡老们感动得直抹眼泪。

乡老们从赵府出来,又都来到东村李大的家,共同商议着欢送的事。李大说:"赵公说三日后他带家乡子弟就要去前线,亲人们要走了,咱们得送送才是。"

一边肖庄村乡老肖二忙接上话说:"李大说得是,就看是怎么个送法。"

南村的刘爷说:"城外十里不是有座接送官员的亭子,以小老儿看咱们就组织人到城外接送亭去送,大家看如何?"

北村的乡老扬吉说:"刘爷说得是,咱们把各村的人从城外分个段,一直到十里亭,让人看起来也有秩序。"

扬吉的话一出口,就赢得了大家的认可,乡老们你一言他一语地说着。李大忙起身,乡老们知道李大要说话,都静了下来。李大扫视了在座的乡老说:"既然大家都赞同刘爷跟扬吉说的,咱们就这样办,从村子远近分个段,东村人在城外集结,下来是肖庄村,以此类推就是了。由于时间紧,大家回去还有事,长话短叙,今天就说到这里。"乡老们见李大发了话,都起身出门回村去了。

第二天午后,公明在客厅正跟余庆商议着祭旗开拔的事,黑娃一头撞进了门,见黑娃一脸怨气,公明愕然道:"黑娃哥,又是谁惹你了,脸色这么难看?"

见问,黑娃瞥眼说:"明知故问,我问你,你为啥把我儿子家喜给退了?"

公明淡然说:"我当是啥事,原来是为这事,快坐了,听小弟给你说。"

黑娃愤然道:"坐就坐,看你还有啥话说。"说着,黑娃顺手拉过一把椅子坐了下来。

公明忙倒了一碗热茶递给了黑娃,赔着笑脸说:"先喝碗热茶,消消气。"

黑娃也不客气,接过茶碗,一仰脖子,全喝完了,随手把茶碗往桌上"咚"地一撂,瞪眼说:"快说,这事你得跟我说个明白,要是不让我家家喜去,我也把木场卖了,跟你一块儿上前线去。"

261

未等公明言语,朱熹气冲冲地闯进了门,一见公明就瞪起了眼:"大哥,我家见喜犯了啥事,就不让他当兵了?我家见喜一回去就跟我和他娘闹。"

公明忙赔着笑脸说:"那见喜回去没跟你说,为啥叫他回去呢?"

朱熹说:"他啥都没说,只是一个劲儿地哭。"公明淡然一笑说:"贤弟,黑娃哥也在,是我之前想得不周全,国家就是抽壮丁,也是不抽独生子。再说,父母养儿子不就是为了防老嘛,我跟余将军商量了,但凡是独生子的都让他们回家去。"

未等朱熹言语,一边坐的黑娃腾地站了起来:"那你咋不让你家大喜回去呢?这不是偏心眼嘛。"

公明淡然一笑说:"我家不是还有二喜和三喜吗,怎么是偏心眼?"

黑娃没词了。

朱熹忙接上了话题:"国都快没了,哪还有家,反正我家见喜一定要去,你就看着办吧。"

说着,朱熹回头瞥了黑娃一眼,黑娃会意,也忙起身说:"我还是那句话,我家家喜非去不可,你也看着办吧!"

言毕,黑娃跟着朱熹转身出门而去。

黑娃跟朱熹刚出门后,十多名家长又闯进了客厅,跟公明理论起来……

见这情景,感动得余庆热泪盈眶。

新兵开拔的前一天下午,公明下令,让新兵回家去跟家人团聚,第二天早上到兵营集中,祭旗一毕就开拔。

这一夜,凡是有孩子当兵的人家,父母就跟儿子唠叨开了,千叮咛,万嘱咐,让儿子到前线勇敢杀敌。要走了,才知道父母的疼爱。娘听到了鸡叫声,睁开眼,赶忙给儿子收拾行装,怕儿子迟到了,就早早地来到了军营。随着三声炮响,祭旗开始了,校场上站满了前来送儿子的人。公明全身披挂,率领少司和九公来到祭坛前,司仪唱词:"祭旗仪式开始,第一项,主帅参拜天地。"公明上前燃香参拜天地。

祭旗完毕,公明提鞭跨上虎背,发令开拔,公明一声令下,又是三声炮

第四十七章 十里相送

响。公明率家乡众弟们,离开了校场,一路出城。前来送行的人一路相随,跟随着队伍一路而行。

一出城门,见官道两边站满了送行的人,公明感动,忙拱手相谢。正行间,公明见妻子金花和三霄妹妹搀扶着老爹和老娘,一路赶了上来,公明忙跳下虎背,上前搀扶爹和娘。少司心里明白,公明爹娘是来送孙儿大喜的,少司忙到队前:"大喜,爷爷和奶奶送你来了。"大喜听到叫声,忙出列,一路跑上前,扑在奶奶怀里……

公明跪倒在地道:"恕儿子不孝,请爹和娘好好保重,儿子这就去了。"言毕,公明起身,跨上虎背,回身而去。大喜见父亲走了,忙说:"请母亲和三位姑姑照管好爷爷和奶奶,孩儿去了。"大喜抹了把泪,加入了行进的行列,一路走了。

从城外到十里长亭,官道两边挤满了送行的人,有人送来了消渴的茶水,端给行进的兵娃娃喝,有人提着一篮煮熟的鸡蛋,往兵娃娃衣兜里塞。那一幕幕感人的场面,让余庆将军看了感动。公明见乡亲们如此敬重自己,也意识到自己肩上的担子沉重。乡亲们信赖自己,把孩子交给自己,自己是得好好地呵护他们,不能让乡亲们失望。

公明一路感动着,不觉来到十里长亭。公明一见县令赵兴,忙跳下虎背。见公明到来,县令赵兴跟四乡八村的乡老一齐围了上来。公明忙拱手说:"多谢赵大人和大伯大叔前来送行,在下这里有礼了。"县令赵兴拱手说:"但愿赵公此去旗开得胜,平定乱臣贼子,凯旋之日,我们还来这里相迎赵公。"众乡老齐拱手说:"望赵公保重,一路顺风!"公明拱手回礼:"谢谢赵大人和各位大伯大叔吉言,千里送君终有一别,告辞了!望各位保重!"言毕,公明回身跃上虎背,黑虎有灵性,仰头呼啸一声,回头一路奔向队前而去。

县令赵兴和乡老们,目送公明率家乡子弟兵一路远去,才带众乡亲回身离去。

第四十八章
魂断疆场

再说子牙调兵遣将，将太师闻仲的十万大军团团困住，围而不打，待没有粮草之时，再歼之。

都快半个月了，还不见商营动静，武吉就觉得有点蹊跷，赶忙到中军大帐，跟军帅子牙说："军帅，咋不见商营动静，莫不是那闻仲在等待援兵不成。"子牙淡然一笑说："咋可能呢？四面都有咱们的大军，他就是想派人出去，也量他插翅难飞，你尽管放心就是了。"武吉见军帅早就有准备，也就放心出帐瞭哨去了。

公明率军来到渭河岸边扎下营寨，让将士好好休整一下，以逸待劳，也好快速出击。公明派余庆带数十骑人马前去摸底，余庆押送粮草来时熟悉这里的地形，认为从西边进入最便捷。余庆便带人来到西边一小镇，经打探得知这里的守将是武吉，余庆心里就有了底，回营跟公明做了禀报。公明点头说："好吧，明天一大早，咱们就给他武吉来个出其不意，从军营中穿插过去。今天夜里你就摸回营寨跟太师说，咱们给他来个两面夹击。"

"遵命！"余庆领命而去。

这日，武吉带着几名亲兵出得营寨，在官道上瞭望，见远处有尘土扬起，也没太在意，不经意间又听到了虎啸声，就有点诧异，心里嘀咕，这里怎么有

第四十八章 魂断疆场

老虎呢,莫不是又听错了。武吉哑然一笑,策马就要回身离去,"嗷……"一声虎啸又从远处飘了过来,武吉惊愕忙调转马头,片刻间,一大队人马朝他冲了过来,果然见为首一黑脸汉子胯下一只大黑虎,又是一声虎啸,惊得武吉和亲兵们的坐骑惊叫起来,扬起四蹄落荒而逃。公明也不追撵,率大军迅速穿插而过,直奔商军营寨而去。

武吉还没有弄清楚是咋回事,就被坐骑驮回了自己的营寨,他忙一头撞进中军大帐。见武吉衣冠不整的样子,子牙瞪眼问道:"怎么成了这般模样?"

武吉忙说:"有一个骑黑虎的黑脸大汉,带着人马来了。"子牙腾地站起,"是他来了。"子牙哎呀一声,瘫坐在椅子上。

见军帅失色,武吉愕然问道:"军帅,你认识这骑虎的黑脸汉子吗?"

子牙知道自己有点失态,忙稳定了一下自己的情绪,淡然一笑说:"倒也不认识,只是听说过此人而已。"

说着,子牙冲武吉挥手说:"你带人到哨所去看看,待明日本帅在那两军阵前再会会这个骑黑虎的汉子。"

"是!"见军帅有心事,武吉不敢打搅,忙应了一声,便退出了大帐。

公明率援军到来,太师闻仲甚是欣喜,在中军大帐摆宴,为公明和众位义士接风洗尘。太师闻仲笑呵呵说:"我军被困一月有余,老夫望眼欲穿,盼望赵公早日前来解围,没承想这么快,赵公就招募了这么多兵,老夫实在是感激不尽。"

说着,太师闻仲招手,笑呵呵地说:"为赵公和各位义士的到来,特备薄宴,为大家接风洗尘。"

公明忙接话说:"好,我们喝了这盅酒,谢谢太师美意。"

说着,在座的人都端起酒盅,一饮而尽。宴席散时,太师闻仲跟公明说:"老夫已让中军为赵公和各位义士安排好了大帐,请各位安歇去吧。"

"是。"公明应了一声,带着众人退出了大帐。一夜无话。

第二天早饭后,随着三声炮响,双方主帅带着各自的人马,来到阵前,列队而望。子牙抬头见太师闻仲身边,果然有一位骑着一只黑虎的黑脸汉子。太师闻仲见子牙打量着公明,回头低声跟公明介绍说:"那白须老儿便是西岐主帅姜子牙,这老儿诡计多端,多提防点才是……"

未等太师闻仲说完,子牙拱手道:"太师,今天咱们又见面了,别来无恙。"

太师闻仲回答说:"有你在,老夫还死不了。"

子牙笑呵呵地说:"哎哟!看来今天太师气色还不错,又搬来了一位黑脸娃娃。"

公明见子牙出言不逊,催虎出列,大声喝道:"大胆狂徒,竟敢对太师不敬,活得不耐烦了吗?"

子牙不气不恼笑呵呵地说:"想必你就是那开木场的赵公明吧,你不在家里好好伐你的树,到这两军阵前凑啥热闹来了。"

公明心里明白,子牙这是在用激将法,想激怒自己,自己也给他来个以其人之道,还治其人之身便是。公明笑呵呵地说:"你个宰牛的都做了三军主帅,就不许我这个伐树的来玩玩吗?你有点太霸道了吧!"

公明几句反唇相讥的话,说得子牙一时羞愧难当。自己原本想奚落他,没料想,倒被他赵公明揭了个体无完肤。看来这个赵公明不但骁勇,且有谋略,是自己小看了他。

见军帅一时窘迫,一边的武吉拨马上前,大声喝道:"好你个黑脸汉子,竟敢耍笑我家军帅,拿命来!"

说着,武吉手执一杆长枪,就上前冲公明刺了过去,子牙想拦也来不及了。公明见西岐军中冲出一员年轻小将,忙催虎上前,举鞭架住了刺来的长枪。公明问道:"来将报上名来,大爷金鞭可不打无名之辈。"

武吉瞪眼说:"你大爷姓武名吉是也。"

说着,两人就打在了一起。

十多个回合下来,子牙就见武吉体力不支,回头冲身后几个将军挥手说:"你们几个上去助武吉一臂之力。"

第四十八章 魂断疆场

晁天、晁雷、南宫适、散宜生等忙拨马上前,一齐冲向赵公明。公明见西岐军中一下上来五员大将,不躲不闪,挥动手中金鞭东挡西砸,进退自如,不大一会儿,只见西岐几员将军气喘吁吁,体力不支。子牙见状,忙令军士鸣锣收兵。公明见西岐几员大将拨马而去,也不追撵,策虎收鞭,回到自己营寨。

且说子牙回到营寨后,忙召众将到中军大帐议事。武吉愕然说:"军帅,我们正在战着,你又为何令军士鸣锣收兵呢?"

见问,子牙瞥了武吉一眼:"你说,你们几个是那赵公明的对手吗?要不是我及时让军士鸣锣收兵的话,你还能回来跟本帅说这话吗?"

子牙的几句话说得武吉羞愧地垂头不言语了。晁雷愕然说:"没料想一个伐树的竟然这么厉害。"

子牙瞪了晁雷一眼:"看来将军还不知道那赵公明的底细,当年太师闻仲奉命征剿东夷时,就是他献计摆下八卦乾坤阵斩杀了袁福通。"

"是吗?"众将皆惊。

子牙又苦笑说:"看来我们可遇到麻烦了,商营有他赵公明在,我们就难以取胜。"

"为何长他人志气,灭自己的威风呢?"声到人到。子牙见是曹宝和箫升二将进得帐来,忙起身相迎:"原来是二位将军来了,快快请坐。"子牙忙跟众将介绍说:"这两位将军就是本帅跟你们常说的曹宝和箫升大师。"众将忙起身拱手道:"见过两位大师。"曹宝和箫升也忙拱手回了礼。南宫适和散宜生见有人来,知趣地退了出去。

曹宝和箫升的到来,着实让子牙兴奋,子牙了解曹宝和箫升,这两人可是江湖上的武林高手,当年自己有幸结识他们俩,且成了忘年交。没承想自己正在用人之际,他们俩就投奔来了。曹宝愕然问道:"大哥,那赵公明当真有你说的那么厉害吗?"见问,子牙惨然道:"今天一战,那赵公明力战我军几员大将,鞭法出神入化,进退自如,确实骁勇善战,神力过人,真是一员虎将。"未等曹宝言语,一边的箫升瞪眼撇嘴道:"是吗?小弟倒要会会这个赵公明，看他有多大的能耐。"子牙见萧升还是那个傲慢的秉性，心里嘀咕，不如用激将法激一激，让他跟赵公明比试一下，胜了不说，若是败了，也好挫挫他的傲气。子牙扫视了萧升一眼，叹了口气说："贤弟，这赵公明确实武功高强，贤弟未必是他的对手，大哥劝你不可意气用事，要是万一不敌那赵……"一个公字还未出口，萧升腾地一下站起来，涨红着脸说："小弟明天就去会会那个赵公明，要是输了，小弟愿受军法处置。"言罢，萧升愤然出帐而去。子牙见激将法奏效，心里暗喜，又假意惊愕说："曹宝贤弟，还不快去劝劝萧贤弟。""是！"曹宝忙跟了上去。

　　第二天早饭后，随着三声炮响，双方主帅率众将冲出营寨，在阵前一字列开队伍。子牙跟身边的萧升低声说："贤弟，你看那骑着黑虎的黑脸汉子便是赵公明。"萧升拨马上前，瞪眼撇嘴道："赵公明，听说你杀法骁勇，本大爷想见识见识你的能耐。"公明见来人点了他的名，就知道这人必定是盛气凌人，不如用激将法逼他出手才是。公明策虎出列，笑呵呵道："请报上大名，大爷这金鞭可不打那无名鼠辈。"萧升道："你大爷姓萧名升是也。黑脸小子，拿命来！"说着，萧升挥剑拨马冲向公明。公明见萧升来势凶猛，一个鹞子翻身，腾空而起，萧升一下扑了个空，待他回头时，只见眼前一道金光闪耀，就滚落下马。曹宝见萧升落马，忙拨马上前，冲向公明。公明见有人上来，又跃上虎背，那只黑虎见大刀挥来，呼啸一声，曹宝坐骑受惊，扬起前蹄，公明回身一鞭便将曹宝打下马。子牙见状大惊失色，忙回头挥手道："一起上，救回二位义士。"

　　"是！"南宫适、散宜生和武吉等将，应了一声，忙拨马上前，一齐架住了公明的金鞭。双方军士呐喊摇旗，擂鼓助威，一时叫喊声震天动地。晁天和晁雷兄弟见公明收鞭就走，求功心切，就一路追了上去。眼看追上了，谁料，公明又是一个鹞子大翻身，腾空而起，一道金光闪过，可怜晁天、晁雷兄弟没有来得及叫喊一声，就滚落马下。子牙见瞬间就连失四将，忙令军士鸣锣收兵。

　　打自这天后，子牙再不敢出战，在营寨门上高悬"免战牌"，派武吉速回

第四十八章 魂断疆场

西岐去搬救兵。

正当子牙在中军大帐犯愁时，黄飞虎、黄天化父子押着粮草赶到，见子牙愁眉不展，就知道一定是战事不利，忙问道："军帅，为何这样悲伤？"

见问，子牙惨然说："武成王，你有所不知，上个月，我军收了晁天、晁雷兄弟，又斩杀了张桂芳，把商军大营团团围住。没承想，前天来了赵公明，两军开战，那赵公明十分骁勇，阵前连斩我四员大将，我军元气大伤，因而高悬免战牌，我已派武吉回西岐去搬救兵。"

黄飞虎安慰说："军帅不必担忧，明天我去会会太师闻仲，再做决断。"

子牙忙摇手说："武成王不可，太师闻仲未必听你的话，还是不去为好。"

黄飞虎说："没事！在朝歌时，我跟太师交情甚好，就是劝降不成，我也得见见他。"

子牙见黄飞虎执意要去见太师闻仲，苦笑说："既然成王要见太师闻仲，明天咱们就在两军阵前去见，武成王一路鞍马劳顿，快安歇去吧！"

说着，子牙跟中军招手说："快领武成王去营帐安歇。"

"是！武成王随我来。"中军领命，带着武成王出帐安歇去了。

第二天上午，随着三声炮响，子牙带领众将出得营寨，来到阵前。太师闻仲听到西岐营寨炮响，就知道子牙出阵，忙披挂上马，带着众将冲出营寨，来到阵前，一字列队排开。黄飞虎一见太师闻仲忙拱手笑说："太师，臣下这里有礼了。"

闻仲一脸怒气道："这不是武成王黄飞虎吗？圣上待你不薄，你为何反出朝歌，投奔西岐叛军，你知罪吗？"

未等黄飞虎言语，一边的黄天化拨马上前，大声喝道："昏君杀我姑姑，要灭我全家，何言待我家不薄。"

公明忙接话说："黄毛小儿，是怎么跟太师爷说话的？"

黄天化见太师闻仲身边一黑脸汉子斥责自己，一下就火了起来，持枪跃马冲了上去。黄飞虎见状，怕儿子天化吃亏，也忙拨马跟了上去。太师闻仲忙回头跟公明低声说："黄家父子可是忠良之后，切不可伤了他们。"

"在下知道了。"公明跃虎执鞭上前迎战。

黄天化左冲右刺,公明挥鞭挡之,不愿出击。黄天化还以为公明不敌,越发骄横放肆起来。父亲黄飞虎见儿子天化出手狠毒,忙跃马上前低声告诫:"天化休要逞能,还不快回队里去。"

这时天化怎能听得父亲劝说,瞪了父亲黄飞虎一眼,又跃马持枪冲了上去。公明虽然没有听清楚黄飞虎跟儿子说了什么话,但公明心里明白黄飞虎是在劝阻儿子,但儿子年轻气盛,不听劝,也是该给他点厉害瞧瞧。见天化来势凶猛,公明虚晃一鞭,一伸手拽住了天化的枪头,顺势往怀里一拉,又回手一放,天化失控,扑通摔倒在马下。公明指着天化说:"看在你是忠良之后的份上,姑且饶了你一条小命,今后休再逞强,滚回去吧!"黄飞虎见状,忙拱手说:"多谢赵公手下留情。"说着,飞虎回头瞥眼说:"还不快上马回营,还嫌不够丢人。"天化这才回过神来,赶忙爬起,上马悻悻而回。

从这一战后,西岐军营众将人人惧色,再也不敢与那赵公明交手了。为了加强营寨防卫,子牙下令撤了对商营的合围。太师闻仲见西岐有了新的部署,还没有摸到底细,不敢贸然举动,于是,两军休战,僵持下来。

半月后的一天,武王姬发带着十多名将领来到营寨,子牙忙请南宫适、散宜生等将到中军大帐议事。武王姬发愕然问道:"军帅,怎么又撤了对商营的合围?"

子牙回话说:"回武王的话,起先我军占有优势,合围了商营,自从商营来了赵公明,形势就变了,此人十分骁勇,一日连斩杀我军四员战将,大伤了我军元气,我军已无力合围,因而就把合围之兵撤了回来。"

姬发惊愕道:"是吗,这赵公明有这么厉害?"

一边的黄天化忙接话说:"军帅说的是实情,末将前几天会过那赵公明,那赵公明着实武艺高强。"

南宫适淡然一笑说:"军帅,既然赵公明武艺高强,何不为我所用?"

子牙摆手说:"不可,这赵公明与太师闻仲交好,而且此人是一个认死理的人,让他降服实在是难。"

第四十八章 魂断疆场

一边散宜生忙接话说:"不能为我所用,就得杀掉他。"

子牙点头说:"是的,怎么个杀法,这几天我正寻思着这事。"

南宫适思量片刻说:"军帅,在下倒有一计,看是否可行?"

听说有杀赵公明的法子,子牙惊喜道:"南将军,快说说是什么法子?"

南宫适凑近子牙,耳语起来,子牙听罢点头说:"好,好,好!此计甚好,就依照南将军说的依计而行就是了。"

见子牙激动,姬发惊奇问道:"是什么好计,军帅这么兴奋?"子牙见武王愕然,忙跟武王耳语,武王听后,愁眉也舒展开了。

第二天吃过早饭,西岐军营三声炮响后,子牙率众将出得营寨,来到阵前。听到炮响,太师闻仲忙披挂上马,带领众将出阵。一见闻仲,武王忙拱手说:"姬发见过太师。"

未等太师闻仲说话,公明一下就火了,大声喝道:"姬发小儿,还不快下马受降。"

姬发怒然说:"我跟太师说话,你是何人,竟敢口出狂言,对本王不敬。"

公明大声吼道:"你大爷赵公明是也。"

武王瞥了公明一眼:"哎呀!原来你就是赵公明,看来本事不大,脾气还不小。"

公明心里嘀咕,擒贼先擒王,把姬发小儿收拾了,西岐大军就会不战而散。公明拨虎上前道:"姬发小儿,你不是要瞧你大爷的能耐吗?你带你的将官出来试一试。"

姬发淡然一笑:"本王愿意奉陪。"

说着,姬发就带着南宫适和散宜生催马上前跟赵公明对战起来。公明一心想将姬发生擒,拨虎向姬发冲去。九公和少司觉得不对劲,怕公明中计,忙跃马上前,前后护住公明。没有几个回合,姬发便拨马准备逃走,公明见到口的肉要溜,怎肯放过,催马一路追了上去。九公和少司怕有诈,忙催马跟了上去。姬发闪进树林中,突然树林中跃出无数弓箭手,万剑齐发,赵公明和他的结义兄弟陈九公、姚少司,被乱箭攒心而死,血染疆场,为国捐躯。

第四十九章
三霄报仇

见赵公明和陈九公、姚少司壮烈而死,太师闻仲惨然,令三军挂孝,祭奠公明亡灵。公明的儿子大喜更是悲痛欲绝,跟太师闻仲说:"太师爷爷,我要回终南山,叫三霄姑姑前来为我父亲报仇雪恨。"

太师闻仲见大喜去意已决,就跟余庆说:"余将军,你带大喜回终南山,向赵公的三霄妹妹报信。"

"遵命!"余庆领命,出了中军大帐,带着大喜日夜兼程,一路向终南山赶去。

自从大哥赵公明带兵走后,三霄姐妹一直觉得心里不安,思念着大哥赵公明。这不,琼霄夜里又做梦了,梦里的情景让琼霄预感到不祥,忙跟大姐云霄和二姐碧霄说:"大姐、二姐,昨天夜里我又梦见大哥了。"

大姐云霄淡然一笑说:"日有所思,夜有所梦,这是你思念大哥的原因。"

二姐碧霄接话说:"大姐说得是,前几天夜里,我也梦见大哥带着兵跟西岐兵打仗。"

琼霄惨然说:"梦跟梦可不一样,昨天夜里,我梦见大哥,浑身是血,一见我就说他死得好惨,让我们姐妹去为他报仇。"

大姐云霄瞥了小妹琼霄一眼道:"说得怪吓人的,好像真的一样。"

第四十九章 三霄报仇

二碧霄冲琼霄点头说:"小妹就会编故事。"

见两位姐姐不信自己说的话,琼霄一下急了,"大姐、二姐,是真的,昨天夜里的梦境还清晰着。"

碧霄斜瞥了小妹琼霄一眼:"小妹真逗!"

"我姑姑在吗?我要见我姑姑。"

"大姐,好像是侄儿大喜的声音。"

云霄诧异道:"说你逗,你真是逗,大喜跟大哥早就到前线去了,难道他又回来不成?"

"就是的,小妹真有点神经了。"碧霄瞪眼说。

见一小女道撞进了门,云霄瞪眼说:"还是那毛躁的样子,又有啥急事?"

小女道说:"报告三位师父,门外有一年轻人说是要见姑姑。"

云霄惊愕道:"是吗?"

三霄姐妹忙起身出门,向前门跑去。大喜一见三个姑姑,就扑了上去。云霄抱住了大喜,大喜声泪俱下:"姑姑,给我爹报仇!给我爹报仇!"

云霄忙说:"大喜,这儿不是说话的地方,快跟姑姑到屋里去说。"

琼霄一见余庆愕然:"这不是余将军吗?"

余庆忙拱手回礼说:"在下正是余庆,在下是奉太师之命,一路护送大喜少爷回来的。"

琼霄点头说:"有话进屋说。"

说着,三霄带着大喜回身进门,余庆忙跟了上去。

来到后堂,大喜泣不成声。云霄看了看余庆忙问道:"余将军,是不是我大哥他出事了?"

见问,余庆泪水夺眶而出,用手抹了把眼泪说:"赵大哥被西岐军射杀,为国捐躯了。"

"哎呀"一声,云霄头一仰,背过气去。

见状,碧霄和琼霄忙上前呼叫:"大姐……大姐……大姐……"

夜里,三霄姐妹聚在一起商议着为大哥报仇的事。大姐云霄跟妹妹碧

273

霄和琼霄说:"二位妹妹,大哥被西岐军射杀,我们得为大哥报仇。"

碧霄接话说:"大姐说得是,我们跟大哥是亲手足,岂有不报仇之理,爹和娘年岁大了,我们该如何跟他们二老言讲?"

琼霄说:"暂且不告知爹和娘就是了,也免得二老伤心。"

云霄说:"那侄儿大喜呢?"

碧霄说:"我们把大喜交给师父,我们悄悄走就是了。"

云霄点头说:"好,就这么办,去把余将军叫来,我有事跟他说。"

"是!"琼霄回身出屋。

片刻,琼霄便带着余庆来到后堂。云霄忙招手说:"余大哥请坐,妹妹有话跟你说。"

余庆拱手说:"妹妹有何吩咐,尽管言语就是了。"

云霄说:"明天一早,就烦劳余大哥带路,咱们一块儿去两军阵前。"

余庆忙摆手说:"要不得,要不得!"

琼霄愕然道:"为何要不得?"

余庆回答说:"末将临行前,太师爷跟末将说了,让末将一路护送大喜少爷回家,没说让三位妹妹去的事。"

云霄接话说:"这不关余大哥的事,是我们姐妹要去的,要是太师怪罪的话,我跟太师爷言说就是了。"

见三霄姐妹主意已决,余庆苦笑点头说:"好吧,末将遵命就是了。"

三霄姐妹见余庆应允了,云霄跟小妹琼霄说:"小妹,带余大哥早早安歇去,明天还要赶路。"

"是!"琼霄应了一声,便带着余庆出了门。

第二天起来,三霄姐妹告别师父,跟着余庆悄然上路了。

大喜醒后,来到后堂,没有见到三霄姑姑,忙问师祖普善道长,师祖普善拗他不过,便说了真情,大喜骑马抄小道一路追撵了上去。

余庆带着三霄姐妹,顺着官道,快马加鞭一路走着,来到一小镇,见已是响午时分,觉得肚里有点饿,便翻身下马,找地方用膳。

"姑姑,孩儿在此等候多时了。"云霄回头惊愕道:"大喜,怎么是你,你咋来了?"

见问,大喜瞥了云霄一眼:"你们撇下侄儿就走了,这不,侄儿是抄小道一路追撵上来的。"

云霄感动,忙上前一把抱住了大喜:"姑姑是想让你在家照管爷爷和奶奶,走时就没跟你说。"

大喜抱怨说:"侄儿知道三个姑姑疼我,但侄儿也放心不下姑姑,就跟着来了。"

碧霄接话说:"大喜真懂事,算姑姑没白疼你。走,去吃饭去,吃饱了也好赶路。"

"好的。侄儿知道哪儿有吃饭的地方,侄儿领姑姑们去。"大喜忙回身带路。

三霄姐妹的到来,让太师闻仲大为惊喜,忙让中军给她们安排好营帐。三霄姐妹放下行囊,就来到灵堂,祭拜了大哥、九公和少司。祭拜后,来到中军大帐见过太师闻仲,太师一见三霄姐妹忙安慰说:"你大哥赵公为国捐躯,望三位仙姑节哀,本王已派人回朝,奏请圣上,派大军增援,为你大哥报仇雪恨。"

未等大姐云霄和二姐碧霄言语,小妹琼霄愤然说:"不需朝廷再派兵来,我们姐妹三人就可荡平那西岐营寨。"

云霄见小妹琼霄开了口,也忙接话说:"小妹说得是,我大哥遭奸人姜子牙的暗算,才被乱箭射杀,我们姐妹一定要取他姜子牙项上人头,来祭奠我大哥亡灵。"

碧霄说:"请太师放心,只要有我们三姐妹在,他子牙老儿休得逞能,我们要杀他个片甲不留。"

听了三霄姐妹一番慷慨陈词,太师闻仲心中暗喜,这下好了,去了一个赵公明,又来了三霄姐妹。太师闻仲淡然一笑说:"三位仙姑为国效力,忠心可嘉,若是荡平了西岐叛贼,本王在圣上面前给三位仙姑请功。"

三霄姐妹拱手齐声道:"多谢太师抬爱。"

太师闻仲挥手说:"三位仙姑一路鞍马劳顿,快回营帐安歇去吧。"

"是!"三姐妹应了一声,便退出了中军大帐,回各自营帐安歇去了。一夜无话。

第二天一早,商营三声炮响,太师闻仲率领众将和三霄姐妹出得营寨,来到阵前。

子牙听得商营炮响,知道太师闻仲出阵,忙披挂上马,率领众将来到两军阵前。武王姬发见太师闻仲身边出现三个女道,一时愕然,"亚父,太师闻仲身边那三女道是何人?"

见问,子牙忙回头看了看散宜生,散宜生会意,忙回话说:"听人说那赵公明有三个妹妹,想必就是她们吧?"

正当子牙愕然,琼霄大声喝道:"那白须老儿可是姜子牙?你嘀嘀咕咕,不就是想知道你家姑奶奶是谁吗?"

说着,琼霄回头忙作介绍:"这位身穿红衣裳的就是你家大姑奶奶云霄,那身穿蓝衣裳的是你家二姑奶奶碧霄,我就是你家三姑奶奶琼霄是也。赵公明就是我们三姐妹的大哥。子牙老儿听清楚了吗?要是没有听明白,你家三姑奶奶再给你说道说道。"

见琼霄出言不逊,子牙强压怒火,淡然一笑说:"听说你们三姐妹出家修道,又为何来到这两军阵前?"

碧霄接话说:"说得是,那你也是修道之人,怎么还做了叛军的军帅?"

子牙说:"昏君无道,我这是替天行道。"

琼霄瞪眼说:"好一个替天行道,我看你是犯上作乱。"

云霄说:"看你长得人模人样,怎么做起事来不地道?"

子牙问道:"此话从何说起?"

云霄说:"你使诡计射杀我大哥赵公明,难道不是吗?"

未等子牙言语,黄天化笑哈哈接话说:"这你就不懂了,这就叫兵不厌诈。"

第四十九章 三霄报仇

琼霄瞪眼说:"好你个兵不厌诈,今天你姑奶奶就看你如何个诈法。"

说着,琼霄拨马上前,直冲子牙,西岐众将见琼霄跃马冲来,忙一起催马上前架住了琼霄的长剑。见西岐十多名大将一起围了上来,琼霄毫无惧色,两把长剑在她手上,如同出水的蛟龙上下飞舞,西岐众将难以近身。琼霄跃马挥剑,如入无人之地,进退自如,越战越勇。子牙看得真切,无不敬佩琼霄的剑法娴熟。见西岐众将一时难以取胜,子牙忙令军士鸣锣收兵。

太师闻仲见琼霄一人力战西岐十多名战将,脸不红,气不喘,甚是欣喜,收兵回营后,忙请三霄姐妹到中军大帐议事。太师闻仲眉开眼笑地说:"今天真让本太师开眼了,有三位仙姑在,何愁反贼不灭。"

琼霄忙接话说:"太师说得是,今天我大姐和二姐还未出手,我只是小试而已,明天出阵,定取那子牙老儿项上人头,祭奠我大哥亡灵。"

太师闻仲大喜,拍手说:"好,灭了那子牙老儿,西岐大军就会不战而散。三位仙姑,都快回营帐安歇去吧!""是!"三霄姐妹应了一声,退出了大帐,各回自己营帐去了。

子牙见琼霄跟她的大哥赵公明一样骁勇,心中不免就有点胆寒起来。回营后,忙召南宫适、散宜生、闳夭三人到中军大帐议事。军帅有令,三人不敢怠慢,赶忙来到中军大帐。

子牙惨然说:"今天在两军阵前都看到了,我们十多位将军打不过一个琼霄,若是那三霄姐妹都出阵的话,我们如何是好?三位将军是我军的智囊,看有何奇招,战胜那三霄姐妹,以长我军志气。"

散宜生接话说:"军帅,昨天一战,云霄和碧霄还没有出战,我看待明天再出战看看,再做决断。"

子牙见南宫适一进大帐就沉思不语,他知道南宫适遇事沉着,没有想好的法子是不会轻易说出来的。子牙问道:"南将军,你有何出奇制胜的法子?"

见问,南宫适抬头淡然一笑说:"散大夫说得是,那云霄和碧霄还没有出战,不可妄断,待明天出战后,再做决断。"

子牙点头说：“两位将军说得也是，明天咱们出战，再会会三霄姐妹就是了。三位回帐安歇去吧。”

"是！"南宫适和散宜生、闳夭应了一声，便退了出去。

第二天一早，听到商营炮响，子牙就知道太师闻仲出阵，忙披挂上马率众将出营寨，来到两军阵前。见三霄姐妹昂头策马等候着，子牙说：“太师，请问今天又是如何个打法？”

太师闻仲得意地一笑：“今天我军三霄姐妹出阵，你们随便就是了。”

子牙拱手说：“甚好，你们先上吧。”

三霄姐妹拨马出列，挥剑而上。子牙一挥手，众将一齐跃马持枪上前，将三霄姐妹围在了中间。三霄姐妹手中的六把长剑，似六道银光在空中闪耀，时而连成一体，时而散开，突然云霄坐骑前蹄栽倒，黄天化一见欣喜，忙回身举起手中大刀就砍，突然云霄腾空跃起，只听"哎呀"一声惨叫，云霄的长剑就刺中了黄天化的护心镜。黄飞虎见爱儿天化落马，忙拨马上前来救，碧霄的长剑就到了，只听"扑哧"一声响，那黄飞虎倒地身亡。瞬间功夫，黄飞虎父子被杀，西岐众将一下乱了阵脚，琼霄见西岐众将乱了阵，挥舞手中两把长剑连斩六员大将。琼霄见子牙发愣，持剑跃马直冲子牙而来，子牙一闪，被长剑削去了头盔。见状，南宫适忙跃马上前架住了琼霄的长剑，散宜生趁机架着子牙逃回了营寨。

这一仗，吓破了子牙的胆，高悬免战牌，再也不敢出战了。

半月后的一天，武王姬发来看望子牙，子牙羞愧地说：“是老臣小看了那三霄姐妹，才吃了败仗，老臣甘愿受罚。”

武王姬发忙安慰说：“亚父不必自责，我今日带来一位异人，不妨亚父见见，没准他有破敌良策。”

子牙惊喜道：“是吗？快请他进来。”

姬发冲随从挥了挥手，随从会意，忙退出大帐，片刻，一位披发男子走进了大帐，拱手施礼说：“山野草人马冲，见过军帅大人。”

子牙忙招手说：“不必客气，贤士快快请坐。”

第四十九章　三霄报仇

待马冲坐定后,子牙问道:"贤士,有何破敌之法,不妨说说。"

马冲淡然一笑说:"不才草民略识天象变化,昨天夜里观天象,三日后定有西北风。我军营寨面南,商军营寨在北,我们若是用火攻,给他来个出其不意,定能烧他个……"

未等那马冲说完,子牙腾地坐起,连声说:"真乃良策也。"

子牙冲中军招手说:"快去传南将军和散将军。"

见亚父子牙欣喜若狂,武王愕然道:"亚父,你这是……"

子牙笑说:"是马贤士治好了我的病。"

武王姬发和马冲也都哈哈地笑了。

三日后的一天夜里,午夜时分,果然刮起了西北风,呼啸的大风越刮越紧,西岐营中弓箭手冲出营寨,带着火苗的箭一落到营帐上就着起了火,火借风势,霎时商营就燃起了熊熊大火,随之,西岐兵将跃马冲进了商军营寨。商营将士从睡梦中惊醒,不辨南北,乱作一团。三霄姐妹忙披挂出帐,组织大兵出战,只顾逃命的士兵怎肯听她们的话,都抱头鼠窜而去。三霄姐妹被大火烧着,惨死在乱军之中,太师闻仲也葬身大火之中。

子牙用火攻,一举歼灭了商营十数万大军。子牙率西岐大军长驱直入,一路杀向商都朝歌城。

这日早朝,见费仲失魂落魄出班跪倒,帝辛愕然问道:"费爱卿,为何这么慌张?"费仲说:"圣上大事不好,太师他已经殉国了。""是吗?快调大军前去征剿。"费仲惨然说:"圣上,大军都在千里之外,京城再也没有可派之兵了。"帝辛沉思片刻,挥手说:"费爱卿,传本王旨意,把大牢里的囚犯都放出来,发给武器,再把奴隶组织起来,朕要亲征。""遵旨!"费仲退出大殿传旨去了。帝辛亲率七十万大军出城,两军在牧野相遇,各自扎下营寨。

武王姬发愕然,不是说朝廷的大军都远在千里之外的东海吗,怎么又冒出了七十万大军呢?子牙也感到惊奇,忙召南宫适问计。

南宫适说:"军帅莫要着急,我已派人去打探,待探明情况后,再跟军帅禀报。"

子牙回头看了看武王姬发,姬发会意,忙接话说:"南将军说得是,先不说那七十万大军是从何而来,但从昏君亲率大军来看,就说明朝廷里已没有挂帅之将。"

子牙点头说:"武王说得是,待弄清虚实后,再做决断。"

说着,子牙回头跟中军说:"快去传散将军和闳夭将军,在营门等候。"

"是!"中军忙出帐传话去了。

子牙带着南宫适、散宜生和闳夭登上了山包顶上,眺望商军营寨,只见上山下河岸边,密密麻麻搭满了军帐。子牙心里暗想,京城何来这么多兵,莫不是帝辛又调回了征剿东海的大军?仔细一想,不可能,朝歌到东海少说也有五千多里路程,就是往回撤军,少说也得两个多月。子牙思来想去,还是不得其解。子牙观察了地形后,便带着众将下了山包,回营去了。

当子牙前脚进帐,南宫适后脚就到了。南宫适笑呵呵跟子牙说:"军帅,全探听到了,那七十万大军是由大牢里的囚犯和各大臣家里的奴隶组成的。"子牙大喜,仰天喊道:"天助吾也!"

见军帅子牙如此激动,南宫适愕然道:"军帅,为何仰天长笑?"

子牙笑呵呵地说:"南将军,问得好。虽然说敌众我寡,但我们有必胜的把握。我军训练有素,可以一当十,而商营七十万大军,是一群没有上过战场的乌合之众,再说,这些奴隶和大牢里的囚犯,都是被逼着来打仗的,他们谁愿意前来送命吗?"

经子牙这一点说,南宫适点头说:"军帅说得是,明天我们就出战,打他个措手不及。"

子牙忙摇头说:"不可,我军一路劳顿,已疲惫不堪,得休整几日才是。再说,我们派人混进商营,进行策反,给他来个里应外合,不是更好吗?烦劳南将军派精干兵士去商营策反。""老将遵命!"南宫适领命而去。

一切准备停当后,子牙让人给商营送去了战书,约定三日后开战。帝辛接到战书,瞪眼说:"好,打就打,我七十万大军还畏惧你区区二十万人马不成,子牙老儿,咱们就战场上见。"

第四十九章 三霄报仇

结果一开战,帝辛率领的七十万大军多半反水倒戈,商营大乱,帝辛见大势已去,无心再战,快马加鞭一路逃回了朝歌城,登上城楼,自焚而亡。

商朝亡了,武王姬发建立的周朝,取代了帝辛的殷商。

第五十章
伯叔取义

公信和公达两位王子,得知好友赵公明和三霄姐妹为国捐躯后,十分悲痛。后来又听说武王姬发带兵打到了朝歌,灭了殷商,两王子感到臣子逼死君主是件耻辱的事,他们兄弟便逃到深山里去了。

再说孤竹国的事,大王子公信和三王子公达逃国后,无奈,国人便立二王子公望做了国君。二王子公望也是一位谦谦君子,他敬佩大哥和三弟的品德。大哥和三弟走了,父亲也去世了,但老娘还健在,自己要是一走了之,谁来侍奉老娘?在国人的劝说下,他就留了下来,继承了父亲的王位。

公望见老娘思念两个王子,寝食不安,就跟母亲说:"娘亲,不必伤心,孩儿知道娘亲思念我大哥和我三弟,孩儿这就让周勃将军去找他们回来。"王妃抹了把眼泪说:"王儿,娘知道你是好心,哄娘高兴。你大哥和你小弟自从走后,也没有个音信,你让周勃将军到哪儿去寻找呢?"公望说:"娘亲,孩儿怎敢骗您,孩儿说的是真心话,我大哥和三弟就是跑到天涯海角,孩儿也要把他们寻找回来见娘亲。"王妃见儿子公望说得真切,忙点头说:"娘信!娘信!"公望见母亲笑了,心里才有了一点安慰。公望笑着跟王妃说:"娘亲,你就等着孩儿的喜讯吧!"言毕,公望回身出宫去了。

公望从后宫出来,就一路来到自己的王宫,让宫人去传将军周勃。听说

第五十章　伯叔取义

君主召见，周勃不敢怠慢，忙来到王宫。公望一见周勃，忙招呼说："周将军来了，请坐下说话。"周勃一边坐下后，拱手问道："君侯，召末将来不知有何吩咐？"公望苦笑说："自从我大哥和三弟走后，母亲思念他们，整天以泪洗面。我就跟母亲说了把大哥和三弟找回来。本王知道将军跟大王子最要好，想让将军去把我大哥和三弟找回来，也好让母亲开心。"周勃接话说："不知两位王子去了何处，说个准确的地方，末将也好去寻找。"见问，公望茫然说："本王也不知道，自从他们走后，再也没有个音信，烦劳将军四处打听就是了。"沉思片刻，周勃抬头说："好吧，末将这就去打听。"言毕，周勃回身出了王宫，回家准备行装去了。

第二天吃过早饭，周勃告别妻子，背着行囊，骑马一路出了都城。周勃寻思孤竹国离东夷最近，莫非两位王子去了东夷，于是，周勃拨马一路向东夷赶去。周勃快马加鞭，日夜兼行，三日后，来到东夷地界。见路边有几户人家，有几个老者正在门前聊天，周勃忙翻身下马，上前讨碗水喝，跟几位老者闲聊了起来。一老者问道："听口音，莫非大爷是外地来的吧？"见问，周勃淡然一笑说："老伯好眼力，在下是从孤竹国来的。"老者迟疑地打量着周勃，把周勃看得不自然起来，红着脸说："大伯，不像吗？"老者自知失态，忙笑呵呵地说："不好意思，前几年有两个老者说他们也是孤竹国的，听你说是孤竹国来的，小老儿就想起那两个老者了。"周勃说："是吗？大伯，那两个人长的啥样，你跟我说说看，是不是一个高个，一个矮个，那高个额头宽平，矮个耳大手长？"老者惊愕："是呀，他们俩长得正是你说的那样，想必你认识他们吧。"周勃见那老者点了头，就说明那老者说的孤竹国人，就是大王子公信和三王子公达。周勃惊喜，忙跟那老者说："不瞒大伯说，那大个子的就是我们孤竹国的大王子公信，那矮个子的就是三王子公达。"几位老者全惊呆了，一老者说："怪不得那两个人说话彬彬有礼，原来是两位让国的贤人。"说着，那老者有点失望地说："年轻人，你来迟了，那两位王子是在这里住了一段时日，可后来他们俩又走了。""是吗，你没听说他们又去了哪儿？"那老者沉思片刻说："他们俩还常来跟我们几个聊天，走时还跟小老儿说了他们要去西……"见老者欲言又止,周勃一下急了:"大伯,西什么?"老者拍了拍额头说:"真是老了,没记性了,记不起来了。"周勃忙说:"老伯,别急,你仔细想想是什么地方。"老者低头想了好大一会儿,猛然抬起头,惊喜道:"记起来了,记起来了,是西岐,西岐。"见老者终于记起来了,周勃甚是欣喜,忙起身拱手说:"多谢老伯指点,在下这就告辞了。"见周勃要走,老者愕然道:"年轻人,你还没说你是他们什么人,为啥要寻找他们呢?"周勃知道那老者误会了自己,忙回头说:"老伯没事,他们的娘亲想念他们,让在下寻他们回去。"言毕,周勃上马,快马加鞭,一路向西岐赶去。

周勃还不知道西岐在什么地方,他听人说过有个西伯昌,住在秦岭脚下,是不是秦岭脚下就有个叫西岐的地方,他也不知晓。反正一到秦岭脚下,一问不就知道了。于是,周勃骑马一路奔向秦岭脚下。说来也巧,当他赶到渭河岸边,一打问,果然这里有个叫西岐的地方。来到西岐城,见天色将晚,就找了个僻静的客栈住下。晚上,他见店家慈目善面,就跟他打问:"大伯,我跟你打问两个人,看你知晓吗?"店家笑着说:"你要问的人,他们长的都是啥样?"于是,周勃就跟店家说了大王子和三王子的长相特点。店家听后,笑呵呵地说:"你说的是那孤竹国两位让国的王子吧?"周勃惊喜道:"莫非大伯认识他们?"店家笑嘻嘻地说:"何止认识,两个王子还跟小老儿是最要好的朋友。"说着,店家回头看了看周勃,又继续说:"记得有一年,小老儿跟两位王子坐西伯的车,到乡下访过贫。大王子有学问,还跟小老儿讲说上古的故事,三王子特别聪明,农家活一学就会,他还会扶犁种地。"周勃忙问道:"大伯,那两位王子今在何处?请大伯领在下去见见他们。"店家愣了一下,说:"你咋不早来呢,那两个王子前年就走了。"周勃失望道:"又走了,大伯,王子走时说没说他们去了哪里?"店家思量片刻说:"武王带兵去朝歌的路上,有人还见两位王子拦过武王的马,后来他们去了哪里,小老儿就不知道了。"周勃又问道:"大伯,那两位王子还跟谁要好,他们还去过哪里,说说看。"店家沉思了好一会,又若有所思地说:"小老儿记性不好,记不起来了,好像听他们说过,他们要到赵公府上住一段日子。"周勃惊喜,又忙问道:

第五十章 伯叔取义

"大伯,那个叫赵公的人你认识吗,他府上在什么地方?"见问,店家淡然说:"小老儿倒没有见过那赵公的面,只知道他是个仗义疏财的大商人。"周勃惊喜:"大伯,是不是那个天下闻名的,名叫赵公明的人。"店家点头说:"就是他,听人说,他已经殉国了。"周勃又问道:"大伯,你知道那赵公家住何处?"店家思量片刻说:"听人说好像住在什么枣林川,还是枣林滩,小老儿一时记不清楚了,反正你一到那终南山下一问不就知道了。"周勃寻思,说得也是,待前去赵府,没准儿还能问出两位王子的下落来。

第二天一大早,周勃就告别店家大伯,骑马去了终南山田谷,一打听,田谷河岸边果然有一个叫枣林滩的村子。于是,周勃就马不停蹄又去了那枣林滩。策马进村,见村中路边有一大宅院,门额书有"赵府"字样,见门前有一家丁守着,忙翻身下马,拱手道:"大哥,在下要见你家老爷,请你通报说有一位孤竹国来的人要见他。"守门人见周勃面善,好像不是歹人,便点头说:"好吧,你就在这里等着,待我进去禀报我家老太爷。"说着,便回身进门禀报去了。片刻,那家丁出来说:"我家老太爷请你到后堂说话,你随我来。"言毕,回身进门,周勃赶忙跟了上去。

一进后堂,家人忙说:"老太爷,我把这人带来了。"周勃忙拱手说:"见过大伯。"赵创业摆手说:"不必多礼,坐下说话。"待周勃坐定后,赵创业淡然问道:"你说你是从孤竹国来的,是吗?"周勃点头说:"大伯,在下正是从孤竹国来的,我是找我家两位王子来的。"赵创业迟疑地打量着周勃,愕然说:"啥王子不王子的,你说的老夫可听不懂,你走错门了。"周勃看公明爹眼神,就知道他有戒备之心,误会了自己,忙说:"大伯,您老误会了,事情是这样的,自从我家大王子和三王子逃国后,王妃思念儿子,整日以泪洗面,我家君侯不忍王妃伤心,就让末将来寻找两位王子回去,也好让王妃开心。末将也不知道两位王子去向,从东夷找到了西岐,西岐一店家老伯说,我家两位王子跟大伯交情要好,末将就来到了贵府。"见周勃言辞真切,赵创业才知是自己误解他,淡然一笑说:"两位王子是在我府上住过一段时日,跟老夫还挺投缘,后来他们说日子长了,想念西伯,就又回西岐去了。"周勃说:"大伯,我去过西岐了,有人见过他们叩过武王的马,后来就不知道去了哪里。"公明爹点头说:"原来是这样。"公明爹回头看了看周勃说:"将军,我看这样,你初来乍到,还不熟悉,你就在这里先住下,我让家人去沿山一带打听,若是打听到了两位王子的下落,将军再去见他们也不迟。"周勃见公明爹热心,便寻思说得也是,自己鞍马劳顿,是得好好歇息一下,待有了两位王子的准信,再去见他们。周勃淡然一笑:"那就多谢大伯了。"公明爹瞥眼说:"将军不必客气,两位王子也是老夫的朋友,理应尽心,你就等着消息吧。"言毕,公明爹跟身边的家人说:"三儿,快领这位周将军到客房去安歇。""是! 将军随小的来。"周勃忙起身跟着家人三儿去了客房。

待周勃走后,公明爹当即叫来几个家丁,让他们到沿山一带打听两位王子的下落。

再说大王子公信和三王子公达的事。大王子公信和三王子公达祭奠完好友赵公明后,就进了耿谷,在东坡山崖下用茅草搭建了一个窝棚,住了下来。离他们窝棚不远处,住着几户人家,两位王子跟那几户人家时常走动,一来二去,倒成了朋友。这几户人家也时常送粮食接济他们兄弟。一日,两位王子从几户山民那里得知改朝换代了,武王姬发灭了殷商,建立了周朝。两位王子感到臣子带兵灭君主是可耻的事。从那天起,两位王子就不再吃山民送来的粮食了,在山坡上采蕨菜食之。一户女主人见两位王子面黄肌瘦,怜悯之,就忙劝说:"两位大叔,你们为何不吃我们给你们送的粮食?"大王子公信说:"天下姓周了,那些粮食就是周粟,因而我们不耻食之。"女主人说:"天下姓周了,普天下莫非王土,你们采食的蕨菜不也姓周吗?"女主人一句话让两位王子哑口无言。自此后,两位王子连那蕨菜也不食了,等着饿死,以身取义。

这日,公明爹跟周勃正在前院聊天,家丁李四一脸惊喜地走进了院子,禀报说:"老爷,打听到了。"公明爹见李四气喘吁吁的样子,忙招呼说:"不急,快坐下,缓缓气再说。"周勃见状忙倒了一碗茶水递给了李四,李四也不客气,接过茶碗一口气喝了,一抹嘴说:"那两位王子就住在耿谷里的东坡

第五十章 伯叔取义

上。"听说两位王子有了下落,周勃忙起身拱手说:"大伯,末将这就见我家王子去。"赵创业说:"吃过饭再去。"周勃说:"不了,我的心已经飞到那东坡上去了。"赵创业见周勃执意要走,忙回头跟李四说:"李四,再辛苦你跑一趟,带周将军去那耿谷东坡。""是!"李四屁股还没坐稳,忙起身,领着周勃又去了耿谷。

约莫两个时辰后,李四领着周勃一路来到那几户人家住处,几个老者在门前聊天,一见李四愕然道:"这不是昨天下午来的李四爷吗?"见问,李四忙说:"我今天领周将军又过来了。"周勃忙笑着拱手说:"周勃见过几位大伯,听说我家两个王子就住在这东坡上,我特意赶了过来。"几位老者惊愕道:"那两位老哥哥就是你家王子吗?"周勃点头说:"是的,烦劳大伯带我们去见我家王子。""行,小老儿带你们去。"说着,一老者忙起身,前边领路,周勃和李四一路跟着去了东坡。一到东坡崖下窝棚前,那老者就忙高声打招呼道:"大哥哥,周将军来看你们俩来了。"一连叫了几声,见没有响应,几个人一下急了,忙进窝棚一看,全都呆了,只见两个王子在地上直挺挺地躺着,周勃扑上前跪倒,呼天喊地地哭了起来。李四和那老者也伤心地直抹眼泪。李四见周勃悲痛,忙上前搀扶,周勃站起,大声说:"王子,周勃陪你来了!"说着,周勃一头向一棵大树上撞去。两个王子舍生取义去了,将军周勃也跟随着他们去了。李四把两位王子和将军周勃的事告知了赵创业,赵创业听后甚是感动,亲自带人进山,把两位王子和周勃将军安葬了。

自从子牙跟公信和公达两位王子一别后,再也没有见过两位王子的面。此后子牙率领大军连年征战,也无暇顾及两位王子,随着时间的推移,也逐渐淡忘了。殷商灭了,周朝建立了起来,国家百废待兴,还需要子牙来谋划。

忽然一天夜里,子牙在梦中又梦见了那年两位王子拦道叩武王马的情景,又勾起了子牙对两位王子的思念。子牙跟武王姬发说:"圣上,昨天夜里,老臣梦见孤竹国公信和公达两位王子了。"武王姬发愕然道:"是吗?这两位老儿真是迂腐,他们就……"见姬发愤然,子牙笑着说:"圣上还为那年两王子叩马的事记恨着他们俩吗?从两位王子的立场来说,他们说得不无道理,老百姓是不希望打仗,他们要过安定的日子,现在我们虽然说是灭了殷商,建立了新的国家,但还得需有人来治理。我们就需要像孤竹国公信和公达王子这样的贤人。"姬发觉得亚父姜子牙的话有道理,点头说:"亚父说得是,亚父是不是想请那两位王子回来?"子牙点头说:"老臣正有此意,今天就去终南山访贤,去见见两位王子。"姬发说:"那就烦劳亚父走一趟,要是两位王子有了下落,本王再去请他们。""行,待老臣前去先打探一下。"言毕,子牙便出了王宫,乔装出城,一路寻访两位王子去了。

说来也巧,子牙没费多大工夫,就一路来到耿谷东山下,见路边有几户人家,就上前去打问。听说又是来寻访孤竹国两位王子,老者惨然说:"你来晚了,上个月两位王子就去了,还有一个来寻找他们兄弟的孤竹国将军周勃,也撞树而亡,随他们王子去了。"听说自己要寻找的人已经走了,子牙甚是伤心,跟那老者说:"老哥哥,烦劳你领我到那东坡上,我要祭奠一下两位王子和周勃将军。"老者点头说:"行,你这就随我到那东坡上去。"子牙跟那老者一路来到两王子和周勃墓茔前祭拜了一番。子牙感其忠烈,便封公信谥号为伯夷,公达为叔齐。

第五十一章 武王噩梦

姬发夺得天下后,自封为武王,追封父亲西伯为文王,把本家族的兄弟和有战功的文臣武将分封到各地。

武王在渭河岸边镐这个地方建都,名镐京。大兴土木兴建宫殿群,大赦天下,以示自己皇恩浩荡。得意没几天的武王姬发又遇到了烦心事,夜里常常做噩梦,这噩梦一做起来就一发不可收拾,一幕接着一幕。这不,这天夜里他又做起噩梦来了。梦里当年起兵的情景又浮现在眼前。正当他扬鞭催马时,孤竹国王子公信和公达不知道从哪儿冒了出来,上前叩住了自己的马头,斥责道:"载着父亲的木主,招摇过市,是为不孝,作为臣子带兵反叛,是为不忠……"两王子瞪着眼,扭曲的脸不住地喊叫着:"不孝……不忠……不孝……不忠……""我没有……我没有……"姬发一骨碌翻身坐起,额头上冒出了一串冷汗。

姬发惊醒了身边睡的王妃,王妃愕然问道:"圣上,又怎么了,是不是哪儿不舒服?"见问,武王姬发苦笑摆手说:"没事,刚才做了个梦,你快睡吧!"王妃迟疑地看了姬发一眼:"没事就好,快睡吧!"武王姬发回头淡然一笑说:"王妃先睡,让本王坐会儿。"见王妃睡了,武王姬发坐了会儿,也睡下了。

武王姬发刚一闭上眼睛,就见黄飞虎手里提着血淋淋的头,朝他走了过来。眼前又出现了三霄姐妹的面孔。云霄手持长剑,坐骑长嘶一声,腾空而起,把云霄从马上摔了下去,黄天化跃马上前举刀就砍,突然一道银光闪过,黄天化滚落下马,黄飞虎见儿子天化落马,忙上前去救,又是一道银光闪过,黄飞虎的人头就滚落到地上。瞬间,三霄姐妹不见了,只剩下没有头的黄飞虎在马背上坐着。只见黄飞虎翻身下马,从地上捡起自己血淋淋的头,冲自己走了过来,手中的那颗头瞪着眼直看自己,姬发忙向后退去,边退边喊叫说:"武成王快把头安上,本王害怕……"武王姬发的叫声,又一次惊醒了王妃。王妃忙翻身坐起,推醒了武王姬发:"圣上,你又怎么了?是不是又做噩梦了?"武王姬发惊恐地说:"梦里武成王提着血淋淋的人头,跟我索命。""是吗?你别说了,怪吓人的。"经过两次的折腾,王妃再也没有睡意了,依偎在丈夫武王的怀里。武王姬发感觉到王妃浑身发抖,忙安慰说:"王妃,不怕,不怕。本王这几天没休息好,待精神好了,就不会做噩梦了。"武王姬发虽然嘴里说不怕,实际他心里也有点胆怯。此后,一连好几天夜里,他都被噩梦惊醒。王妃见武王天天夜里做噩梦,心里疑是鬼魂附身,忙请来大法师驱鬼。大法师进宫后,在武王姬发的寝宫转了一圈后便跟王妃说:"娘娘,圣上是中了邪,几个恶鬼附了身,本法师把这几个恶鬼捉了,圣上就没事了。"听说法师能捉鬼,王妃欣喜道:"那就多谢大法师了。"大法师说:"娘娘不必客气,能为圣上做事是本法师的荣幸。"言毕,大法师在香案前燃烛焚香,作起法来。作完法,大法师手里拿着一个小瓷瓶,跟王妃说:"娘娘,本法师已将几个作祟的恶鬼装进了法瓶,这下圣上没事了。"见大法师把那几个恶鬼收了,王妃忙赏大法师白银一千两,大法师怀揣白银出宫去了。

　　法是作了,作祟的恶鬼也收了,但没消停几天,夜里,武王姬发又做起了噩梦,且景象比前几次更加恐怖。情急之时,武王姬发想到了亚父姜子牙。在武王姬发眼里,亚父姜子牙是个有大智慧的人,他帮自己灭掉了殷商,得了天下。若把自己近日来夜里做噩梦的事说给他听,他一定会有破解之法。这日,武王姬发强打精神去找亚父子牙。子牙听说武王来到府门前,忙出门相迎,一见武王,子牙忙跪拜接驾,武王姬发忙上前去扶:"亚父不必多礼,本

第五十一章　武王噩梦

王今日有兴致,出来随便走走。"子牙笑着说:"请圣上进府一叙。"说着,便进府一路来到东院书房。待武王姬发坐定后,子牙拱手问道:"圣上,想必有事要跟老臣说?"姬发苦笑说:"本王倒真有一件小事不明,想当面请亚父指点迷津。"子牙淡然一笑说:"有什么事,圣上尽管说来。"姬发有点不好意思地说:"近日来本王夜里常做噩梦,梦中之事都是当年战场上打打杀杀的事,搅得本王睡不好觉,白天精神恍惚。亚父是有大学问的人,请破解一下。"子牙心里嘀咕,梦从心起,日有所思,夜有所梦,这有什么好破解的,但这话不能在圣上面前直说,得转个圈说才是。子牙淡然一笑说:"老臣看圣上是思虑过度所致,圣上不妨出去狩猎,换个环境休闲一下就会没事了。"武王姬发觉得亚父的话有道理,自己确实是太疲惫了,国家百废待兴,哪一件事不让自己去费心,去谋划,是该忙里偷闲一下了。武王姬发笑呵呵地说:"亚父,要是有兴致的话,明天就陪本王到那终南山里狩猎去,咱们君臣也好在那青山绿水之间,好好静养一段时日。"见武王姬发开了口,子牙也不好扫了他的兴,忙拱手说:"老臣愿陪圣上一同前往。"武王姬发见亚父爽快地答应了,甚是欣喜,起身说:"亚父,告辞了,明天一早,本王让人来接你。"言毕武王姬发回身出门,回宫去了。

第二天一早,子牙陪着武王姬发,带着数百骑御林军一路进山,当行至坪坝时,子牙见武王姬发精神有点恍惚,愕然问道:"圣上,看你今天有点疲倦,咱们就在这里扎营,休息一下再走。"

武王姬发淡然说:"这几天夜里常做梦,精神是有点不好,那就在此处扎营吧。"

见武王姬发发了话,子牙回头跟中军说:"就在这坪坝上扎营,埋锅做饭。"

"是!"中军领命而去。

子牙扶武王姬发在路边小歇。不大会儿,营帐搭好,子牙让几个亲兵搀扶武王姬发进帐安歇去了。

姬发一挨上枕头,就觉得自己的元神出窍,沸腾而去,隐隐约约听到喊杀声，他一时好奇，就顺着那喊杀声飞了过去。近前一看，见几个骑马交战的将军好生面熟，就是一时记不起来。眼前一闪，那几个交战的人便不见了，又见一个年轻人出现了，他惊愕，这年轻人好像自己，他好生纳闷，自己怎么跑到这儿来了呢？他正寻思着，又忽然一闪，自己不见了。只见一骑马的人，"扑通"一声连人带马栽进了陷坑里，草丛中冒出一大群弓箭手密密麻麻的箭头"嗖嗖嗖"向陷坑射去，他不觉心里一阵刺痛，忙用手捂住了眼睛。待他睁开眼看时，一切都没了。见不远处有一丝亮光，他忙向那亮光处走去，好像那亮光很近，一抬脚就到了。近前一看，见一营寨被熊熊大火吞没，数不清的大兵呼爹喊娘，扑打着自己身上的火苗。突然间一团火冲自己飞了过来，吓得他抱头就跑，跑了一会儿，便放慢了脚步，回头去看，不看不说，一看倒让他惊叫起来，只见三个骑着马浑身是火的人，他定睛一看，这不就是三霄姐妹吗，她们咋就成了火人呢？正当他愕然时，马上女子大声喝道："姬发小儿，拿命来！"说着，就挥剑冲他而来。当那长剑到眼前时，一跃，自己就好似长上了翅膀，飞上了天，再回头看时，三霄姐妹已没了踪影。他长长舒了一口气，稳了稳神，又向远处飞去。

来到一山坡前，见路边有一棵大槐树，他坐下来定定神，屁股还没有坐稳，就听树上有人说话，忙抬头往上看，同时，树上的人也看见他："树下之人不是武王姬发吗？""是吗，那姬发不是取了天下，当他的国君了吗？他怎么会到这儿来呢？""莫不是眼花了，看错了人。""没错，就是他，小弟我看得真切，绝对错不了。"听到树上人的对话，姬发不由打了个寒战，心里嘀咕，莫不是又遇到了商营里的仇家了吗？要是被他们逮住了，自己就没命了。姬发忙起身，就要逃离，只听"嗵嗵"两声响，两个汉子从大树上跳了下来，上前拦住了他的去路："哎呀，做了恶事还想开溜，没门！"听口音，好耳熟，就是一时记不起来，思量片刻，猛然记起来了，道："你们莫不是晁天、晁雷兄弟，咋在这树上住着呢？"晁天瞥眼说："亏你还能说出口，你说我们兄弟不住在这大槐树上，还能住在哪儿呢？"晁雷接话说："大哥说得是，这都是你姬发害的，我们没处去，你却住在王宫逍遥自在。你给我听着，你今天不给我们兄弟寻

第五十一章 武王噩梦

个好住处,你就休想走。"他忙说:"你们兄弟没住处,关我啥事?"晁雷瞪眼说:"好你个姬发,我们兄弟因你被杀,你还说不关你的事,看来你也是个无情无义之人,留你何用,拿命来!"说着,晁雷便举起手中的刀,向他砍去。他忙一跃,又飞上了天,往下一看,那棵大树还在,那晁天和晁雷兄弟却不见了。

姬发的元神又向前一路飞去,低头见不远处有一片小树林,心想,树林里是个僻静的地方,到那里好好小歇一下。于是,他来到山坡前,正要抬脚向小树林走去,猛然一声虎啸,惊得他忙停住了脚步,见一浑身扎满箭的黑脸汉子,手执一把金鞭,摇摇晃晃向他走来,他见黑脸汉子身边的黑虎,就知道这是神勇将军赵公明。他纳闷这赵公明不是早就被自己的人乱箭射死了吗,他怎么还在这里,莫不是又活了过来?今天真是邪门了,又遇上他了,看来今天自己是走不掉。自己的国家才刚建立,还有好多事等着自己去做,自己怎么能就这么死了呢?听人说那赵公明为人忠厚善良,跟他服个软,兴许他会放了自己。他笑呵呵地拱手说:"赵公,你大人有大量,就放了我吧。"

"丞相,你快来,圣上说话了。"

听说武王姬发醒了,子牙忙来到床前:"圣上快醒醒。"

武王姬发睁开了眼,愕然问道:"亚父,我咋睡到这里来了?"

子牙说:"圣上,你已经睡了三天三夜了,老臣看圣上身体虚弱,得回去好好静养才是。"

说着,子牙给中军说:"拔营回朝。"

"是!"中军领命而去。

第五十二章
子牙封神

　　武王姬发回宫后，精神更加恍惚了，王妃忙传太医诊治。太医掌脉后都说圣上是情志所致，吃了十多服药就是不见好，夜里照样做噩梦。无奈间，王妃传丞相姜子牙进宫。姬发一见亚父子牙，忙拉住他的手说："亚父，本王自感罪孽深重，那些亡灵都跟本王索命，看来本王不久人世，亚父辅佐太子登基，本王也就瞑目了。"子牙见武王姬发伤感，忙安慰说："圣上不必悲伤，老臣有一法，可使众位亡灵得到欣慰，不再来寻找圣上的麻烦。"听说有法子告慰战死的亡灵，武王姬发脸上绽出了一丝笑意："亚父，快说说，是什么好法子？"子牙说："我们在西岐建一个封神大台，把众位亡灵召到封神台上，给他们封神，他们的亡灵也就有了归宿。"姬发点头说："亚父说得是，就依亚父说的办就是了。""老臣遵命！"子牙领命出宫，筹划封神的事去了。

　　好在子牙对两军阵亡将士有个详细的统计，回府后，他根据各人生前的秉性和贡献，分了个类，拟定了神位。

　　经过一个月紧锣密鼓的筹建，封神台建成了，就差封神的事还没有最后敲定。

　　一日夜里，子牙又把封神名单拿出来，仔细核定。当核定到财神一职时，他有点举棋不定，他拟定的财神有六位，一是赵公明，赵公明生前是天下

第五十二章　子牙封神

闻名的巨商,他为人厚道,诚实守信,且仗义疏财。陈九公是洛阳的珠宝巨商,他做生意货真价实,不欺不诈,为人和善,热心社会公益事。姚少司是赵公明的管账先生,精打细算,调度有方。还有曹宝和萧升,这两人虽然说不上是什么商贾巨富,但他们俩豪爽仗义,乐行善事,常常周济穷苦人,让他们参与管理天下钱财,也不失为最佳人选。还有一个比干丞相,比干是帝辛的叔父,此人爱憎分明,疾恶如仇,帝辛听信谗言,剜了他的心。但凡有心的人做事有时免不了有偏心,但这无心之人,就没有这个顾虑了。子牙思来想去,还是让比干做这个正财神比较稳妥。子牙最后敲定就让比干来做天下正财神。

登台封神的日子定在九月九日,在前一天夜里,子牙怕有差错,又把封神榜拿出来展开,仔细地看了起来,当翻到财神一页时,不觉一时困乏,打起了哈欠,便伏案而睡。

一阵冷风吹开了门,走进一黑脸大汉来,子牙见进门的汉子就是赵公明,子牙忙笑呵呵地拱手打招呼:"这不是赵公吗,别来无恙。"赵公明瞪眼说:"他比干有何德何能,你就让他做天下的正财神,难道我赵公明买卖公平,诚实守信,仗义疏财,就比不上一个无心之人吗?你若是意气用事,我就砸了你的封神台,让你封不成这个神。"言毕,赵公明飘然而去。子牙梦醒,寻思梦中之事,哑然笑了,梦从心中起,他也没大在意,上床就睡了。

第二天吃过早饭,子牙沐浴净手,手捧封神榜登上封神台,作法召来众位亡灵,宣读封神榜,当子牙念到正财神比干时,一个干字还未出口,霎时阴风大作,"嘎巴"一声响,一道金光直冲向封神台,封神台右角被削去。见状,子牙大惊失色,知道昨夜梦中之事应验了,赶忙改口道:"封比干为文曲星君。赵公明为金龙如意正一真君,统领招宝天尊萧升,纳真天尊曹宝,招财使者陈九公,利市仙官姚少司,掌管天下财富权柄。封三霄为感应随世仙姑正神,云霄为注生娘娘,碧霄为胡子娘娘,琼霄为送子娘娘……"

霎时,云开天晴,红日当空。

自从子牙登台封神后,武王姬发夜里不再做噩梦了,精气神也好了起来。

后　记

　　我与财神赵公明同生于斯,长于斯,可算是一对穿越几千年时空的乡党了,有关财神赵公明的其人其事不免充盈于耳。早就有为他立传的念想,只因公事繁忙,迟迟没有动笔,时至今日退休赋闲,才得以如愿。

　　待动笔时,又一时感到力不从心,为一个旷世伟人立传,就得知晓这个人一生的故事。以前我所熟知的赵公明的故事,都是一些零碎的碎片,且都是口头相传而已,还得重新去考证。于是,我就暂且放下笔,先从故事的搜集整理工作着手,这一搜集就是一个多年头,虽然说路是跑了不少,成效却不大尽人意。正当我无奈时,有幸结识了杨建辉先生。杨建辉先生是一位道文化学者,他得知我要为财神赵公明立传,甚是欣喜,忙给我介绍了好几位专门从事财神文化研究的学者,财神后裔赵英文先生就是其中的一位。赵英文先生是财神文化研究领域的佼佼者,他热情地给我提供了很多弥足珍贵的资料。通过他的热心介绍,我又结识了财神祖庙住持杜崇真道长。杜崇真道长是一位知识渊博的高道,近年来一直从事两岸财神文化交流工作,从他那里我又获取了不少有价值的资料。在这么多专家学者的关注和支持下,一个有血有肉的财神赵公明的形象,一下丰满起来。

　　忙罢资料搜集后,我又着手故事出处的考证。到实地去观察,说来容易,但做起来确是一件大运动量的事,譬如就拿故事中"二郎担山"来说,为了观察四十里峡的地理地貌,我曾三进田谷,徒步四十多里山路去观察。记得第一次,约了几个文友,刚一到大峡口就遇到了大暴雨,地貌没看成,倒变成了落汤鸡,无奈,只好打道回府。为了寻访"罗浮洞",我曾几次去赤谷,但都因路径不熟,没有寻找到。后来听人说赵宗元先生当年勘察过赤谷,熟悉那里的人文古迹,我就忙登门拜访了赵宗元先生。赵宗元先生听说我要去罗浮洞,二话没说,撂下手头的活计,就带我一路去了赤谷。原来那罗浮洞

后 记

隐藏在半山草丛之中,要见那罗浮洞真面目,要穿越五六里地的荆棘小道。我跟赵先生一路拨荆棘而上,待登上山洞时,我们俩的衣服被挂烂了,胳膊上又划出了一道道血口子,好在赵宗元先生不在意,要不这个人情就欠大了。

在朋友的热心帮助下,历时半年多,实地观察才画上了一个圆满的句号。

有了材料,又进行了实地观察,我才着手动笔,拟定了一份写作提纲。写作提纲分三个部分,第一部分由十章组成,从夸父追日破题,讲述赵公明的日精传说故事;第二部分有三十章,讲述了赵公明重生的故事,从投生枣林入手,主要写赵公明成为巨商后,诚实守信、乐善好施的故事;第三部分有十二章,写赵公明保家卫国、为国捐躯的故事。

写作提纲拟定好后,我把这份提纲分别以电子邮件的方式发送给几位专家学者,请他们对章节内容设置提出修改意见。几位专家学者参阅后回文,提出了修改建议,我根据建议,又做了部分的修改和调整,感到结构完整、脉络清晰后,才着手开始动笔写作。

本书在写作过程中,还得到了屈毓晓、赵宗元、李驰华、李刚、袁志宏、任升、候万龙、寇健全、赵生林、常忠跻、尚玉峰、纪合生、杜建斌、刘哲及杨建辉、邓银海、李瑞祺等先生的热心关注和支持。出版时,得到了赵天印、赵英文(财神赵公明后裔)的鼎力相助,在此一并相谢!

由于本人知识水平有限,文中可能存在这样或那样的差误,请各位同行给予指正,在此相谢!

2016 年 3 月 2 日